Sprache und Sprechen
Band 51

Kooperative Rhetorik in Theorie und Praxis

Herausgegeben

von

Marita Pabst-Weinschenk

Schneider Verlag Hohengehren GmbH

Sprache und Sprechen

Beiträge zur Sprechwissenschaft und Sprecherziehung

Herausgegeben im Namen der
Deutschen Gesellschaft für Sprechwissenschaft
und Sprecherziehung e. V. (DGSS) von
Prof. Dr. Ines Bose
Harald Kern
Prof. Dr. Kerstin H. Kipp
Dr. A. Ulrich Nebert
Dr. Marita Pabst-Weinschenk

Die Reihe wurde 1968 von Prof. Dr. W.L. Höffe und Prof. Dr. H. Geißner begründet.

Umschlaggestaltung: Verlag

Leider ist es uns nicht gelungen, die Rechteinhaber aller Texte und Abbildungen zu ermitteln bzw. mit ihnen in Kontakt zu kommen. Berechtigte Ansprüche werden selbstverständlich im Rahmen der üblichen Vereinbarungen abgegolten.

Gedruckt auf umweltfreundlichem Papier (chlor- und säurefrei hergestellt).

Bibliografische Information der Deutschen Nationalbibliothek

Die Deutsche Nationalbibliothek verzeichnet diese Publikation in der Deutschen Nationalbibliografie; detaillierte bibliografische Daten sind im Internet über ›http://dnb.dnb.de‹ abrufbar.

ISBN 978-3-8340-1989-9

Schneider Verlag Hohengehren,
Wilhelmstr. 13, 73666 Baltmannsweiler

Homepage: www.paedagogik.de

Das Werk und seine Teile sind urheberrechtlich geschützt. Jede Verwertung in anderen als den gesetzlich zugelassenen Fällen bedarf der vorherigen schriftlichen Einwilligung des Verlages. Hinweis zu § 52a UrhG: Weder das Werk noch seine Teile dürfen ohne vorherige schriftliche Einwilligung des Verlages öffentlich zugänglich gemacht werden. Dies gilt auch bei einer entsprechenden Nutzung für Unterrichtszwecke!

© Schneider Verlag Hohengehren, 73666 Baltmannsweiler 2019
Printed in Germany – Druck: Appel & Klinger, Schneckenlohe

INHALTSVERZEICHNIS

ZUR EINFÜHRUNG III

A GRUNDLAGEN KOOPERATIVER RHETORIK   1

THOMAS GRIEßBACH 1
KOOPERATIVE RHETORIK – IN DER SPANNUNG VON TECHNIK UND HALTUNG ODER HÖFLICHKEIT UND LIEBE

NORVISI STANIC 5
KOOPERATIVE RHETORIK LEHREN & LERNEN - EIN ERFAHRUNGSBERICHT

MELANIE HANSELMANN 11
WIE VIEL TUGEND BRAUCHT EIN*E RHETOR*IN?

FRANK ENDERS 16
CARL UND DIE SCHARLATANE – WURZELN UND AUSWÜCHSE DER GESPRÄCHSPSYCHOTHERAPIE

CLAUDIUS KROKER 22
REDEN SCHREIBEN – REDEN HALTEN

FRANCESCA VIDAL 24
ZUR VERBREITUNG VON SCHÄDLICHEN SPRECHAKTEN

ANNETTE LEPSCHY 29
KANN MAN POPULISTISCHER ARGUMENTATION MIT KOOPERATIVER RHETORIK BEGEGNEN?

B RHETORIK – KOOPERATIV UND MULTIMODAL IN VERSCHIEDENSTEN ANWENDUNGSFELDERN   49

ULRIKE NESPITAL & IRMGARD JORDAN 49
MÖGLICHKEITEN DER INTER- UND INTRADISZIPLINÄREN FÖRDERUNG DES ERNÄHRUNGSWISSENSCHAFTLCIHEN DISKURSES MIT DER FÜNFSATZDEBATTE

ANN CAROLIN EISENBLÄTTER 54
DIE REDE ALS FÜHRUNGS- UND ÜBERZEUGUNGSINSTRUMENT

BRIGITTE TEUCHERT 58
DAS KOOPERATIVE BEI MITARBEITERGESPRÄCHEN IM ÖFFENTLICHEN DIENST

NANCY LUKIN 66
ZUR EINSCHÄTZUNG KOOPERATIVEN FÜHRUNGSSTILS IN PERSÖNLICHKEITSTESTS

MARITA PABST-WEINSCHENK 79
WIE KOOPERATIV IST E-LEARNING?

THOMAS LAXA 83
GELINGENDE RHETORISCHE KOMMUNIKATION – EIN BAUSTEIN ZUM ERFOLG
VON FUßBALLTRAINERN

LUKAS MOKROS 88
ETHIK UND KOMMUNIKATION IN DER EINGLIEDERUNGSHILFE

C RHETORIK IN DER SCHULE   97

MARITA PABST-WEINSCHENK 97
VON DEN ANFÄNGEN ZU BEGINN DES 20. JAHRHUNDERTS BIS ZU DEN
AKTUELLEN BILDUNGSSTANDARDS DER KMK

RAMONA BENKENSTEIN 110
RHETORIK – DOMÄNE IN DEUTSCHUNTERRICHT ODER EIN EIGENES
UNTERRICHTSFACH?

FELICITAS SELBOR-SCHEUERMANN 114
RHETORIK AN DER MERZ-SCHULE

KAREN SCHMITZ 121
KOOPERATIVES LERNEN – METHODE UND PRAXIS

BERTRAM THIEL & MARITA PABST-WEINSCHENK 130
KOOPERATIVE RHETORIK ALS INTEGRALER BESTANDTEIL IM SEMINARFACH

D PRAXISTEIL: ÜBUNGEN ZUR KOOPERATIVEN RHETORIK
ZUM AUSPROBIEREN   139

MARITA PABST-WEINSCHENK 139
HÖRER*INNENBEZUG ERLEBEN

ULRIKE NESPITAL & IRMGARD JORDAN 142
BELIEBTE FÜNFSATZSTRUKTUREN MIT BEISPIELEN

MARITA PABST-WEINSCHENK & MARKUS WEINSCHENK 146
KURS-KONZEPT: RHETORIK ONLINE

NORVISI STANIC 157
BARTSCHS SPRECHEROPERATIONEN INTERAKTIV VERMITTELN – EIN BEISPIEL
AUS DER SEMINARPRAXIS

MARITA PABST-WEINSCHENK 162
DER KONTROLLIERTE BZW. KONZENTRIERTE DIALOG

KERSTIN HAUKE & MARITA PABST-WEINSCHENK 165
DEBATTENFORMATE UND WAS MAN DABEI LERNT

FRANZISKA TRISCHLER 172
DAS „DGSS-ZERTIFIKAT FÜR SCHÜLER*INNEN" UND „JUGEND DEBATTIERT" –
ZWEI INITIATIVEN IM VERGLEICH

PETER SCHREUDER 181
LEKGOTLA – EFFIZIENZ IM MEETING DURCH AFRIKANISCHE BESPRECHUNGS-
KULTUR

VERZEICHNIS DER AUTOR*INNEN 184

Zur Einführung

*Dem Schwachen entgegengehen,
aber ihn nicht dabei entmündigen.*
(Elmar Bartsch, 2009b, 145)

Rhetorik ist seit der Antike ein schillernder Begriff, mit dem im Laufe der Jahrhunderte unterschiedlichste Konzepte verbunden worden sind. Und auch unter synchroner Perspektive kann man immer wieder verschiedene Ansätze finden, die als „Rhetorik" bezeichnet werden. Nur in den wenigsten Fällen werden weitere Spezifika zur Kennzeichnung verwendet. Während *Eristische Rhetorik* (in der Folge Schopenhauers) und *Rabulistische Rhetorik* (Ruede-Wissmann) keinen Hehl aus ihrer Menschen verachtenden Grundhaltung machen, akzentuieren die *Kooperative Rhetorik* (nach Bartsch) und die *rhetorische Kommunikation* (nach Geißner) ihr positives Menschenbild.

Mit „Eristik" und „Rabulistik" bezeichnet man allgemein die Kunst des Streitens und Debattierens mit dem Ziel, auf alle Fälle Recht zu behalten, egal ob man Recht hat oder nicht. *Eris* (griech.) bedeutet Streit, Zwietracht; bekannt ist Eris, die griechische Göttin der Zwietracht. *Rabula* (lat.) kommt von *rabere* (toben) und bezeichnet einen marktschreierischen Advokaten, der „per fas et nefas" auf jeden Fall gewinnen will. Solche Rhetorikkonzepte stehen in der Tradition der Sophisten, die die Auffassung vertraten, dass mit Hilfe der Rhetorik alles durchgesetzt werden könne. Der bekannteste Vertreter dieses Allmachtsglaubens war Gorgias von Leontinoi (480-380 v. Chr.). Allmachtsglaube wie auch der Homo-Mensura-Satz von Protagoras (481-411 v. Chr.), nach dem der Mensch das Maß aller Dinge sei, führten dazu, dass der methodische Ansatz der Dialektik, Sachverhalte immer aus verschiedenen Sichtweisen zu betrachten, zum subjektivistischen Missbrauch führten: viele (nicht alle, eine bekannte Ausnahme war z.B. Gorgias' Schüler Isokrates, 436-338 v. Chr.) praktizierten und lehrten, dass man jeden zu allem überreden könne. Die Wahrheit bzw. intersubjektive Übereinkunft gerät damit aus dem Blick und Eristik und Rabulistik greifen um sich.

Die Überredungsrhetorik hat heute wieder Konjunktur: Arthur Schopenhauers *Eristik* (um 1830, in seinem handchriftlichen Nachlass) wurde 1995 von Francesco Volpi und seitdem mehrfach immer wieder neu herausgegeben. Zu Zeiten des Kalten Krieges zwischen Ost und West galt das Verhandeln im Sinne von Klausewitz als Fortsetzung des Krieges mit friedlichen, verbalen Mitteln. Dennoch handelte man immer noch nach dem Muster „Gewinner –Verlierer". Obwohl dies in der Diplomatie in den 1980er Jahren durch das Harvard-Konzept von Fisher und Ury abgelöst worden ist vom „Win-Win-Prinzip" (Mühlen 2010, 2016) und dieses sich inzwischen auch in Wirtschaft und Management durchsetzt, haben Eristik und Rabulistik immer noch Konjunktur: Neben Schopenhauers Eristik stehen z.B. Ruede-Wissmanns „Rabulistik" (1989), „Satanische Verhandlungskunst" (1993) und sein rhetorisches „Bullfighting" (2007), die Manipulationslehre (Kirschner 1974/1999), „Schwarze Rhetorik" (Bredemeier 2002), „Verbotene Rhetorik" (Beck 2005) und das Durchsetzungstraining (Dölz/Kauffmann 2009) – um nur einige zu nennen. All diese Konzepte gehören zur Richtung der Herrschafts-Rhetorik und basieren auf dem Sieg-Niederlagen-Schema menschlicher Kommunikation. Verräterische Titel und Erfolgsversprechen wie „Nie mehr sprachlos!", „Immer Recht behalten!" etc. lassen die Ellbogenmentalität solcher Konzepte ahnen. Sie schädigen den Ruf der Rhetorik, der es um Verbesserung der Verständigung auf der Basis wertschätzender zwischenmenschlicher Beziehungen geht. Die Kennzeichnung der Rhetorik als „kooperativ" ist wünschenswert und erhellend im Sinne der Markt- und Konzepttransparenz.

Die Autor*innen dieses Bandes bekennen sich alle zur Kooperativen Rhetorik. Sie folgen den Grundannahmen von Elmar Bartsch (1929-2010), dem Begründer der Kooperativen Rhetorik. Sein Ziel war es immer: Andere auf Augenhöhe zu überzeugen und nicht zu manipulieren. Die Beiträge in diesem Band gehen zurück auf eine Tagung zur Kooperativen Rhetorik, die vom 27. bis 29. September 2018 im Haus der Düsseldorfer Universität stattgefunden hat. Dort wurden die Grundlagen diskutiert, Anwendungsfelder vorgestellt und kooperative Rhetorik in Workshops erprobt. Das Thema hat in Düsseldorf Tradition. Nach dem Tod von Elmar Bartsch war dies bereits die dritte Tagung zu dieser Thematik. Bereits 2011 und auch 2015 anlässlich des fünften Todestages haben seine Schüler*innen und Kolleg*innen das Kooperative Rhetorikkonzept in verschiedenen Bezügen reflektiert (vgl. die von Pabst-Weinschenk hg. Tagungsbände 2011a und 2016 und die kompakte Zusammenfassung 2011). Die Vortragenden beziehen Position gegen eine manipulative Rhetorik, die mit dem Populismus an Einfluss und Verbreitung gewonnen hat.

Rhetorische Kompetenzen zählen mit zu den Schlüsselqualifikationen und werden von klein auf und lebenslang erworben. Dazu werden verschiedene Modelle kooperativer Rhetorikschulung vorgestellt, sowohl aus dem universitären Kontext, der betrieblichen Weiterbildung, als auch der schulischen Vermittlung und in verschiedenen gesellschaftlichen Bezügen.

Um den praktischen Zugang zur Kooperativen Rhetorik zu erleichtern, werden Übungssequenzen aus den verschiedenen Workshops und Vorträgen hier in einem separaten Teil am Ende des Bandes präsentiert.

Ich wünsche allen Leser*innen zahlreiche Anregungen durch die Beiträge und vielfältige kooperative Sprechhandlungsimpulse.

Marita Pabst-Weinschenk

Literatur

Bartsch, E. (2009a und b): *Sprechkommunikation lehren Gesammelte Aufsätze und Vorträge*, Band 1: 1969-1983. Bd. 2: 1984-1993. Hg. von Pabst-Weinschenk, M., Alpen.

Bartsch, Elmar (2011): *Sprechkommunikation lehren, Gesammelte Aufsätze und Vorträge*, Band 3: 1994-1999. Hg. von Pabst-Weinschenk, M., Alpen.

Beck, G. (2005): *Verbotene Rhetorik. Die Kunst der skupellosen Manipulation.* Frankfurt/M.; 12. Aufl. 2007, München.

Bredemeier, K. (2002): *Schwarze Rhetorik. Macht und Magie der Sprache.* Zürich. Als Taschenbuch München 2005.

Dölz, S. (2008): *Sich durchsetzen.* Freiburg.

Dölz, S./Kauffmann, C. (2009): *Sich durchsetzen.* Planegg/München.

Edmüller, A./Wilhelm, T. (2009): *Manipulationstechniken.* Freiburg.

Fehn, O. (^{2}2010): *Stans Trickkiste, Ein Kurs in Magie und Manipulation für alle Lebenslagen,* Mit unzähligen Übungen. Leipzig.

Fisher, R./Ury, W. (1984): *Das Harvard-Konzept.* Frankfurt/M. (Original: *Getting to Yes.* Boston 1981)

Geißner, H. (1979): *Rhetorische Kommunikation.* In: *Praxis Deutsch,* 33, 10-21.

Geißner, H. (1981): *Sprechwissenschaft. Theorie der mündlichen Kommunikation.* Königstein/Ts.

Kirschner, J. (1974/1999): *Manipulieren – aber richtig.* München.

Lay, R. (2003): *Dialektik für Manager, Methoden des erfolgreichen Angriffs und der Abwehr.* Berlin.

Mühlen, A. (2010): *Internationales Verhandeln. Konfrontation, Wettbewerb, Zusammenarbeit – mit zahlreichen interkulturellen Fakten.* Münster.

Mühlen, A. (2016): *Kooperative Grundlagen effizienten Verhandelns.* In: Pabst-Weinschenk, M. (2016, Hg.): *Kooperative Rhetorik – heute. Beiträge zur Düsseldorfer Mündlichkeit 2. In memoriam Elmar Bartsch.* Alpen, 17-21.

Nöllke, M. (2007): *Schlagfertig, Die 100 besten Tipps.* Freiburg.

Pabst-Weinschenk, M. (2011): *Kooperative Rhetorik – kompakt.* Alpen.

Pabst-Weinschenk, M. (2011a, Hg.): *Anwendungsfelder kooperativer Rhetorik. Beiträge der Sprechkontakte. In memoriam Elmar Bartsch.* Alpen.

Pabst-Weinschenk, M. (2012): *Rabulistik oder Kooperative Rhetorik?* In: Pabst-Weinschenk (Hg.): *Mündlichkeit in aller Munde. Beiträge zur Düsseldorfer Mündlichkeit.* Alpen, 7-37.

Pabst-Weinschenk, M. (2016, Hg.): *Kooperative Rhetorik – heute. Beiträge zur Düsseldorfer Mündlichkeit 2. In memoriam Elmar Bartsch.* Alpen.

Ruede-Wissmann, W. (1989): *Auf alle Fälle Recht behalten, Dialektische Rabulistik, Die Kunst der überzeugenden Wortverdreherei.* 9. Aufl., München.

Ruede-Wissmann, W. (1993): *Satanische Verhandlungskunst und wie man sich dagegen wehrt.* München.

Ruede-Wissmann, W. (2007): *Bull-Fighting. Die härteste Kampf-Rhetorik. So besiegen Sie Ihre Feinde.* Wien.

Saalburg, K. v./Seebrink, B. (2010): *Der Manipulations-Bestseller, Manipulationstechniken erkennen und anwenden.* Berlin.

Schopenhauer A.: *Eristische Dialektik. Die Kunst, Recht zu behalten.* Hg. v. Volpi. F., Frankfurt 1995; auch Zürich 2009.

A Grundlagen Kooperativer Rhetorik

THOMAS GRIEßBACH

Kooperative Rhetorik — in der Spannung von Technik und Haltung oder Höflichkeit und Liebe

> „Die Allzweckwaffe jedes Paartherapeuten ist der Satz: `Reden Sie miteinander`. Doch kann ein Rat, der vielleicht einem entzweiten Paar hilft, auch für Millionen gelten?" (Soltau 2018, 1)

Die Frage, die Soltau stellt, nimmt Bezug auf die aktuelle gesellschaftliche Situation, die gekennzeichnet ist von einer zunehmend aggressiven und konfrontativen Art und Weise der Kommunikation. Deutlich sichtbar wird diese problematische Form der Auseinandersetzung insbesondere im Umgang mit der Flüchtlingsthematik. Hier werden Positionsverhärtungen in einer massiven Pro- und Contra-Haltung deutlich, nicht nur in der Debattenkultur unserer Parlamente, sondern auch innerhalb von Familien und Freundeskreisen. Die Gesellschaft wirkt im Kleinen wie im Großen zerrissen, und sie scheint keinen Weg zu finden, wie ein fruchtbarer Austausch gelingen kann.

Eine Möglichkeit, diese konfliktbehafteten Themen zu umgehen, besteht in der Gesprächsverweigerung, wie sie beispielsweise gegenüber der AfD lange Zeit in den Medien praktiziert wurde. Und auch heute werden noch bei öffentlichen Veranstaltungen und Podiumsdiskussionen beispielsweise Politiker der AfD bewusst nicht eingeladen. Gesprächsverweigerung oder „Keulenrhetorik" (auf „Volksverräter" folgt „brauner Mob") sind die zumeist eingesetzten kommunikativen Mittel der Auseinandersetzung, die jedoch nicht zur Lösung, sondern zur Eskalation des gesellschaftlichen Lebens führen.

In dieser kommunikativ aufgeheizten Stimmung hat das Projekt „Deutschland spricht" unter der Schirmherrschaft des Bundespräsidenten versucht, verschiedene Gruppen an einen Tisch zusammen zu bringen und in einer Art „Laborsituation" dem oben beschriebenen gesellschaftlichen Phänomen mit Lösungsansätzen zu begegnen.

Theologische Aspekte einer kooperativen Rhetorik

Ein nicht nur für Laborsituationen geeigneter Lösungsweg kann die Kooperative Rhetorik sein, wie sie Elmar Bartsch vertreten hat. Sie gilt es, aus aktuellem Anlass genauer zu untersuchen und das ihr zugrunde liegende Menschenbild sowie ihre theologischen Implikationen in den Blick zu nehmen, um daraus Konsequenzen für eine heute notwendige Rhetorikvermittlung entwickeln zu können (Vgl. Bartsch 1971, 65f.).

Die kooperative Rhetorik nach Bartsch steht und fällt mit seinem theologisch geprägten Verständnis vom Menschen. Deshalb braucht es zum Verstehen einen kleinen dogmatischen Exkurs.

Die Würde des Menschen wird von der Ebenbildlichkeit Gottes hergeleitet. An Gott hat der Mensch sein Leben auszurichten. In der Person Jesu wird aus christlicher Sicht deutlich, wie Gott am Menschen handelt und wie in analoger Weise der Mensch dem Menschen zu begegnen hat. Gott wird Mensch, sagt die Bibel und verweist darauf, dass Gott nicht ein Gott ist, der in einer unüberwindlichen Distanz zum Menschen lebt, sondern die Nähe zu ihm sucht. Im christlichen Sinn lässt sich sagen: Gott übernimmt in Jesus Christus die menschliche Perspektive (wahrer Mensch und wahrer Gott, wie die Dogmatik es formuliert), er nimmt wesentlich am menschlichen Leben Anteil (Vgl. Bartsch 1970, 49-52). Er vollzieht in seinem Leben vollständig das, was die Rhetorik mit dem Begriff der *Perspektivenübernahme* umschreibt.

Die Haltung der *Perspektivenübernahme* wird bei Jesus und seinen Aposteln auf zweifache Weise realisiert: zum einen in der Haltung von Wahrnehmung und Wertschätzung der Person (vgl. u.a.: Jesus im Haus des Zöllners Zachäus, Lk 19,1-10), zum anderen durch die Tatsache, dass die Inhalte des Gegenübers verstanden und ernst genommen werden bevor eine inhaltliche Weiterführung erfolgt (vgl. u.a.: Paulus in Athen, Apg 17,16-34). Sie ist ein Ausdruck der Liebe gegenüber einem jeden Menschen (Vgl. Bartsch 1970, 52).

Die *Perspektivenübernahme* verlangt unter rhetorischer Hinsicht die Haltung von Nähe und wirklichem Interesse am Anderen, was nicht gleichbedeutend ist mit der Übernahme der gleichen Einstellung und Sichtweise des Gesprächspartners. Diese Grundhaltungen finden bei Bartsch Eingang in seine Predigtlehre mit dem dazugehörigen Predigtaufbau (Vgl. Bartsch 1970, 47f.):

- Motivation und Problemstellung (Nähe zur Lebenswelt des Hörers)
- Versuch und Irrtum (Scheinlösungen werden angeboten und ihr Scheitern nachgewiesen)
- Lösung (inhaltliche Weiterführung)
- Lösungsverstärkung (Impuls in Richtung Zielgruppe: Anwendbarkeit der Lösung)

Sowohl Predigt als auch Überzeugungsrede gewinnen ihre Qualität und ihren motivationalen Charakter nicht allein durch einen formal richtigen Redeaufbau und eine formal stringente Argumentation, sondern durch ein komplexes Zusammenwirken von Inhalt, Form und Haltung (vgl. Grießbach 2002, 148-167).

Rhetorik und Ethik oder: „die Haltung macht´s!"

Kooperative Rhetorik versteht sich daher als eine rhetorische Haltung, die sich in Rede und Gespräch ausdrückt. Insofern liegt dieser Rhetorik der aristotelische

Grundsatz: „agere sequitur esse" – „das Handeln folgt dem Sein" zugrunde. Diese rhetorische Haltung, die den Kardinaltugenden zugeordnet werden kann, drückt sich darin aus, dem Gegenüber gut zu sein (Klugheit), ihm gerecht zu werden (Gerechtigkeit) sowie die eigene Sichtweise klar zu benennen (Tapferkeit) und dabei dem anderen gegenüber besonnen zu handeln (Maßhaltung). Rhetorik und Ethik lassen sich in dieser Hinsicht nicht trennen (vgl. Comte-Sponville 1996, 48-112). Fehlt der Rhetorik die ethische Dimension, steht sie immer in der Gefahr, manipulativ zu agieren. Es geht bei der Vermittlung rhetorischer Inhalte daher vorrangig um das Einüben einer kooperativen Haltung und nicht um das Kennenlernen verschiedener rhetorischer Techniken (vgl. Geißner 1986, 71). So wie die Sprechbildung, wenn sie situationslos unterrichtet wird, in der Gefahr steht, nur „Maulhelden" hervorzubringen, so steht die Rhetorik in der Gefahr, bei fehlender Ethik manipulative Charaktere zu fördern.

Das Zusammenspiel von Rhetorik und Ethik lässt sich auch unter pädagogischem Gesichtspunkt betrachten. So wie ein tugendhafter Mensch zunächst fundamentale Formen des Umgangs erlernen muss (im Rahmen der Tugendlehre die Höflichkeit, die aber selbst noch keine Tugend ist, bedeutet dies z.B.: jemandem die Tür aufzuhalten, ihn mit Handschlag zu begrüßen und erst dann zu essen, wenn alle etwas auf ihrem Teller haben), um tugendhaft werden zu können, so bedarf es in der Rhetorikvermittlung zunächst des Einübens einer „rhetorischen Höflichkeit" bzw. des Erlernens grundlegender kommunikativer Kompetenzen (vgl. Comte-Sponville 1996, 22-31). Durch sie wird der die Rhetorik Lernende immer mehr befähigt, eine ethisch fundierte rhetorische Haltung einzunehmen. Zur „rhetorischen Höflichkeit" gehören demnach die zentralen Fähigkeiten: Personale Beziehungen aufnehmen können (Small talk), Zuhören können (Aktives Zuhören) und dem Gesprächspartner eine wertschätzende Rückmeldung geben können (Feedback).

Die Tugendlehre wie auch die Rhetorik verbindet somit der erzieherische Aspekt. So wie das Erziehen zur Höflichkeit zunächst daraufhin angelegt ist, den Anderen wahrzunehmen und ihm wertschätzend zu begegnen – eine Grundvoraussetzung, um überhaupt lieben zu können – so zielt die „rhetorische Höflichkeit" darauf, mit dem Anderen in Beziehung zu treten, seine Aussagen ernst zu nehmen und kritische Rückmeldungen so formulieren zu können, dass der Andere sie annehmen kann, um auf diese Weise immer mehr das Ideal eines „vir bonus" anzunehmen (vgl. Grießbach/Lepschy 2015, 21-25).

Es geht folglich um ein grundsätzliches „Können" in allen Rede- und Gesprächssituationen und nicht um ein allein für die jeweilige Situation erlerntes Wissen.

„Rhetorische Höflichkeit" oder: das Fundament der Rhetorikvermittlung

Zum Projekt „Deutschland spricht" schreibt Hannes Soltau (2018, 1):

„Das direkte Gespräch mit seinem Gegenüber, mag der auch völlig anderer Meinung sein, hat einen Wert an sich. Wer in einer solchen Situation Verständnis erfahren durfte, ist in anderen Situationen auch in der Lage, Empathie zu schenken."
Der Weg der Vermittlung rhetorischer Fähigkeiten und Fertigkeiten (bisher in den beiden sich ausschließenden Positionen: von der Rede zum Gespräch beziehungsweise vom Gespräch zur Rede) wird unter oben genannten Aspekten eher heißen müssen: von der „rhetorischen Höflichkeit" zu Rede und Gespräch. Die „rhetorische Höflichkeit" ist die notwendige Voraussetzung, um in komplexen rhetorischen Situationen (z.b.: Verhandlungen, Gruppenmoderationen, Personalgespräche, Präsentationen, Vorträge und Reden) der Zielgruppe angemessen und sicher begegnen zu können.

Angesichts der zu Beginn dargestellten kommunikativen Probleme in unserer Gesellschaft scheint die Zeit dafür reif zu sein, bereits in der Grundschule Formen der „rhetorischen Höflichkeit" einzuüben, um ein kultivierteres Miteinander in unserer Gesellschaft zu ermöglichen. Die hierfür notwendigen finanziellen Mittel wären auf Seiten des Staates gering, der Gewinn für unsere Gesellschaft hingegen hoch. Die Lehrenden an weiterführenden Schulen könnten bei vielen strittigen Themen auf die bereits im Grundschulalter vermittelten rhetorischen Kompetenzen verweisen und auf ihre Einhaltung achten und darauf aufbauen. Schüler*innen erwerben auf diese Weise schon früh die notwendigen kommunikativen Kompetenzen, die sie in ihrem beruflichen und gesellschaftlichen Leben benötigen.

Es ist notwendig, dass die Kultusminister die gesellschaftspolitische Bedeutung der Sprecherziehung erfassen, da sie einen wesentlichen Beitrag dazu leistet, wie die kommunikative Kompetenz der Schüler*innen von der „rhetorischen Höflichkeit" hin zu umfassenden rhetorischen Fähigkeiten gefördert und damit auch ein gedeihliches Miteinander in der Gesellschaft erreicht werden kann.

Literatur

Bartsch, E. (1970): *Verkündigung als sakrale Leerformel oder als Deutung der Wirklichkeit im Glauben*. In: Bartsch, E.: *Sprechkommunikation lehren. Gesammelte Aufsätze und Vorträge*, Bd. 1: 1969-1983. Hg. von M. Pabst-Weinschenk. Alpen 2009, 34-55.

Bartsch, E. (1971): *Psycholinguistische Strukturen der Verkündigung*. In: Bartsch, E.: *Sprechkommunikation lehren. Gesammelte Aufsätze und Vorträge*, Bd. 1: 1969-1983. Hg. von M. Pabst-Weinschenk. Alpen 2009, 56-70.

Comte-Sponville, A. (1996): *Ermutigung zum unzeitgemäßen Leben. Ein kleines Brevier der Tugenden und Werte*. Reinbek bei Hamburg.

Geißner, H. (21986): *Sprecherziehung. Didaktik und Methodik der mündlichen Kommunikation*. Frankfurt/M.

Grießbach, Th. (2002): *Das Evangelium unverkürzt verkünden. Das integrale Homiletik- und Predigtverständnis bei Alfred Bengsch*. Nettetal.

Grießbach, Th./ Lepschy, A. (2015): *Rhetorik der Rede. Ein Lehr- und Arbeitsbuch*. St. Ingbert.

Soltau H. (2018): *Der Tagesspiegel*, 23.09.2018.

NORVISI STANIC

Kooperative Rhetorik lehren & lernen – Ein Erfahrungsbericht

Das Konzept der Kooperativen Rhetorik ist nicht nur eine Anhäufung von Methoden, sondern spiegelt eine Grundhaltung und ein Grundverständnis von Kommunikation wider. Deshalb ist es wichtig, diese auch anhand von Schlüsselbegriffen und/oder Grundsätzen in Seminaren zu vermitteln. Dazu wurden 2012 von einer Projektgruppe an der DGSS-Prüfstelle in Düsseldorf (angeregt durch Mönnich/Jaskolski; Bartsch 2009; Pabst-Weinschenk 2011) kooperative Grundsätze entwickelt, die die Autorin in ihrer Seminarpraxis einsetzt.

1 Vorüberlegungen

Häufig greift Sprechwissenschaft und Sprecherziehung sowohl bei der Erklärung kommunikativer Phänomene als auch bei den daraus herzuleitenden Schlussfolgerungen für die praktische Anwendung auf Theorien und Modelle von Nachbardisziplinen wie Linguistik, Psychologie, Soziologie etc. zurück. So kann z. B. das Vier-Ohren-Modell Schulz von Thuns (1981, 48 ff) als Erklärung für vier kommunikationsrelevante Ebenen, als Analysemodell bei Entstehung von Missverständnissen und möglichen Konflikten und als Ansatz für die Herausarbeitung von stimmigem, eindeutigem Sprechen genutzt werden.

Einerseits zeigt das, wie interdisziplinär, vielfältig und offen sich Sprecherzieher*innen und Sprechwissenschaftler*innen aufstellen. Andererseits scheint diese Vielfalt der eindeutigen Außendarstellung hinderlich zu sein. Für Fachfremde, Laien, Interessierte, potentielle Kunden und Klient*innen scheinen die sprechwissenschaftlichen und sprecherzieherischen Anwendungsfelder nur schwer greifbar zu sein.

Dabei bietet die Sprechwissenschaft und Sprecherziehung eigene wissenschaftlich fundierte Konzepte in ihren verschiedenen Fachgebieten. So liefert im Fachgebiet der Rhetorischen Kommunikation meiner Meinung nach Elmar Bartschs Kooperative Rhetorik ein glaubwürdiges, stimmiges und vor allem auch praxistaugliches Gesamtkonzept für private und berufliche Kontexte.

2 Kooperative Rhetorik

Nach meinem Verständnis steht Kooperative Rhetorik für Begriffe wie gemeinsame Sinnkonstitution, Streben nach einer ausgeglichenen Machtbalance, Respekt, Kommunikation auf Augenhöhe, Perspektive-Übernahme, intentionales Sprechen und Handeln, Eigenverantwortung, Prozessorientierung, etc.

Kooperation als grundlegendes Kommunikationsprinzip bedeutet mitdenken, mitbeteiligen, mithandeln, mitentscheiden und mitbestimmen zu können. So trägt Kommunikation dazu bei, Rede- und Gesprächsprozesse für die Beteiligten transparenter, zufriedenstellender und effektiver zu gestalten. Denn Kooperative Rhetorik schafft die Basis für einen wertschätzenden, kritisch-konstruktiven Umgang miteinander sowie für eine prozessorientierte und ergebnisoffene Kommunikation der Kommunikationspartner*innen auf gleicher Augenhöhe.

Kooperative Rhetorik kann daher nicht nur reine Technik oder Methode (wie z. B. aktives Zuhören, Perspektive-Übernahme, das Verwenden bestimmter Redestrukturen etc.) sein, sondern ist immer auch eine Frage der eigenen Haltung, der kommunikativen Grundeinstellung: Wie ist mein Verständnis von Kommunikation? Mit welcher Grundhaltung begegne ich Kommunikationssituationen und -partner*innen? Auf welche Art und Weise möchte ich mit anderen kommunizieren?

3 Kooperative Grundsätze

Genau bei diesen Fragestellungen setzen die Kooperativen Grundsätze, die hier vorgestellt werden, an. In der Seminar-Praxis ebnet der Gedankenaustausch zu den Grundsätzen den Weg dafür, sich mit der eigenen kommunikativen Grundeinstellung zu beschäftigen und zu reflektieren, wie kommuniziert wird, welche individuellen Kommunikationsmuster vorliegen und ob mögliche Handlungsalternativen existieren.

Entwickelt wurden die Kooperativen Grundsätze im Rahmen eines Projekts zur Kooperativen Rhetorik 2012 von Anuschka Buchholz, Frank Enders und Norvisi Stanić. Ihr ursprüngliches Ziel war es, Sätze für die alltägliche (private und/oder berufliche) Praxis zu schaffen. Daher war es ihnen ein Anliegen, griffige Formulierungen zu finden, die wichtige Inhalte und Aspekte einer Kooperativen Rhetorik (in ihrem Verständnis) prägnant zusammenfassen und gleichzeitig zum Nachdenken anregen.

Um zu betonen, dass die Grundsätze für die praktische Anwendung entwickelt wurden, wurden sie als Appelle formuliert. Dadurch sollen die Miteinander-sprechenden in konkreten Rede- und Gesprächssituationen inspiriert werden, auf die Grundsätze zurückzugreifen und sie umzusetzen. Trotz ihres appellativen Charakters sind sie als Angebot an die Miteinandersprechenden zu verstehen, nicht als strenge Forderung an sie.

Denken Sie an eine konkrete Kommunikationssituation der letzten Woche, während Sie im Folgenden die Grundsätze hören/lesen. Das kann eine routinierte, einfache Situation wie die Begrüßung von Familie/Freunden/Kollegen oder eine eher herausfordernde, schwierige Situation sein.
Nehmen Sie sich einen Moment Zeit, die Grundsätze auf sich wirken zu lassen und fragen sich: Betrifft mich die Aussage? Welche Ideen/Gedanken habe ich? Lösen die Grundsätze kommunikative Handlungsimpulse in mir aus?

1. Äußere Dich mit Verstand, Gefühl und Körper!
2. Vertrau auf Deine Fähigkeiten und glaub' an Dein Entwicklungspotential!
3. Mach Dir bewusst, dass alles, was Du fühlst, sagst und tust, wirken kann! Möglicherweise auch anders, als du es beabsichtigst.
4. Kooperation heißt, sich gemeinsam zu etwas durchringen! Selbst wenn es bedeutet, dass es kein Ergebnis gibt.
5. Handle selbstverantwortlich! Vergiss vor lauter Kooperation nie Dich selbst.
6. Sei interessiert an Deinem Gegenüber und höre aufmerksam zu!
7. Akzeptiere den/die Andere/n und seine/ihre Ansichten! Setze bei Gemeinsamkeiten an. (Diesen Grundsatz hat die Autorin 2017 den ursprünglichen sechs Grundsätzen hinzugefügt.)

4 Seminar-Praxis

Diese Grundsätze werden in der Regel in der Einführungsphase eines Seminars eingesetzt, d. h., die Teilnehmer*innen kennen sich nicht bzw. noch nicht lange oder nur zum Teil.
Nach dem Mindmap-Prinzip wird jeder Grundsatz mittig z. B. auf einem Flipchart-Bogen geschrieben und jeweils auf einem Gruppentisch verteilt. Die Teilnehmer*innen werden in Kleingruppen (3-4 Personen) eingeteilt und wandern in ihrer Kleingruppe von Grundsatz zu Grundsatz. Die Gruppen erhalten je Grundsatz ca. 4 bis 7 Minuten Zeit (ab der 3. Runde ist es sinnvoll, die Minuten zu erhöhen), sich mit dem jeweiligen Grundsatz auseinanderzusetzen. Die Gruppenmitglieder sollen sich zu den o. g. Fragestellungen (Betrifft mich die Aussage? Welche Gedanken/Impulse habe ich?) austauschen und ihre Gedanken auf dem Papier notieren. Nachdem jeder ausgelegte Grundsatz von jeder Gruppe bearbeitet wurde, erhalten die Teilnehmenden nochmals Zeit, sich alle „Ergebnisse" anzuschauen und ggfs. weitere Ergänzungen zu notieren.
Im Anschluss an die Bearbeitungsphase findet im Plenum eine kurze Reflexionseinheit statt, in der offene Fragen besprochen, einzelne Aspekte diskutiert und Kritik geäußert werden können, aber nicht müssen. Die Methode ist bewusst so gewählt, dass ein ergebnisoffener Prozess möglich ist. Für den weiteren Seminarverlauf bleiben die Flipcharts sichtbar an den Wänden oder Pinnwänden hängen.

Aus Beobachterperspektive der Seminarleitung erfüllt die so durchgeführte Einstiegsphase drei Aufgaben:
1. die Teilnehmenden kommen miteinander ins Gespräch und lernen sich kennen,
2. sie nähern sich ganz allgemein dem Thema „Kommunikation" und
3. sie beginnen, sich mit ihrem eigenen Kommunikationsstil auseinanderzusetzen.

Dienen die Grundsätze aber auch dem Ziel, Aspekte und Grundideen der Kooperativen Rhetorik zu vermitteln? Sind sie wirksam? Regen sie dazu an, die darin enthaltenen Botschaften zu verinnerlichen und den Transfer in die alltäglichen Kommunikationssituationen zu vollziehen?

Stellvertretend für verschiedene Situationen und Äußerungen sollen hier zwei Beispiele aus Seminaren vorgestellt werden. Sie sind Indiz dafür, dass die Grundsätze wirken und erkennbare Handlungsimpulse auslösen.

So hat eine Teilnehmerin nach der oben beschriebenen Übung in der anschließenden Vorstellungsrunde bewusst ihre Gemeinsamkeiten mit anderen Seminarteilnehmern erwähnt. Das waren zum einen die gleiche Herkunftsstadt und zum anderen ein gleiches Hobby. Diese Erwähnungen führten während der Vorstellung zu freudigem Lächeln und Nicken beim Publikum und trugen zu einer positiven Grundatmosphäre bei. In der Analyse meldeten die meisten Teilnehmer*innen zurück, dass ihnen die Nennung der Gemeinsamkeiten direkt aufgefallen war und sie das als bewusstes Tun wahrgenommen haben.

In einem anderen Seminar betonte ein Teilnehmer am Ende des 2-tägigen Seminars bei seinem Schlussfeedback, dass er das „mit dem interessiert sein und aufmerksam zuhören" noch weiter verfolgen, verinnerlichen und künftig darauf besonders achten möchte.

5 Kooperative Grundsätze in ihrer Bedeutung

Wie sind die Kooperativen Grundsätze nach Auffassung der Autorin zu verstehen?
1. *Äußere Dich mit Verstand, Gefühl und Körper!*
   Dieser Grundsatz zielt auf die ganzheitliche Betrachtung des Menschen in Rede- und Gesprächssituationen ab. Im situativen Kontext erfordert authentisches, stimmiges, überzeugendes Sprechen nicht nur die Balance zwischen Personen- und Hörerbezug von Sprecher*in und Hörer*in, sondern auch die eigene „innere" Balance zwischen Verstand, Gefühl und Körper.
2. *Vertrau auf Deine Fähigkeiten und glaub' an Dein Entwicklungspotenzial!*
   Der Mensch verfügt grundsätzlich über Handlungskompetenzen. Bewusstes, selbstbewusstes, verantwortliches Sprechen gelingt, wenn sich der/die Kommunizierende seiner/ihrer kommunikativen Fähigkeiten und Stärken bewusst ist und sich auf sie verlassen kann. Gleichzeitig ist er/sie fähig, seine/ihre Fähigkeiten auszubauen und weiterzuentwickeln.

3. *Mach Dir bewusst, dass alles, was Du fühlst, sagst und tust wirken kann! Möglicherweise auch anders, als du beabsichtigst.*
Körpersprache, Stimme und Sprechausdruck, aber eben auch Stimmung, innere Einstellung und Haltung verleihen dem gesprochenen Wort seine Bedeutung und beeinflussen die Wirkung auf andere. Nicht immer gelingt es dem/der Sprecher*in, sich klar, eindeutig oder verständlich mitzueilen. Beabsichtigte Wirkung ist noch längst nicht erzielte Wirkung. Auch Selbst- und Fremdwahrnehmung können deutlich voneinander abweichen.

4. *Kooperation heißt, sich gemeinsam zu etwas durchringen! Selbst wenn es bedeutet, dass es kein Ergebnis gibt.*
Kooperation in der Kommunikation meint, mit der Intention in Rede- und Gesprächssituationen zu handeln, sich gemeinsam auszutauschen, auf den/die Andere/n einzugehen, nach Lösungen zu suchen, etc. Das kann ein durchaus anstrengender (Streit-)Prozess sein, wenn um verschiedene Interessen, Meinungen, Vorschläge, Positionen gerungen wird. Kooperation bedeutet nicht, schnell um der Atmosphäre willen nachzugeben. Kooperation bedeutet aber auch nicht, dass es in jedem Fall zu einem positiven Ergebnis (Konsens, Kompromiss) kommen muss. Es kann sehr wohl bedeuten, dass (nach dem Versuch des Miteinandersprechens, des Aufeinander Zugehens) ein Gespräch abgebrochen (begründeter Dissens) wird.

5. *Handle selbstverantwortlich! Vergiss vor lauter Kooperation nie Dich selbst.*
Verantwortliches Kommunizieren schließt eine kritisch-konstruktive Selbstreflexion mit ein, also sich selbst zu hinterfragen und zu reflektieren, sich bewusst über die eigenen Bedürfnisse, Interessen, Ziele, etc. zu sein. Das beinhaltet auch zu wissen, wo die eigenen Grenzen liegen und diese ggfs. klar zu setzen. Kooperation nicht bis zur Selbstaufgabe.

6. *Sei interessiert an Deinem Gegenüber und höre aufmerksam zu!*
Anteilnahme, Aufmerksamkeit, Zuhören sind aktive Aufgaben im Kommunikationsprozess. Sie erleichtern es, die Hörerperspektive einnehmen zu können und in einen echten gemeinsamen Austausch zu gehen.

7. *Akzeptiere den/die Andere/n und seine/ihre Ansichten! Setze bei Gemeinsamkeiten an!*
Kooperatives Kommunizieren beginnt mit dem Respekt, der Wertschätzung und der Akzeptanz der Kommunikationspartner*innen. Um eine gute Ausgangsbasis für den Gesprächs-/Redeprozess zu schaffen, ist es sinnvoll, die Beziehungsebene zu pflegen (unabhängig davon, ob auf der Inhaltsebene Uneinigkeit herrscht).

6 Schlussfolgerung

Die kooperativen Grundsätze motivieren, sich das eigene kommunikative Verhalten bewusst zu machen und sich kritisch mit der eigenen kommunikativen Haltung auseinanderzusetzen. Sie ermutigen, sich selbstbewusst, offen und eigenverantwortlich zu äußern bzw. zu handeln. Und sie erinnern in konkreten Situationen an Möglichkeiten, den Kommunikationsprozess aktiv und konstruktiv mitzugestalten. Insofern können die Grundsätze genutzt werden, sich reflektiert für eine kommunikative Haltung zu entscheiden. Sie können ein Beitrag zu einem Kommunikationsverständnis im Sinne der Kooperativen Rhetorik nach Elmar Bartsch sein.

Literatur

Bartsch, E. (2009): *Sprechkommunikation lehren. Gesammelte Aufsätze und Vorträge.* Band 1: 1969-1983. Band 2: 1984-1993. Hg. v. Pabst-Weinschenk, M. Alpen.

Mönnich, A./ Jaskolski, E. W. (Hg. 1999): *Kooperation in der Kommunikation.* Festschrift für Elmar Bartsch. München.

Pabst-Weinschenk, M. (Hg. 2011): *Anwendungsfelder kooperativer Rhetorik. Beiträge der Sprechkontakte. In memoriam Elmar Bartsch.* Alpen.

Schulz von Thun, Friedemann (1981): *Miteinander reden: 1. Störungen und Klärungen. Allgemeine Psychologie der Kommunikation.* Reinbek.

MELANIE HANSELMANN

Wie viel Tugend braucht ein*e Rhetor*in?

Tugenden bilden die Basis für alle kooperative Rhetor*innen (Rhetoriktrainer*innen, Redenschreiber*innen,...): Zum einen geben sie uns eine Orientierung und zum anderen übernehmen wir in der Tradition von Aristoteles, Cato und Quintilian eine Verantwortung.

Der Begriff erscheint heutzutage antiquiert und ist oft negativ besetzt. Am Beispiel des Unworts des Jahres 2015 *Gutmensch* wird dies deutlich: ehrenamtliche Helfer*innen, die Flüchtlingen gegenüber tolerant und hilfsbereit waren, wurden als naiv und dumm dargestellt (vgl. Süddeutsche Zeitung, 12.01.16). Zudem suggeriert das Buch *The 48 Laws of Power*, wie viele Rhetorikbücher, dass Erfolg keine Tugend braucht. Es nennt 48 Regeln wie jeder zu mehr Macht und Ansehen kommen kann:

„GESETZ 14: Gibt dich wie ein Freund, aber handle wie ein Spion [...]

GESETZ 15: Vernichte deine Feinde vollständig" (Greene 2008, 7-12)

Als Rhetor*in stehen wir immer wieder manipulativen Anfragen gegenüber. Etwa wenn große Firmen negative Fakten nach außen positiv(er) darstellen möchten, ein Call Center ein Training beauftragt, um mehr Versicherungen abzuschließen oder wir eine mitreißende und überzeugende Rede schreiben sollen, deren politischen Inhalt wir nicht vertreten können. Die Bezahlung ist verlockend, so dass wir in einen Gewissenskonflikt kommen, denn wir haben eine Verpflichtung, die Miete oder ein Haus abzubezahlen, die Familie zu unterhalten, schlicht unseren Lebensunterhalt zu sichern. Zudem ist es reizvoll, mit einem Seminar viel Geld zu verdienen oder Aussicht auf Folgeaufträge zu haben. Widerstehen wir diesen Angeboten, wenn wir feststellen, dass dabei unsere Werte, der kooperative Grundgedanke oder auch die Gesellschaft darunter leiden?

Den Begriff *Tugend* definieren

Für Aristoteles ist die Tugend die „charakterliche (ēthikē) Gutheit" (Aristoteles 2013, 73), also die vorzüglichen und nachhaltigen Charaktereigenschaften, die auf das Gute hinzielen. Der Mensch verfolgt dabei die *Eudaimonia* oder *Glückseligkeit*, bei der es um die Frage geht: „Was macht einen guten Menschen aus?". Jedes Lebewesen und jeder Mensch hat ein *Ergon*, eine spezifische Funktion oder Aufgabe. Entscheidend ist nun, ob die jeweilige Aufgabe *gut* umgesetzt wird und somit die *Eudaimonia* erreicht werden kann. Im Vergleich zu Tieren und Pflanzen hebt sich der Mensch durch sein rationales Denken, seine Vernunft, ab. Ob er die Glückseligkeit erreicht, hängt laut Aristoteles davon ab, wie gut er seine Vernunft einsetzt (Güte der Erfüllung seiner Funktion). Tugenden können somit auch als

Eigenschaften einer gut eingesetzten Vernunft verstanden werden, denn sie sind das Ergebnis einer vernünftigen Betrachtung und Regulierung unserer Emotionen. Dadurch sind Tugenden immer „ein Gipfel zwischen zwei Lastern" (Comte-Sponville 2010, 20), ein Mittelmaß zwischen einem Zuviel und einem Zuwenig. Mit Hilfe der Vernunft bestimmt ein Mensch folglich die Tugenden, die wiederum einen guten Charakter ausmachen. Um diese Eigenschaften letztendlich auszubilden, bedarf es der Einübung sowie der regelmäßigen Ausübung.

Tugenden geben Orientierung

Der Begriff Orientierung leitet sich von *Orient* ab, was *aufgehende Sonne* oder *Fixpunkt* bedeutet. Der Fixpunkt in unserem Leben ist die Glückseligkeit. Sie steht als klares Ziel über diffusen Kleinzielen und dient somit als Orientierung. Sie hält uns sicher in der Spur auch wenn es zu Unebenheiten kommt. Tugenden wirken als Leuchttürme auf unserem Weg und zeigen uns die Richtung zu diesem Fixpunkt. Sie sind uns eine Richtschnur bei schwierigen Aufgaben oder in komplexen Situationen. Als die vier großen Leuchttürme auf unserem Weg gelten dabei die Kardinaltugenden wie sie bereits Platon definiert hat: Klugheit, Gerechtigkeit, Tapferkeit und Mäßigung, welche die Grundlage für alle übrigen Tugenden bilden.

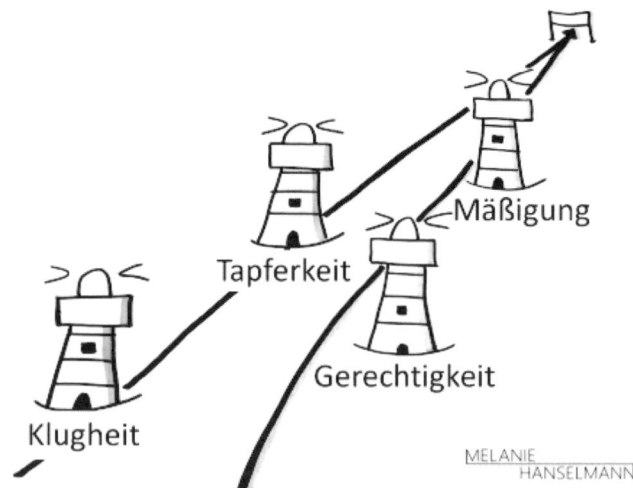

Abb. 1: Platons Kardinaltugenden als Leuchttürme zur Orientierung

Mit der *Klugheit* erkennt man die Wirklichkeit und handelt vorausschauend. Dabei werden die jeweilige Situation, die beteiligten Personen sowie die Absicht und das Ziel analysiert. Wenn wir als Rhetor*in eine Anfrage erhalten, leiten uns Fragen wie: Wer steht hinter der Anfrage? Welches Ziel soll mit den rhetorischen Fähigkeiten erreicht werden? Ist das Ziel nützlich oder dient es dem Guten? Die *Gerechtigkeit* ist die willentliche Haltung, jedem Menschen das Seine zu geben. Darunter ist sowohl der Aspekt des Nehmens als auch des Gebens inkludiert. Da wir soziale Wesen sind und in einer Gesellschaft leben, geht es nicht nur um Einzelpersonen, sondern vor allem um die Gemeinschaft. Die Gerechtigkeit nimmt das Gegenüber in den Blick und ordnet so das Zusammenleben. Für uns bedeutet das, bei einer Anfrage zu überlegen, ob für die Gesellschaft ein Mehrwert entsteht oder nur Einzelpersonen profitieren und gar eine Ungerechtigkeit resultiert. Nicht nur für sich zu sorgen bedeutet oftmals auch für das Gute etwas Schmerzliches hinzunehmen und *Tapferkeit* zu zeigen. Sie ist die Tugend, die, auch wenn es negative Auswirkungen für die eigene Person gibt, trotzdem für das Gute einsteht und daraufhin handelt. Wenn wir feststellen, dass die Anfrage gegen die eigenen Werte und sogar gegen die Gesellschaft geht, bedeutet das, die Konsequenzen zu ziehen und die Anfrage abzulehnen. Die *Mäßigung* oder Besonnenheit ist die innere Ausgeglichenheit des Menschen. Sie hält alle Wünsche und Bedürfnisse in der Balance. Statt um Quantität geht es um Qualität. Das bedeutet, das, was wir haben, intensiv und bewusst wahrzunehmen und zu genießen. Die Selbstgenügsamkeit ermöglicht Zufriedenheit, eröffnet Freiheiten und ist ein effizienter Weg zu ökologischer und sozialer Gerechtigkeit.

Es ist selbstverständlich, dass wir alle eine Verantwortung haben, unseren Lebensunterhalt zu sichern. Es geht hierbei nicht um eine altruistische Haltung, bei der ich mich völlig aufgebe. Vielmehr geht es um das rechte Maß und einen gesunden Grad an Egoismus – zugegeben ein schmaler Grat, aber genau hier geben uns die Kardinaltugenden eine Leitlinie. Natürlich wird sich immer jemand finden, der den Job an unserer Stelle übernimmt. Statt der Masse zu folgen, gilt es, wie es Adorno (1971, 10) treffend formuliert hat, für sich selbst zu denken, zu sprechen und daraus abgeleitet auch zu handeln. Wenn ich eine Anfrage ablehne, ist es sicher in einigen Punkten schmerzlich. Allerdings sind wir nicht von einem Auftrag allein abhängig, sondern haben auch eine Eigenverantwortung proaktiv zu werden. Möglicherweise können im Gespräch mit dem Auftraggeber die Inhalte ethisch angepasst werden, so dass sie nicht nur Einzelpersonen sondern einem größeren Teil Gesellschaft nutzen. Insgesamt bedeutet das eine positive Zukunftschance, die wir selbst mitgestalten können. Für uns Rhetor*innen, die wir der kooperativen Rhetorik folgen, entspricht dieses positive Menschenbild der Tugendethik den Grundsätzen, die Elmar Bartsch definiert hat. Mit den ethischen Werten sind wir vertrauenserweckend und glaubwürdig (vgl. Bartsch 2002, 86). Durch die dargestellten Tugenden leben wir zudem nicht in einer egozentrischen Welt, sondern haben, ohne uns dabei selbst zu verlieren, das Gegenüber im Blick. Dabei ist es wichtig, „den Anderen in seiner Andersartigkeit nicht nur wahrzunehmen, sondern ihn ernst zu nehmen und ihn im Redehandeln stets als konstitutive Bezugsgröße und Maßstab mitzudenken" (Grießbach 2015, 23). Dadurch sind ein respektvoller

Umgang sowie eine Kommunikation auf Augenhöhe möglich. In jeglichen Situationen sind uns die Tugenden ein innerer Kompass, der uns als Grundhaltung die Richtung weist. Durch die Tatsache, dass wir uns definiert haben und wissen, was unser Ziel ist, können wir selbstbewusst auftreten und berechenbar wahrgenommen werden. Auch hier ist wieder eine Parallele zur Kooperativen Rhetorik zu finden, denn „Kooperation setzt Selbstsicherheit voraus" (Pabst-Weinschenk 1998, 117 bzgn. Correll 1983, 56). Tugenden geben uns also in der heutigen, schnelllebigen und teils chaotischen Zeit eine Orientierung, die uns als Persönlichkeiten weiterbringt und uns ethisch und authentisch handeln lässt.

Mit Tugenden eine Verantwortung übernehmen

Als kooperative Rhetor*innen übernehmen wir Verantwortung, da wir zum einen ein Vorbild sind und zum anderen das Erbe der Antiken Rhetorik weiterführen. Damals galt es, dem Ideal des *vir bonus dicendi peritus* (ein tugendhafter Ehrenmann, der reden kann) zu folgen. Der Begriff geht auf den römischen Landsmann Cato zurück (2. Jh.v.Chr.) (vgl. Robling 2007, 123). Zu dieser Zeit teilte sich die Gesellschaft in Rom in so genannte *Patrone* mit hohem Sozialprestige und Fachwissen (Grundbesitzer oder Gelehrte) und *Klienten* mit niedrigerem sozialem Ansehen (Bauern oder Handwerker). Ein Patronus fungierte dabei als Vertreter und gerichtlicher Verteidiger für die Angelegenheiten der Klienten. Um als Patronus ausgewählt zu werden, war es entscheidend, auch im privaten Leben tugendhaft zu sein, um als glaubwürdig und verlässlich wahrgenommen zu werden. Dies zeigt die enge Verbindung zwischen der ethischen Dimension der Redekunst und dem Gemeinwohl.

Allerdings wurde die Rhetorik immer wieder als Schmeichelkunst benutzt. Der Bevölkerung missfiel, wenn sich Rhetoren selbst zur Schau stellten. Dieser Missbrauch der Beredsamkeit führte zu einem Vertrauensbruch gegenüber der Rhetorik. Marcus Fabius Quintilianus (Quintilian) wollte den Ruf der Rhetorik verbessern. Darum nahm er in seinen zwölf Büchern zur *Ausbildung des Redners* folgendes auf:

> „Rhetorik ist nur für diejenige Praxis bestimmt, die zur Ordnung des ethisch Guten [...] gehört, und ihre erste Aufgabe darin besteht, den Redner so zu bilden und solange zu unterweisen, bis er selber Teil dieser Ordnung, ein vir bonus, ein guter rechtschaffener Mann geworden ist" (Ueding/ Steinbrink 2011, 88).

Quintilian strebt in seinem Ideal eine Kombination aus „catonischem und ciceronischem Rednerideals" an (Robling 2007, 123): „Was bei Cato begonnen, ist jetzt zur Reife gediehen [...] dass aus der Summierung des Guten die Verwirklichung des Besten, also des perfectus orator, näher gerückt ist." Im Gegensatz zu Cicero erhebt Quintilian jedoch einen ethischen Anspruch an einen Rhetor:

> "Dem vollkommenen Redner aber gilt unsere Unterweisung in dem Sinne jener Forderung, dass nur ein wirklich guter Mann ein Redner sein kann; und deshalb

fordern wir nicht nur hervorragende Redegabe in ihm, sondern alle Mannestugenden." (Ueding/ Steinbrink 2011, 43)
In dieser Tradition der antiken Rhetorik tragen wir diese Verantwortung im doppelten Sinne. Zum einen geht es darum, wem wir die Techniken vermitteln. Beispielsweise Argumentationstechniken können entweder ein positives Ziel verfolgen oder aus einer schlechten Haltung heraus einen Schaden anrichten. Somit steht es in unserer Verantwortung zu überlegen, welches Ziel mit der Technik verfolgt wird und wen wir damit befähigen. Zum anderen gehen wir selbst als ethisches Vorbild voraus. Nur wenn wir selbst diese ethische Grundhaltung, die Tugenden verinnerlichen, können wir berechenbar handeln. Hierfür geben wieder die Tugenden, insbesondere die Kardinaltugenden, eine Orientierung, da die Klugheit analysiert, die Gerechtigkeit den anderen mit einbezieht, die Tapferkeit dafür einsteht und die Mäßigung alles in Balance hält. Somit liegt es in unserer Verantwortung unseren Werten zu folgen und gegebenenfalls die Konsequenzen zu tragen.

Literatur
Adorno, Th. W. (1971): *Kritik*. Frankfurt/M.
Aristoteles (2013): *Nikomachische Ethik*. Übers. von Wolf, U., hg. von König, B. Reinbek.
Bartsch, E. (2002): *Von der Trainer-Qualität zur Trainer-Ethik*. In: *sprechen*, 76-89.
Comte-Sponville, A. (2010): *Ermutigung zum unzeitmäßigen Leben*. Hamburg.
Correll, W. (1983): *Motivation und Überzeugung in Führung und Verkauf*. Landsberg.
Greene, R. (2008): *The 48 Laws of Power*. München.
Pabst-Weinschenk, M (1998): *Mündlich argumentieren. Praktische Rhetorik für die Schule*. In: *Rhetorik. Ein internationales Jahrbuch*. Hg. von Dyck, J./ Jens, W./Ueding, G., Bd. 17, Tübingen, 106-133.
Robling, F.-H. (2007): *Redner und Rhetorik. Studie zur Begriffs- und Ideengeschichte des Rednerideals*. Hamburg.
Ueding, G./Steinbrink, B. (2011): *Grundriss der Rhetorik*. Stuttgart.

FRANK ENDERS

Carl und die Scharlatane – Wurzeln und Auswüchse der Gesprächspsychotherapie

„Nicht schon wieder Psychologie" mag der ein oder andere denken, wenn von Gemeinsamkeiten und Unterschieden zwischen Sprecherziehung und psychotherapeutischen Konzepten die Rede ist. In der Tat haben in den letzten fünf Dekaden viele Modelle wie die Themenzentrierte Interaktion, die vier Seiten einer Nachricht oder Bühlers Organon Eingang in unsere kommunikationstheoretischen und -praktischen Überlegungen gefunden. Auch Rogers' Klientenzentrierte Gesprächspsychotherapie (im Weiteren GPT genannt) ist spätestens seit den 1970ern den meisten hinlänglich bekannt. Warum also weitere Bemerkungen darüber verlieren? Wer Modelle wie die Rede-Pyramide (vgl. Pabst-Weinschenk 2004/2011, 16ff) kennt, weiß, dass in jedem rhetorischen Prozess neben Form, Präsentation (rhetorische Oberfläche) und Inhaltskonzept (Rhetorische Tiefenstruktur) auch die Redner-Persönlichkeit einen entscheidenden Beitrag zum Gelingen einer Kommunikationssituation leistet, und zwar *sowohl* seitens des Sprechers als auch seitens des Hörers. Sprecherzieher*innen erwerben während ihrer Ausbildung neben fachlicher Expertise auch jede Menge unbewusste Kompetenzen, unter anderem eben auch den kooperativen Blick auf eine Kommunikationssituation (vgl. Bartsch 1990) und Einfühlungsvermögen (vgl. Pabst-Weinschenk 2009). Klassischerweise scheint grade Letzteres eher erworben statt aktiv gelehrt werden zu können. Die Grundsätze der GPT bieten daher wertvolle Ansätze: Zum einen, weil sie uns eine Idee davon geben, wie Ein-fühlungsvermögen gelehrt und gelernt werden kann. Zum anderen, weil Kooperation auch über die Redner*in-Persönlichkeit funktioniert, ja eine gemeinsame Sinnkonstitution (vgl. Geißner 1986) dann erst möglich wird. Ein Punkt, der vor allem eine Rolle spielt, wenn es in unserer sprecherzieherischen Arbeit um Klienten geht, die sich in ihrer Stimmbildung, ihrem Auftreten oder ihrem rhetorischen Wirken nicht *vollständig funktionsfähig* fühlen. Rogers' Ansatz bietet eine Leitlinie für eben solche Fälle, in denen sich Menschen zwischen Ist- und Sollselbst nicht mehr handlungsfähig fühlen und sich bei Situationsmächtigen, sprich: Therapeuten – und wie wir noch sehen werden: unter bestimmten Voraussetzungen auch Sprecherzieher*innen – Hilfe holen.

Die Wurzeln

Grundüberzeugung der GPT ist, dass Menschen *vollständig funktionierende Personen* sind oder wieder werden können. Dabei wird davon ausgegangen, dass Menschen eine Aktualisierungstendenz innewohnt, die sie danach streben lässt, sich zu verändern und ihrem Idealselbst nahe zu kommen, aber eben nur unter günstigen Voraussetzungen. Dann haben Menschen Vertrauen in ihren eigenen Organismus (Rogers 1976, 129) und können sich sozusagen ungehindert entwickeln. Eine denkbare Konstellation *ungünstiger* Umstände soll an diese Stelle beispielhaft erwähnt werden.

Mit dem Fremde-Situation-Test schlagen Ainsworth und Bell (1970) ein mittlerweile sehr kontrovers diskutiertes Modell (vgl. Keller, 2019; Vicedo, 2014; Quinn & Mageo 2014) vor, das zeigen soll, wie Bindungsstile 12 bis 18 Monate alter Kinder in Bezug auf ihre Mutter aussehen können. Der ungünstigste Fall liegt vor, wenn Kinder desorganisierte Bindungsstile entwickeln, in denen sie sich zu keiner Zeit sicher sind, dass z.b. ihre Mutter, die den Raum verlässt, jemals wiederkehrt. Und selbst wenn dem so ist, reagieren desorganisiert gebundene Kinder mit Angst, Ignoranz oder sogar Wut auf die Rückkehr der Mutter. Baumrind (1971) erläutert vier verschiedene elterliche Erziehungsstile, die sich in Orientierung an den Bedürfnissen (Responsivität) und Lenkung des Kindes unterscheiden. Der ungünstigste Fall ist der vernachlässigende Stil, der frei von Lenkung und Responsivität ist. Es wäre durchaus vorstellbar, dass Menschen in ihrer Entwicklung einen vernachlässigenden Erziehungsstil mit desorganisierter Bindung erfahren haben. Was dann die Selbstaktualisierung im Erwachsenenalter verhindert, ist die Erfahrung, dass Bindung Chaos bedeutet und, dass die eigenen Bedürfnisse lediglich da sind, um ignoriert zu werden.

Treffen Menschen auf ungünstige Umstände, können sie in ihrem Streben nach Aktualisierung steckenbleiben, nicht weiter kommen, ja sogar verzweifeln und daran zerbrechen. Genau an diesem Punkt setzt die GPT an, indem sie Menschen einen Rahmen bieten will, sich wieder ungehindert zu entwickeln. Rogers hat die therapeutische Grundhaltung seines Ansatzes, an der er die GPT entwickelt dabei auf drei zentrale Momente pointiert, nämlich *Kongruenz und Echtheit, bedingungslose Wertschätzung* und *empathisches Verstehen* (1976, 74; 1981, 68; 1990, 20; 1995, 213).

Mit *Kongruenz und Echtheit* ist selbstverständlich nicht gemeint, äußeren Erwartungen zu entsprechen, wie ein echter Therapeut sein soll und wie er sich darzustellen hat. Vielmehr geht es darum, vor dem anderen *unverborgen* und ehrlich zu sein, auch mit den eigenen Gefühlen. Wer mitteilt, was jetzt in diesem Augenblick in ihm passiert, der lässt nicht nur Kongruenz mit sich selbst zu, sondern lässt sie auch für das Gegenüber erfahrbar werden:

> „Man hat entdeckt, daß (sic!) Veränderungen in der Persönlichkeit dann gefördert werden, wenn der Psychotherapeut ganz er selbst ist, wenn er (…) ohne ‚Front' oder Fassade dasteht, wenn er offen die Gefühle und Einstellungen präsentiert, die im jeweiligen Augenblick in ihm auftauchen" (Rogers 1973, 74). „Es besteht also eine enge Entsprechung oder Kongruenz zwischen dem körperlichen Erleben, den Bewusstseinsinhalten und den Mitteilungen an den Klienten" (Rogers 1990, 20).

Echtheit bedeutet nach dieser Definition auch, echte Grenzen zu setzen. So wird unter Therapeuten der Satz „Sie können mich gern jederzeit anrufen" zum Kalauer, weil er häufig zweierlei ausdrückt: Erstens, weil Echtheit voraussetzt, dass man wirklich zu jeder Tages- und Nachtzeit jederzeit und überall erreichbar ist und zweitens, weil es psychische Störungen gibt, bei denen ein solches Angebot garantiert dafür sorgt, dass Therapeuten keine ruhige Minute mehr verbringen. Wer echt und kongruent mit sich ist, könnte dagegen z.b. sagen: „Sie können mich zwischen 11 und 13 Uhr erreichen, wenn Sie es außerhalb dieser Zeiten probieren, kann ich nicht versprechen, dass ich Ihnen schnell antworte".

Bedingungslose Wertschätzung schafft ein Klima, das auf einen Satz gebracht lauten könnte: „Du kannst mit allem zu mir kommen". Auch, wenn der Therapeut der Situationsmächtige ist, sollte deshalb nicht der Eindruck entstehen, er stehe moralisch, emotional, gesellschaftlich oder menschlich über dem anderen, sodass er selbst zum Maß und Richter aller Dinge wird.

Empathisches Verstehen ist vielleicht eine der wichtigsten therapeutischen Kompetenzen. Es bedeutet, mit dem Patienten im *als-ob-Rahmen* mitzuschwingen. Wird das Gegenüber bspw. traurig, ist es wichtig, sich vorzustellen, wie man selbst sich fühlt, wenn man traurig ist und so eine Idee davon zu bekommen, wie der andere sich gerade fühlt. *Empathisches Verstehen* bedeutet dagegen nicht, vollständig mitzufühlen – und so selbst traurig zu werden.

Versuch einer Einordnung

„Sollen wir den jetzt alle auch noch Therapeuten werden?", könnte eine nachvollziehbare Frage an dieser Stelle lauten. Auch, wenn dies vielleicht nicht schaden kann, geht es wie gesagt darum, die *Grundsätze* der GPT für die Sprech-erziehung auszuloten, die Situationsgestaltung, also das *Wie* in den Mittelpunkt zu stellen. Tatsächlich ist – zumindest, was die GPT angeht –, therapeutisches Wirken gar nicht so weit von sprecherzieherischem Handeln entfernt. Sprachtheoretisch handelt es sich um eine Art doppeltes Organon (vgl. Bühler 1934/1982), da die Momente am sprachlichen Zeichen, die berufen sind, es in „den Rang eines Zeichens zu erheben" (ebd.) zum Gegenstand der Darstellung werden. Mit anderen Bühler'schen Worten: Wenn einer mit dem anderen über ein Ding redet, dieses Ding aber die Interaktion selbst ist, passiert eine Kommunikation über die Kommunikation, auch *Metakommunikation* genannt. Ähnlich lässt sich die GPT in die TZI (vgl. Cohn 1975) einordnen, indem das ICH und das WIR zum Thema (ES) wird. Indem der/die Sprecher*in metakommuniziert, wird der/die Hörer*in auf sich selbst zurückgeworfen (vgl. Heidegger 1927) und wird dadurch in die Lage versetzt, sich mit seinem eigenen Zustand oder seiner Art zu kommunizieren auseinanderzusetzen. Die Pointe der GPT ist folglich vor allem, dass der Situationsmächtige sich äußerst mit dem zurückhält, was viele sich von *Beratung* versprechen, nämlich mit konkreten, pragmatischen und sofort umsetzbaren Tipps zur

Lebensführung, besser noch: zur Problemlösung. Wer Therapie vor allem mit Beratung verbindet, mag bei Rogers'schen Therapiesitzungen zwischen Therapeut (T) und Klientin (C) so auch vermeintlich Absurdes beobachten: „[T5] Ich wünschte, ich könnte Ihnen die Antwort geben, was Sie ihr [ihrer Tochter, F.E.] sagen sollen" (lächelt). [C6] Ich hatte Angst, dass Sie das sagen würden" (lacht). [T6] Denn was Sie wirklich wollen, ist eine Antwort" (Shostrom 1965, *eigene Übersetzung*). Vielmehr forciert der/die Sprecher*in die Auseinandersetzung der/des Hörer*in mit sich selbst allein dadurch, dass Erstere/r Letztere/n z. B. zitiert und spiegelt. Theoretisch passiert dabei das, was uns seit Langem als Sprechdenken oder Brainstorming bekannt ist nur eben derart, dass hier keine Stichwortkärtchen zum Sprechimpuls führen, sondern die „Stichworte", die der/die Hörer*in zu sich selbst von der/dem Sprecher*in gespiegelt bekommt. Im Rahmen der GPT hat diese Spiegelung unweigerlich den gleichen Effekt, wie Stichworte auf einem Moderationskärtchen, nämlich die so genannte Aktivierungsausbreitung (*Spreading Activation Network*, Collins/ Loftus 1975). Das oben zitierte Transkript lässt z. B. darauf schließen, dass die Klientin sich spätestens jetzt mit der Frage beschäftigen muss, warum sie so sehr eine Antwort auf ihre Frage haben will.

Auswüchse

Das Transkript zeigt zusätzlich sehr deutlich, dass Beratungen, welche gleichzeitig die Grundsätze GPT beherzigen wollen, immer einen interdisziplinären Balanceakt (vgl. Straumann/Zimmermann-Lot 2006) vollführen müssen, weil einerseits Wissen vermittelt, andererseits aber auch Zurückhaltung im Beratschlagen geübt werden muss. So ist es zumindest fraglich, ob tatsächlich auch Ärzt*innen im Patientengespräch, Trainer*innen in der Mannschaftsbesprechung oder Kundenberater*innen einer Bank Rogers' Grundsätze problemlos in die Arbeit integrieren können, um diese erfolgreicher zu machen. Da es über Implementierungserfolge aber bis dato kaum Zahlen gibt und die Methode an sich schon schwer zu quantifizieren ist, bleibt bis dahin nur die Vermutung, die leider auch alle anderen Formate heimsucht, die noch nicht genügend untersucht sind:

„Wegen der fehlenden Standards fehlt es überhaupt an Möglichkeiten, die Scharlatane zu identifizieren – geschweige denn sie aus dem Anbietermarkt zu entfernen. Pointiert ausgedrückt: Die Scharlatane sind immer die anderen." (Kühl 2008, 264f)

Alles Roger, oder?

Rogers' Prinzipien benötigen etwa fünf Minuten, um intellektuell verstanden zu werden, aber oft Jahre, um verinnerlicht zu werden. Die GPT ist sicherlich mehr, als nur eine angewandte Technik: Im Prinzip lernt jemand, der Rogers' Ansatz lernt, das *Wie?* einer Situation zu gestalten, bevor überhaupt das *Was?* thematisiert wird. Durch eine solche Haltung kommt es zu einer heilenden Beziehung zwischen

Sprecher*in und Hörer*in, indem Letztere wieder zu einer vollständig funktionsfähigen Person werden kann. Man mag an dieser Stelle darüber streiten, ob Therapeut*innen, die Geld bekommen um zu heilen, ebenso kooperativ eingestellt sein können, wie Sprecherzieher*innen, die Rogers' Grundsätze verinnerlicht haben. Entscheidend ist aber, dass sie dazu beitragen können, eine kooperative, akzeptierende Haltung im sprecherzieherischen Handeln zu entwickeln und somit unbewusst erworbene Kompetenzen lernbar zu machen. Didaktisch kann dies schon verwirklicht werden, indem z.b. kontrollierte Dialoge nicht das zum Inhalt haben, was verstanden wurde, sondern was dabei emotional vermittelt wurde und gewirkt hat. Letztendlich kommt es meines Erachtens Rogers aber auf einen altbekannten Grundsatz an: „Dem Schwachen entgegenkommen, aber ihn nicht dabei entmündigen" (Bartsch 1990).

Literatur

Ainsworth, M.D.S./Bell, S. M. (1970): *Attachment, Exploration, and Separation: Illustrated by the Behavior of One-Year-Olds in a Strange Situation.* In: Child Development, 41, No. 1, 49-67.

Bartsch, E. (1990): *Grundlinien einer „Kooperativen Rhetorik".* In: Geißner, H. (Hg.): *Ermunterung zur Freiheit: Rhetorik und Erwachsenenbildung.* Frankfurt/M., 37-4; auch in: Bartsch, E. (2009): *Sprechkommunikation lehren. Gesammelte Aufsätze und Vorträge.* Bd. 2: 1984-1993. Hg. v. Pabst-Weinschenk, M. Alpen, 137-146.

Baumrind, D. (1971): *Current patterns of parental authority.* In: Developmental Psychology Monograph, 4, Heft 1, Teil 2.

Bühler, K. (1934/1982): *Sprachtheorie: Die Darstellungsfunktion der Sprache.* Nachdruck, Stuttgart.

Cohn, R.C. (1975): *Von der Psychoanalyse zur themenzentrierten Interaktion. Von der Behandlung einzelner zu einer Pädagogik für alle.* Stuttgart.

Collins, A. M./Loftus, E. F. (1975): *A spreading-activation theory of semantic processing.* In: *Psychological Review*, 82, 407-428.

Geißner, H. (1986): *Sprecherziehung. Didaktik und Methodik der mündlichen Kommunikation,* 2. Aufl., Frankfurt/M.

Heidegger, M. (1927): *Sein und Zeit. (Erste Hälfte).* In: *Jahrbuch für Philosophie und phänomenologische Forschung,* 8, 1-438.

Keller, H. (2019): *Mythos Bindungstheorie.* Kiliansroda.

Kühl, S. (2008): Die *Professionalisierung der Professionalisierer? Das Schar-latanerieproblem im Coaching und in der Supervision und die Konflikte um die Professionsbildung.* In: Organisationsberatung, Supervision, Coaching,15(3), 260-294.

Pabst-Weinschenk, M. (2009): *Wie wird in sprechwissenschaftlich fundierten Kommunikationstrainings gelernt? – Versuch einer sprechwissenschaftlichen Antwort auf die angewandte Gesprächsforschung.* In: sprechen, 26 (47), 34-45.

Pabst-Weinschenk, M. (Hg., 2004/2011): *Grundlagen der Sprechwissenschaft und Sprecherziehung.* München.

Quinn, N. & Mageo, J. (Hg. 2014). *Attachment Reconsidered: Cultural Perspectives on a Western Theory.* Heidelberg.

Rogers, C. R. (1976): *Entwicklung der Persönlichkeit*. Stuttgart.
Rogers, C. R. (1981): *Der neue Mensch*. Stuttgart.
Rogers, C. R. (1990): *Die Kraft des Guten. Ein Appell zur Selbstverwirklichung*. Frankfurt/M.
Rogers, C.R. (1995): *On Becoming a Person: A Therapist's View of Psychotherapy*. Massachusetts.
Rogers, C.R. (2003): *Client-Centered Therapy: Its Current Practice, Implications, and Theory*. Edinburgh.
Shostrom, E. L. (1965): *Three approaches to psychotherapy* (Part I, Film). Kalifornien, Transkript nach Brodley, B.T./ Lietaer, G. (2004): *Carl Rogers in the Therapy Room: A Listing of Session Transcripts and a Survey of Publications Referring to Rogers' Sessions* In: *Person-Centered & Experiential Psychotherapies,* 2(4), 274-291.
Straumann, U./ Zimmermann-Lotz, C. (Hg. 2006): *Personzentriertes Coaching und Supervision – ein interdisziplinärer Balanceakt*. Kröning.
Vicedo, Marga (2014). *Nature and nurture of love*. In: Isis,105(2), 466-467.

CLAUDIUS KROKER

Reden schreiben – Reden halten

Vorbemerkung: Dieser Beitrag ist als Rede für den Vortrag geschrieben worden. Der Redenschreiber Kroker verzichtet hier bewusst auf wissenschaftliche Zitationen; die zahlreichen Absätze dienen beim Vortrag zur Orientierung auf dem Blatt.

0 Einleitung

Die freie, Stichwort-basierte Rede ist kein Gegensatz zum Redenschreiben.
Jede Rede kann ausformuliert und dann doch frei gehalten werden.
Jede Rede muss passen
- zum Redner bzw. zur Rednerin(auch dazu, ob er/sie frei und sicher spricht oder besser mit einer ausformulierten Rede)
- zum Anlass der Rede (geht es um ein nettes, lockeres Grußwort oder eher um absolute Genauigkeit des Wortlauts?)
- zum Publikum (Fachleute, öffentliches Publikum, Medien? – Wird jedes Wort auf die Goldwaage gelegt?)

Ein*e Redenschreiber*in schreibt nicht immer eine Rede. Oft sammeln wir Stichworte, erstellen eine grobe Struktur, verfassen Textbausteine oder diktieren den ersten Rede-Entwurf. Damit aus der Rede keine Schreibe wird.
Eine Rede entsteht durch die Arbeitsschritte:
1. Recherchieren
2. Strukturieren
3. Formulieren
4. Redigieren
5. Memorieren (bei freier Rede)
6. Präsentieren

1 Recherchieren

Am meisten Zeit kostet oft die Recherche. Dazu gehört es Inhalte und Informationen zu sammeln, eine Rede-Idee zu entwickeln, passende Bilder (Sprachbilder) zu finden.
Zur Recherche zählt auch das Briefing.
Redenschreiber*innen müssen wissen:
- Was will der/die Redner*in sagen, was nicht?
- Wann und wo findet die Rede statt?
- Wie sind die Rahmenbedingungen?
- Wer spricht evtl. davor und danach?

Zum Briefing gehört im Idealfall den Redner bzw. die Rednerin persönlich kennenzulernen. Nur so kann ein*e Redenschreiber*in wissen, wie er/sie spricht, kennt die Stimme, evtl. Akzente oder Dialekte etc.

2 Strukturieren

Mit den Recherche-Ergebnissen wird die Rede strukturiert, ähnlich wie eine Pressemitteilung oder eine Reportage strukturiert wird.

Anorderung an die Struktur: Der rote Faden muss erkennbar und ununterbrochen greifbar sein. Die Zuhörer*innen müssen immer folgen können und am Ende die wichtigsten Botschaften in Erinnerung behalten.

3 Formulieren

Viele Reden, die frei oder spontan wirken, wurden vorher formuliert. Je besser die scheinbare Spontanität, desto wichtiger die Vorbereitung.

Wie formuliert man eine Rede? Ganz einfach so, wie man spricht: Kurze Sätze – gerne auch mal unvollständige Sätze. Aufzählungen (Bullet Points) statt Bandwurmsätze. Keine Schachtelsätze. So, wie es auch gute Radio-Moderator*innen machen: Erzählen Sie den Leuten etwas. Sprechen Sie mit ihnen. Eine Rede ist ein Dialog, kein Monolog!

Wichtig: Unbedingt so schreiben, wie der Redner oder die Rednerin spricht. Hier zeigt sich die Bedeutung aus 1. Recherche (Briefing): Ich muss den/die Redner*in und ihre/seine Rede-Weise kennen. Sonst gibt's beim Vortrag ein Unglück...

4 Redigieren

Ernest Hemingway wird das Zitat zugesprochen *„Der erste Entwurf ist immer Scheiße"*. – Also keine Scheu vor dem Überarbeiten. Eine Rede entsteht erst durch das Daran-Arbeiten und letztlich ohnehin erst in dem Moment, da sie gehalten wird. Alles, was davor liegt, sind bestenfalls rhetorische Absichtserklärungen. – Hier endet die Aufgabe des Redenschreibers.

5 Memorieren und 6 Präsentieren

Mit dem 5. und 6. Schritt müssen Redner*innen allein fertig werden. Je besser er resp. sie memorieren kann (so dass es nicht auswendig gelernt klingt!), desto besser. Gleiches gilt fürs Präsentieren: Der größten Anteil an der Rede-Wirkung haben (leider) nicht die Worte, sondern die Person und die Inszenierung.

Zum Nachlesen

https://www.pressesprecher.com/autor/claudius-kroker
https://www.vrds.de/portraits/Claudius_Kroker.php

FRANCESCA VIDAL

Zur Verbreitung von schädlichen Sprechakten

Als ich begann, Studierende für das Forschungsprojekt ‚Verletzende Worte' zu gewinnen, wählte ich des Öfteren folgenden Satz als Einstieg: ‚Sie ist immer pünktlich, obwohl sie Spanierin ist'. Meine Frage an die Hörenden lautete dann: Ist das nun ein versuchtes Kompliment oder eine subtile Beleidigung. Als bloße Äußerung schwer zu entscheiden, denn wir wissen nicht, wie dies gemeint war. Aber es zeigt, wie subtil Klischees ihre Wirkung entfalten, wie sehr etwas jemanden treffen kann, was eventuell nicht einmal so gemeint war. Vielleicht hat sich die Sprecherin nichts dabei gedacht, vielleicht war es Ironie – und damit ein zumeist sehr geschätztes Sprachspiel – oder doch bewusste Kränkung? Schon vorweg lässt sich sehr allgemein festhalten, dass die Frage, ob etwas verletzt oder nicht, immer eine sehr subjektive Angelegenheit ist. Alicia Sommerfeld (2019) hat sich deshalb für den Ausdruck ‚schädlicher Sprechakt' entschieden, wird hier doch durch den Sprechakt das soziale Miteinander beschädigt, wobei sie betont, „dass ‚Harmful speech' das ist, was die Diskursteilnehmenden als ‚harmful speech' erachten." (Ebd. S. 51)

Mit den Studierenden, die dieser Problematik nachgehen wollten, stellte ich die Frage: Was ist witzig, was beleidigend? Ironie ist eine sehr beliebte rhetorische Figur, wir schätzen sie in Literatur, politischer Rede oder Kabarett. Schließlich will keiner auf Ironie, Satire oder auch Polemik verzichten, auch sind Sprachwitz und gelegentlich auch Sarkasmus durchaus geschätzte Formen politischer oder philosophischer Debatten. Ironie oder auch satirisch Gemeintes kann für den Einzelnen verletzend wirken, denn Satire überschreitet bewusst Grenzen. Solche sprachlichen Mittel gelten als Methode, eine unmittelbare Präsenz zu schaffen, in der Lesende, Hörende und Schauende sich aufgefordert fühlen, eine passive Teilnahmelosigkeit aufzugeben und Stellung zu beziehen. Ort, Zeit und Situation entscheiden darüber, ob wir von diskriminierender Rhetorik oder gelungener Ironie sprechen.

„Was darf Satire? Alles", sagt zumindest Kurt Tucholsky 1919, denn „Sie sagt: ‚Nein!'" und Satire „beißt, lacht, pfeift und trommelt die große, bunte Landknechtstrommel gegen alles, was stockt und träge ist [...]. Übertreibt die Satire? Die Satire muß übertreiben und ist ihrem tiefsten Wesen nach ungerecht. Sie bläst die Wahrheit auf, damit sie deutlicher wird, und sie kann gar nicht anders arbeiten als nach dem Bibelwort: Es leiden die Gerechten mit den Ungerechten." (Tucholsky 1975, Bd. 2, 42f.)

Darf sie demnach alles? Tucholsky hat sein Zitat 1932 ergänzt und gesagt:

„Satire hat eine Grenze nach oben: Buddha entzieht sich ihr. Satire hat auch eine Grenze nach unten. In Deutschland etwa der herrschenden faschistischen Mächte. Es lohnt nicht – so tief kann man nicht schießen." (Tucholsky 1975, Bd. 10, 49.) Nach oben, wenn es um religiöse Inhalte geht, nicht wenn Religionen Politik treiben. Und nach unten? Auffällig auch hier bleibt es ironisch, macht deutlich, dass der Faschismus ein Niveau hat, dem man satirisch nicht mehr begegnen kann. Freilich ist diese Einschätzung auch von der bitteren Erfahrung geprägt, dass das bessere Argument nicht immer das überzeugende ist. Also nicht nur Ort, Zeit, Situation, sondern auch alles eine Frage des Niveaus?

Ich sprach jedoch sehr bewusst von den Anfängen meiner Forschungen, sehr bald rückte der Bereich ‚hate-speech' und damit zugleich die Netzsprache in den Mittelpunkt der rhetorischen Analyse, also Websites von politischen Gruppierungen oder so genannten Bewegungen, aber auch das Phänomen Shitstorm und der Umgang miteinander in sozialen Netzwerken (vgl. Vidal 2018). In den Fokus rückte damit ein Diskurs, der in den USA begonnen hatte und der die symbolische Diskriminierung von Minderheiten problematisierte. Sommerfeld hat nachgewiesen, dass der Begriff ‚hate-speech' wie aber auch alle anderen Versuche, neuere Entwicklungen vorzugsweise in Medienwelten zu bezeichnen, immer darauf zielen, deutlich zu machen, „dass Menschen eben nicht nur durch physische Gewalteinwirkung angegriffen werden können, sondern auch durch sprachlich-symbolische Praktiken." (2019, 44) Grundlage solcher Erkenntnis ist die sozialanthropologische Annahme, dass der Mensch als sprachliches Wesen seine soziale Welt durch Kommunikation gestaltet und damit abhängig von der Anerkennung durch den Anderen ist und immer auch zugleich verletzbar. (Hermann 2013, 208)

Und das, was gegenwärtig wieder salonfähig scheint, hielt auch ich lange für vergangen. Jetzt aber muss ich wieder an Victor Klemperer denken, der um zu reflektieren, wie gesellschaftliche Veränderungen in das Bewusstsein der Menschen wirken, in der Zeit des Nationalsozialismus ein Tagebuch schrieb, das alle sprachlichen Veränderungen registrierte. Allseits bekannt ist uns heute sein Wörterbuch des Unmenschen LTI – Lingua terti imperii. Hierin beschreibt er die Entwicklung hin zu einer Sprache, der es nicht um das Miteinander, also um Kommunikation geht, sondern die überwältigen will. Eine Sprache, die nur noch auf Wirkung setzt,

> „… sie bedrängt und bedroht den Adressaten mit ‚monumentalen' Wort- und Satzgebilden, sie ‚bearbeitet' ihn mit dem Stakkato rhetorischer Wiederholungen und mit überladenen Bildern und Metaphern". (Volmert 1989, 148)

Warum mir dieses in den Sinn kommt, liegt an einer gegenwärtigen Stimmung, die sehr gut von Oliver Polak in seinem Essay ‚Gegen Judenhass', der als kleines Bändchen just bei Suhrkamp erschienen ist, beschrieben wird. So schreibt er etwa zu der jetzt immer wieder zu hörenden Äußerung ‚Ich bin kein Antisemit, aber …':

> „Judenhass ist wieder salonfähig, im Bundestag sitzt die AFD, die auch stolz sein möchte auf die Taten der deutschen Soldaten im Zweiten Weltkrieg. Eine Partei,

deren Mitglieder im Bundestag fordern, dass an Grenzen auf Flüchtlinge geschossen wird, und deren Vorsitzender den Holocaust zu einem Vogelschiss erklärt. […] Diskriminierungen können sich in großen und in kleinen Gesten und Handlungen ausdrücken. ‚zum Spaß', sie werden von aufgeklärten Menschen geäußert, auf großer Bühne oder im kollektiven Kontext. Die kleinen Brüche der Zivilisierten: Sie finden überall statt, auch bei Menschen, bei denen man es nicht erwartet – sie selbst am allerwenigsten." (Polak 2018, 108)

Soweit die treffende Zeitanalyse von Polak. Heute sind wir entsetzt von den Gewalttaten extremistischer Gruppierungen, sehen Bilder von Demonstrationen, die offen nationalsozialistische Symbole zeigen und dann übergehen zur Gewalt gegen alles, was als vermeintlich fremd tituliert wird. Wir erkennen, dass Sprache der Vorläufer von Gewalt sein kann. Aber ist uns die Verletzungsmacht der Sprache wirklich bewusst? Und ist die Frage nach der Sprache nicht angesichts latenter terroristischer Gewalt marginal?

Worte gelten zumeist als die bessere Variante gegenüber körperlicher Gewalt. Manch einer meint, wo gesprochen wird, schweigen die Waffen und des Öfteren folgt der Ratschlag, einfach nicht hinzuhören und nicht zu reagieren. Exemplarisch etwa in einem Liedtext der populären Band ‚Die Ärzte', dessen letzte Strophe lautet:

„Lass die Leute reden, denn wie das immer ist:
solang die Leute reden, machen sie nichts Schlimmeres
und ein wenig Heuchelei kannst du dir durchaus leisten
bleib höflich und sag nichts das ärgert sie am meisten." (2013)

Stimmt das? Zum einen könnte man sagen, dass die verbale Gewalt oft Vorbote der körperlichen Gewalt ist, wie Klemperer ja gezeigt hat, zudem verbale Gewalt auch zum Einverständnis mit körperlicher Gewalt führen kann und – dies wird meines Erachtens viel zu wenig beachtet – selbst Gewalt ist. Sprache kommt eine enorme Verletzungsmacht zu, da Menschen auch symbolisch verletzbar sind, schließlich entwickeln sie sich durch Sprache. Worte wirken dann nicht nur wie ein Schlag, sondern als Schlag, weil sie Körperkraft entwickeln. Worte können eine physische Wirkung haben, denn: „Vom kalten Schreck bis zur elektrisierenden Anregung reagieren wir physisch auf erlebte Sprache". (Gehring 2007, 219)

Vielleicht ist uns heute zu wenig bewusst, dass Sprache physische Kraft entwickeln kann, die auf unseren Körper wirkt, eben auch verletzend, aber nicht nur. Sprache kann zur Waffe werden, eine, mit der um Überzeugungen gekämpft werden kann, eine, mit der verführt werden kann, die also erotische Wirkung entfaltet und eine, die beleidigt und damit verletzt. Und gerade diese Kraft genutzt als rhetorisches Mittel, zeigt, wie sehr sie in Sprache selbst angelegt ist und ihr nicht als etwas Äußerliches zukommt. In der jüdischen Tradition gilt das Wort als eine Urkraft, die real werden kann, weshalb der Ausdruck für Wort und Tat derselbe ist. Trotzdem ist die Kraft der Worte schwerer zu messen als etwa körperliche Gewalt. Wann verletzt Sprache?

Um dies zu klären, müssen wir uns der Pragmatik bedienen, ohne Kenntnis des Kontextes ist eine Bewertung des Gesagten kaum möglich: Wer sagt was wie zu wem unter welchen Umständen? Zum Wie gehört dann zum Beispiel die Prosodie, mithin in welcher Stimmhöhe, mit welcher Lautstärke, in welchem Rhythmus etwas gesagt wird. Oder philosophisch ausgedrückt: Es geht nicht um einzelne Begriffe, sondern um ihre Funktion in einer bestimmten Redeweise.

Und wir können dies nicht auf die Rede von Angesicht zu Angesicht begrenzen, sondern müssen auch die Netzwelten in den Blick nehmen. Sie sind keine Parallelwelt, in der wir uns neben der realen bewegen. Da digitale Vernetzungen und Virtualisierungen in allen Lebensbereichen beständig voranschreiten, etablieren sich mediatisierte Infrastrukturen, die medialen Gesetzmäßigkeiten folgen und so den Lebensalltag des Menschen bestimmen bis dahin, dass die Formen der zwischenmenschlichen Kommunikation in weiten Teilen vom Medium bestimmt werden. Die virtuelle Welt ist durchaus real, sie erweitert unsere Welt, denn hier sind wir als Medienkörper präsent und damit eben auch verletzbar, sogar weit mehr als in der face-to-face Situation, kann hier doch jederzeit auf weitere Medien wie Fotos, alte Postings etc. zugegriffen werden, um diese verletzend zu nutzen. Multimodalität lautet hier der Fachbegriff. Potenziert hat sich die Verletzungsmacht der Sprache, da die Reichweite des schädlichen Sprechaktes nicht mehr absehbar ist (vgl. Eickelmann 2017).

Schädliche Sprechakte sind ein Zeichen gestörter Kommunikation, was aber ist die Konsequenz aus solcher Erkenntnis? Störungen gehören zu unserem Alltag, sind Teil unserer Kultur, sind sogar manchmal der Weg, Veränderungen einzuleiten. Daher hatte ich zu Beginn meiner Forschungen mit der Philosophin Sybille Krämer (2007) gefragt: Ist Sprache als Gewalt nicht Teil der Kultur und keinesfalls nur Abweichung einer sonst auf Konsensfindung ausgerichteten Kommunikation? Ist Kommunikation überhaupt so selbstverständlich auf Konsensfindung angelegt? Die gegenwärtigen Entgleisungen vor allem im Bereich der politischen Kommunikation müssen jedoch als Aufforderung verstanden werden, sich in der Kunst des Widerspruchs zu üben. In gesellschaftlichen Umbruchphasen, wie wir sie derzeit weltweit erleben, ist es umso wichtiger, die Rolle der Sprache als Mittler zwischen Denken und Handeln, zwischen Unterbewusstsein und Bewusstsein aufzudecken. Rhetorik wendet sich keineswegs gegen den Einbezug von Stimmungen und Gefühlen in Argumentationszusammenhänge, aber sie ist ein probates Mittel, den Umgang mit Sprache aus dem Kontext heraus und in Hinblick auf die Gesellschaft zu deuten. Sie will lehren, sensibel gegenüber dem Gebrauch von Sprache zu werden, sich z.B. bewusst zu machen, warum wir im täglichen Miteinander quasi wie selbstverständlich neue Worte oder auch grammatische Wendungen aufnehmen oder andere vergessen, mithin was wir durch den Gebrauch der Sprache über den bloßen Wortsinn hinaus ausdrücken wollen. Rhetorik also verstanden als ein breit angelegtes Bildungskonzept, das auf die und den verantwortungsbewusst handelnde/n Bürger*in zielt und deshalb zu einer politischen Teilhabe bildet, die auf die soziale Emanzipation der Gesellschaft zielt.

Literatur

Die Ärzte (2013): *lasse Redn*, zu finden auf: *Die Nacht der Dämonen*. (http://www.a-ape.de/v11/php/diskografie.php?tid=757&p=3&a=10&l=1374242184251&aid=108, Zugriff 18.02.2019)

Eickelmann, J. (2017): ‚*Hate Speech'* und Verletzbarkeit im digitalen Zeitalter. Phänomene mediatisierter Missachtung aus Perspektive der Gender Studies*. Bielefeld.

Gehring, P. (2007): *Über die Körperkraft von Sprache*. In: Herrmann, S. K./ Krämer, S./ Kuch, H. (Hg.): *Verletzende Worte. Die Grammatik sprachlicher Missachtung*. Bielefeld, 211-228.

Hermann, S (2013): *Symbolische Verletzbarkeit. Die doppelte Asymmetrie des Sozialen nach Hegel und Levinas.* Bielefeld.

Klemperer, V. (1947): LTI – Notizbuch eines Philologen (Lingua Tertii Imperii). Berlin.

Krämer, S. (2007): *Sprache als Gewalt oder: warum verletzen Worte?* In: Verletzende Worte S. 31-48.

Polak, O. (2018): *Gegen Judenhass*. Frankfurt/M.

Sommerfeld, A. (2019): *Empowerment 2.0. Theoretische Perspektivierung des Phänomens Selbstermächtigung und empirische Fallstudie einer Counter Speech-Gruppe auf Facebook als Beispiel selbstermächtigter Praktiken in sozialen Medien*. Koblenz-Landau (Unveröffentlichte Masterarbeit, betreut von F. Vidal).

Tucholsky, K. (1975): *Was darf Satire? und Schnipsel*. In: Ders.: *Gesammelte Werke in 10 Bänden*, Bd. 2. 1919-1920. Bd. 10. 1932. Hg. v. Mary Gerold-Tucholsky u. Fritz J. Raddatz. Reinbek bei Hamburg, 42-44 u. 48-49.

Vidal, F. (2018): *Verletzende Bilder und Worte. Beispiele für diskriminierende Rede im Internet*. In: *Sprache für die Form. Forum für Design und Rhetorik* 12 u. 13. (https://www.designrhetorik.de/verletzende-bilder-und-worte/, Zugriff 18.02.2019)

Volmert, J. (1989): *Politische Rhetorik des Nationalsozialismus*. In: Ehlich, K. (Hg.): *Sprache im Faschismus*. Frankfurt/M., 137-161.

ANNETTE LEPSCHY

Kann man populistischen Äußerungen mit Kooperativer Rhetorik begegnen?

Vorbemerkung: Dieser Beitrag repräsentiert einen praktischen Workshop, den die Autorin auf der Tagung zur Kooperativen Rhetorik 2018 in Düsseldorf durchgeführt hat. Da die zahlreichen Beispiele die Intention sehr anschaulich machen, werden sie hier mit veröffentlicht. Ferner werden wesentliche Grundlagen Kooperativer Rhetorik im Hinblick auf Gesprächsführung dargestellt, auf die hier nicht verzichtet werden sollte. Das führte zu der besonderen Länge dieses Beitrags.

Das Phänomen der ‚rhetorischen Aphasie'

In einem Gesprächsführungsseminar fragt ein Teilnehmer – Personalchef eines mittelständischen Automationsunternehmens – Folgendes:
„In den Pausen höre ich zunehmend Sätze wie: ‚Diese Eliten da oben machen doch eh was sie wollen. Alles Dreckspack. Wir sind hier bald fremd im eigenen Land usw.' Und ich frage mich, wie und ob ich auf solche Äußerungen reagieren kann und muss."
Menschen unterschiedlicher Berufsgruppen und Gesellschaftsschichten werden sprachlos, stocken und stammeln, wenn sie mit Hass, Hetze, Verallgemeinerungen und Verunglimpfungen konfrontiert werden und darauf reagieren müssen bzw. möchten.
„Da bleibt mir die Spucke weg."
„Da steigt mir das Blut in den Kopf und ich kann einfach nichts mehr sagen."
„Mir fehlen die Worte."
„Da verschlägt es mir die Sprache"
„Da hülle ich mich in Schweigen."
„Da bekomme ich kein Wort heraus."
„Meine Kehle ist da wie zugeschnürt."
„Da stottere und stammle ich dann rum..."
„Ich würde dann gerne was sagen, aber mein Kopf ist dann wie leergefegt."
Sowohl im Privat- als auch im Berufsleben trifft man auf populistische Äußerungen. Sie begegnen uns in öffentlichen, halb-öffentlichen und privaten Räumen (Medien, Schule, Universität, Arbeitsplatz, Familienfeier, Freundeskreis usw.) Grundsätzlich können sich die Menschen in anderen Sprechsituationen durchaus gut artikulieren und verständigen. Welche Ursachen gibt es also für dieses rhetorische Stocken, diese ‚rhetorische Aphasie'? Ich bitte an dieser Stelle um Verständnis, dass ich hier einen therapeutischen Begriff ausleihe, wenn ich in diesem Zusammenhang von ‚rhetorischer Aphasie' spreche. Es geht mir darum, dieses besondere rhetorische Phänomen des Sprach- oder/und Sprechverlustes in diesen spezifischen Sprechsituationen begrifflich zu erfassen.

Es ist nicht physiologisch bedingt, es liegt keine medizinische Indikation vor. Die hier gemeinte Sprachlosigkeit wird von den Betroffenen als kommunikative Not empfunden: „Ich würde jetzt gerne etwas sagen, aber ich kann nicht. Ich weiß dann nicht, was ich dazu sagen soll." Menschen erleben in diesen Situationen eine durch den anderen provozierte oder erzwungene Leere und Machtlosigkeit, die sie verstummen lässt.

Um die Frage beantworten zu können, wie man auf populistische Äußerungen reagieren kann und ob man überhaupt mit „solchen" Menschen kooperieren und/oder kommunizieren kann bzw. darf, sind einige Klärungen notwendig. Was versteht man unter Populismus? Welche Merkmale zeichnen populistische Äußerungen aus? Welche Wirkung erzeugen populistische Äußerungen im Gespräch? Welcher Gesprächs-Modus ist für den Umgang mit populistischen Äußerungen angemessen und was kann überhaupt das Ziel solcher Gespräche sein? Kann ich mit Menschen, die sich derart äußern, überhaupt noch kommunizieren bzw. kooperieren? Hat Kooperation ihre Grenzen? Was tun, wenn der andere nicht kooperativ ist?

Diese Fragen zwingen einen dazu, über viele bisherige Grundannahmen, was den menschlichen Umgang miteinander angeht, ganz neu oder zumindest noch einmal anders nachzudenken. Dabei soll es im Folgenden nicht um die ‚große Politik' bzw. das ‚politische Parkett' gehen, sondern um private, berufliche, schulische o. ä. kommunikative Alltagssituationen.

Der Fokus: Populismus als Form des Argumentierens

Die folgenden Überlegungen zielen nicht darauf, Populismus als Ideologie zu betrachten und zu analysieren, da es ohnehin umstritten ist, ob es sich um eine solche handelt (vgl. Müller 2017, 15ff.). Populismus wird hier nicht

> „als Eigenschaft oder Wesenszug beschrieben, sondern als Art und Weise, in einer Rede für das Gesagte Geltung zu beanspruchen. ... Personen sind nicht für sich genommen, ´Populisten´, sondern Personen nehmen populistische Argumentationsformen in Anspruch ... " (Zorn 2017, 36).

Die Überlegungen richten sich auf die konkreten Äußerungen, deren Argumentationsqualität und die Möglichkeiten, damit umzugehen und nicht auf die sich äußernde Person. Populismus wird hier primär fokussiert als eine Form des Argumentierens. Diese Trennung von Person und Argumentation spielt eine entscheidende Rolle für den Umgang mit populistischer Argumentation in der konkreten Gesprächssituation. Wohin eine Vermischung führt, beschreibt Zorn eindringlich:

> „...die Betrachtung der Diskursentwicklung der letzten fünf Jahre zeigt, dass die Argumente beider Seiten sich in gegenseitigen Zuschreibungen verhärten und so einen Dialog immer unwahrscheinlicher machen.
> ´Gutmensch(en)´..., ‚linksgrünversiffte Rosarote-Brillen-Träger' und ‚Tugendterroristen' treffen auf ‚Homohasser', ‚Nazis', ‚Rechtspopulisten' und ‚Hassbürger'. Die einstigen politischen Orientierungskategorien ‚links' und ‚rechts' sind wieder

zu absoluten Kampfbegriffen geronnen, wobei die Zugehörigkeit schon an einzelnen Aussagen festgemacht wird" (ebd., 10).

Merkmale populistischer Äußerungen

Inzwischen liegen zahlreiche Veröffentlichungen dazu vor, welche Merkmale populistische Äußerungen aufweisen. Ich beschränke mich hier zusammenfassend auf einige wesentliche Merkmale und Erscheinungsformen, die auch in Alltagssituationen vorkommen:

- Beanspruchung eines Deutungsmonopols („Wir sind das Volk.")
- Schwarz-Weiß-Denken/Pauschalisierungen („Wir sind gut – die anderen sind schlecht.")
- Selbst-Viktimisierung und Schuldzuschreibungen („Die Ausländer nehmen uns die Arbeitsplätze weg.")
- Kriminalisierung von Personen bzw. Gruppen („Politiker sind allesamt Verbrecher." – „Die Flüchtlinge vergewaltigen unsere Frauen und Mädchen.")
- Verallgemeinerungen von Einzelfällen/Vorurteile („Die wollen sich ja gar nicht integrieren lassen." – „Die Asylbewerber kriegen alles und wir nichts.")
- Ängste und Befürchtungen schüren („Ausländer überfremden uns.")
- Reduktion komplexer Zusammenhänge auf einfache Kernbotschaften („Wer bei uns fleißig und tüchtig ist, der bringt es auch zu etwas.")
- Beschimpfungen und Beleidigungen („Lehrer sind ein faules Pack." – „Politiker verdienen sich nur durch Dummquatschen Geld." – „Ich lasse keine Neger in meine Wohnung. Die haben ansteckende Krankheiten.")
- Disclaimer: Verknüpfung von Aussagen, die sich eigentlich widersprechen („Ich habe nichts gegen Ausländer, aber ....")
- Beanspruchung wahrer Werte („gute christliche Religion vs. die böse islamische Religion")
(vgl. Böhm, J. 2006, 10ff.; Hufer, 2016, 30f.; Ötsch/Horaczek, 2017,13-98; Horaczek/Wiese, 2017)

Auffällig und charakteristisch für die Merkmale ist, dass sie nicht immer zweifelsfrei einer bestimmten politischen Richtung zugeordnet werden können. Populistische Äußerungen sind nicht einseitig parteipolitisch oder ideologisch gebunden. Auch wenn sich der Fokus momentan tendenziell eher auf rechtspopulistische Äußerungen richtet, zielen die Überlegungen in dieser Veröffentlichung grundsätzlich auf sämtliche Formen populistischer Äußerungen.

Macht im Gespräch

Das zu Beginn beschriebene Gefühl der Hilflosigkeit bzw. Machtlosigkeit in Situationen, in denen man mit populistischen Äußerungen konfrontiert wird, macht zunächst einen Blick auf die Frage der Macht im Gespräch notwendig. Aus Sicht der Kooperativen Rhetorik verstehen wir Gespräche als „intentionale, wechselseitige Verständigungshandlung mit dem Ziel, etwas zur gemeinsamen Sache zu machen, bzw. etwas gemeinsam zur Sache zu machen" (Geißner 1981,45). Im Mittelpunkt steht Verständigung und die Betonung des Gemeinsamen, sowohl in der Sache als auch in der Beziehung. Dass dies in vielen Fällen nicht oder nur unzureichend gelingt, bedarf keiner weiteren Ausführungen. Wichtig ist jedoch die Frage, welche Gründe es für diese Schwierigkeiten gibt? Bartsch gibt darauf eine etwas ironisch anmutende Antwort:

„‚Natürlich' immer der ‚Andere': Seine Unberechenbarkeit im Verhalten – und seine bewusste oder unbewusste Macht, mich als Gesprächspartner zu beeinflussen!" (Bartsch1991/2009, 164).

Macht ist „nicht etwas, das jemand ‚hat'! Sondern die Macht ist etwas, was in einer bestimmten Situation aktualisiert wird" (Lüschow/Zitzke 2016, 43). Das Ausüben von und das Reagieren auf Macht im Gespräch geht immer von allen Beteiligten im Gespräch aus. Macht wird realisiert in konkreten kommunikativen Handlungen von Menschen, die zueinander in bestimmten Beziehungskonstellationen stehen. Diese Beziehungskonstellation kann als symmetrisch, komplementär oder asymmetrisch beschrieben werden. Ein symmetrisches Verhältnis liegt vor, wenn die Gesprächspartner*innen auf der Ebene der hierarchisch festgelegten, gesellschaftlichen Rollen gleichberechtigt sind. Auf der lokalen Ebene des Gesprächs ist die Symmetrie z. B. durch gleiches Rederecht sichergestellt. Komplementäre Konstellationen sind dadurch charakterisiert, dass es sich auf der gesellschaftlich-hierarchischen Ebene um sich ergänzende Rollen handelt, z. B. Ärzt*innen – Patient*innen, Lehrende – Lernende, Führungskraft – Mitarbeiter*innen. Hier gibt es „eingespielte Regeln, Konventionen, Gewohnheiten, mit deren Hilfe wir uns trotz Abhängigkeit meistens gut und zeitsparend verständigen" (Bartsch/Pabst-Weinschenk 2004/2011, 123). Die gegenseitigen Rollenerwartungen, Rechte und Pflichten sind geklärt. Zu asymmetrischen Verschiebungen kommt es dann, wenn eine Seite versucht, sich durch den Einsatz kommunikativer Mittel Vorteile zu verschaffen auf Kosten der Anderen. Dies gefährdet und zerstört die Machtbalance im Gespräch, die notwendige Voraussetzung für Kooperation ist.

Machtbalance muss auf drei Ebenen immer wieder hergestellt und stabilisiert werden. Soziale Handlungsmacht wird zwischen gesellschaftlichen Rollen ausgehandelt. Besonders in komplementären Rollenkonstellationen müssen sich die Interaktionpartner*innen immer wieder ihrer Rechte und Pflichten versichern bzw. diese ggf. neu aushandeln. Wissensmacht liegt dann vor, wenn eine/r der Gesprächspartner*innen über spezielle Kenntnisse verfügt, die Anderen zur Verfügung gestellt werden können oder auch nicht. Emotionale Macht entsteht dort, wo

jemand durch seine Äußerungen beim Anderen Mitleid, Entsetzen, Wut o. ä. auslöst. (vgl. ebd. 122ff.) – Solange dies in einer Gesprächssituation in der Gesamtheit ausgeglichen ist bzw. die Gesprächspartner*innen es als ausgeglichen empfinden und die partiellen Macht-Dominanzen als notwendig und gerechtfertigt ansehen, also im Prinzip „auf Augenhöhe" kommunizieren, sind die Anforderungen an ein kooperatives Miteinander erfüllt.
In asymmetrischen Konstellationen existiert keine Gleichberechtigung. Man empfindet „Grenzüberschreitungen, wenn die kooperative Konvention durchbrochen wird und jemand asymmetrische Übermacht ‚auszuspielen' versucht" (ebd., 123). Genau dies geschieht durch populistische Äußerungen: Soziale Handlungsmacht wird ausgeübt, wenn die eigene (vermeintliche) gesellschaftliche Rolle und Bedeutung missbraucht wird, um Andere im Gespräch „in die Knie zu zwingen". Man baut Autoritäten auf, setzt die eigene Meinung als Mehrheitsmeinung oder diskreditiert Andere und ihre Meinung als minderwertig. Wissensmacht wird dort missbräuchlich eingesetzt, wo vermeintliche Fakten und Informationen und Behauptungen präsentiert werden, die sich häufig als falsch oder unzureichend herausstellen. Emotionale Macht entsteht dort, wo Andere herabgewürdigt, beleidigt, beschimpft werden und man sich gleichzeitig selbst als Opfer darstellt. Sämtliche oben beschriebenen Merkmale populistischer Äußerungen lassen sich als Missbrauchs-Versuche beschreiben, im Gespräch die Machtbalance aufzuheben. Damit verletzen sie grundlegende Regeln der Kooperation. Die Konsequenz für den Umgang mit diesem missbräuchlichen Vorgehen kann also zunächst nur eine Wiederherstellung von Machtbalance sein. Ob dadurch auch Kooperation möglich ist, wird im Folgenden zu klären sein.

Gesprächsqualitäten: Koordination – Kooperation – Konfrontation

Wenn von *Kooperation* gesprochen wird, ist eine mehrfache Differenzierung dahingehend notwendig, in welchem Gesprächs-Modus man dem oder der Gesprächspartner*in gegenüber begegnet (vgl. Fiehler 1999, 55). Unterschieden wird zunächst eine Gesprächsleistung im Sinne einer reinen Koordinationsleistung von einer kooperativen Gesprächshaltung. Darüber hinaus wird eine dritte Gesprächsqualität eingeführt, die als konfrontative Gesprächshaltung bezeichnet werden soll. Dieser Modus der Konfrontation wird für den Umgang mit populistischer Argumentation eine zentrale Rolle spielen.

Koordination

Gespräche sind insofern kooperative Akte, als ohne ein Minimum an Miteinander ein Gespräch überhaupt nicht möglich wäre. Es handelt sich um notwendige regulierende Steuerungsleistungen, Regeln und Konventionen, ohne deren Vorhanden-

sein man nicht von einem Gespräch sprechen könnte. Diese Minimalformen kommunikativen Miteinanders lassen sich auch als „regulierende Kommunikationskontakte" (Fiehler 1999, 53) bezeichnen.
Dazu ein Beispiel: Jemand hat einen Arbeitskollegen, der in der Frühstückspause bereits mehrere Male entsprechende populistische Äußerungen fallengelassen hat. Der Andere möchte keine inhaltlichen Diskussionen mit dieser Person führen, muss aber trotzdem aus beruflichen Gründen mit ihm im Gespräch und im Kontakt zu bleiben. Der Kontakt könnte in diesem Fall dann so aussehen, dass die allgemeinen Höflichkeitskonventionen eingehalten werden, man ihn weiter morgens begrüßt und notwendige, auf die Arbeit bezogene Absprachen und Koordinierungen mit ihm bespricht. Diese basale, reduzierte Kommunikation bedarf einer gewissen Koordinationsleistung, ansonsten müsste von einem kompletten Kommunikationsabbruch gesprochen werden. Die Gesprächspartner*innen teilen – in diesem Fall berufsbezogen – ein Minimum an Gemeinsamkeit. Die Qualität der Beziehung lässt sich beschreiben als distanziert und formal. Dieser Koordinationskontakt stellt das Minimum menschlichen Miteinanders in der Kommunikation dar. In diesem Fall von echter Verständigung im Sinne der Kooperativen Rhetorik zu sprechen, ist fraglich. Dies soll im Folgenden näher ausgeführt werden.

Kooperation

Über den reinen Koordinationskontakt hinaus gibt es etwas, dass man im umfassenden Sinne als kommunikative Kooperation beschreiben kann. Hier liegt sowohl der Sache als auch der Beziehung eine ganz andere kommunikative Qualität zu Grunde.
Tomasello beschreibt diese Qualität der Kooperation mit dem herausragenden Merkmal der „geteilten Intentionalität" (2010, 11). Kooperative Gesprächshaltungen werden dort sichtbar, „wo Menschen gemeinsame Absichten verfolgen und bereit sind, Verpflichtungen einzugehen" (ebd.). Sie teilen bestimmte Grundhaltungen und Wertvorstellungen und es gibt gewisse Übereinstimmungen in Bezug auf gemeinsame Ziele bzw. Interessen.
Argumentationstheoretisch setzt die Kooperation als Gesprächshaltung voraus, dass die Gesprächspartner*innen gemeinsame Prämissen teilen und bereit sind, die eigene Argumentation auf den Prüfstand stellen zu lassen. Wer dies nicht zulässt, sondern von vornherein „beansprucht, ohne weitere Begründung etwas für alle anderen festlegen zu können" (Zorn 2017, 20), der macht Kooperation unmöglich. Die populistische Grundhaltung „Ich repräsentiere hier Volkes Stimme und deshalb habe ich Recht" entspricht genau dieser „dogmatischen Setzung" (ebd.).
Prämissen basieren entweder auf Fakten oder auf gesellschaftlich akzeptierten Annahmen, Normen oder Werten. Wenn Gesprächspartner*innen die grundsätzliche Hinterfragbarkeit von gesellschaftlich geteilten Prämissen nicht akzeptieren bzw. eigene Prämissen als gesetzt und gültig für alle vorgeben, ist eine argumentative

Auseinandersetzung nicht mehr bzw. nur schwer möglich. Sobald Besitzansprüche auf vermeintliche Wahrheiten angemeldet werden, wird Kooperation unmöglich.
Aus gesprächslinguistischer und sprechwissenschaftlicher Sicht weist kooperatives Gesprächsverhalten folgende Merkmale auf: Die Gesprächsteilnehmer*innen bemühen sich in besonderer Weise um die gemeinsame Sache im Gespräch, indem sie sich u. a. durch Rückmeldungen, Bestätigungen und besondere Anschlussaktivitäten auf den/die Gesprächspartner*in beziehen. Sie berücksichtigen ihre/seine Kenntnisse, Kompetenzen und Interessen, indem sie die Perspektive der/des Anderen übernehmen (vgl. Fiehler 1999, 56).

> „Kooperative Verhaltensweisen demonstrieren, dass nicht die eigene Person und ihre Interesssen im Vordergrund stehen, sondern dass für die gemeinsame Sache die Beiträge aller Beteiligten als gleich wichtig erachtet werden" (ebd.).

Auf der Beziehungsebene zeigt sich der Wunsch und die innere Bereitschaft der Beteiligten, partnerschaftliche Beziehungen und soziale Nähe herstellen zu können und zu wollen und das Bestreben, zumindest teilweise Konsens zu erzielen, indem unterschiedliche Vorstellungen einander angenähert werden (ebd., 55). Die Gesprächspartner*innen bemühen sich trotz hierarchisch unterschiedlicher Rollen um ein Gespräch „auf Augenhöhe". Sie lassen sich auf die Perspektiven der/des Anderen ein und bemühen sich darum, die eigene Sichtweise und Argumentation so darzulegen, dass dem/der Anderen der Entscheidungsfreiraum bleibt, sich überzeugen zu lassen (vgl. Pabst-Weinschenk 2011, 18).
Fiehler bezeichnet diese Kommunikationsqualität mit dem Begriff der „kommunikativen Kooperativität" (1999, 54). Diese Kommunikationsqualität geht weit über die eines reinen Koordinierungsaktes hinaus und ist die Voraussetzung dafür, dass im Gespräch etwas gemeinsam zur gemeinsamen Sache gemacht werden kann, da es ohne sie keine wirkliche Verständigung gibt.

Konfrontation

Wie kann eine Kommunikation gestaltet werden, in der die Partner*innen keine bzw. nur minimale Übereinstimmungen und gemeinsame Grundhaltungen teilen? Diese Frage beantwortet Sprenger mit der Devise „Handelnd reagieren" (1999, 147). Das bedeutet,

> „dem anderen klar und möglichst umgehend zu sagen, dass Sie nicht einverstanden sind, ohne ihn dabei zu beschuldigen, einen Verlierer zu produzieren oder die Beziehung zu zerstören.... Dieses Handeln nenne ich Konfrontation" (ebd., 148).

Laut Duden kann der Begriff „Konfrontation" mit:

> „Gegenüberstellung nicht übereinstimmender Personen, Meinungen, Sachverhalte" oder mit „Auseinandersetzung mit etwas Unangenehmen umschrieben werden, abgeleitet aus „mlat. Confrontare = Stirn gegen Stirn gegenüberstellen" (Duden 2001, 933).

Konkret heißt das, jemanden mit Fakten und anderen Wirklichkeitskonstruktionen, Werten und Argumenten zu konfrontieren. Es soll dazu führen, andere Wirklichkeitssichtweisen zur Kenntnis zu nehmen und nicht davon auszugehen, dass die eigene Sicht die Wahrheit darstellt. In der Informationsbroschüre der Amadeu-Antonio-Stiftung wird eben dieser Kommunikationsmodus für den Umgang mit populistischer Argumentation gefordert. Der Titel lautet „Positionieren – Konfrontieren – Streiten" (2017) und Timo Reinfrank, Geschäftsführer der Stiftung, formuliert programmatisch: Es geht darum, sich

> „menschen- und freiheitsrechtlich zu *positionieren*, menschenfeindliche Positionen mit einer eindeutigen Haltung *konfrontieren* und für eine offene Gesellschaft zu *streiten*" (2017, 2).

Das Verbindende und das Trennende deutlich zu benennen, bedeutet gleichzeitig aber auch, nicht den Respekt vor dem/der Anderen zu verlieren. Konfrontatives Kommunikationshandeln wird damit deutlich von gängigem Kritik-Verhalten abgegrenzt (vgl. Sprenger 1998, 148ff.). Wer kritisiert, wird persönlich und greift Andere als Menschen an („Sie sind ein Idiot"). Konfrontation bedeutet, bei sich selbst zu bleiben und Andere mit der eigenen Sicht („Ich habe ein Problem mit Ihrer Auffassung...") zu konfrontieren. Kritik bedeutet dagegen immer Angriff und Anklage und ist kein Ausdruck von Veränderungswillen. Konfrontation ist problem- und lösungsorientiert, da sie nicht interessiert ist an „Schuldzuweisung und Rechtfertigung" (ebd., 149). Konfrontation will „für die Zukunft eine Verbesserung herbeiführen" (ebd.). Der schwierigste Anspruch konfrontativen Handelns ist das Bemühen, die Beziehung – trotz aller Unvereinbarkeiten in Form konträrer Wertvorstellungen bzw. Weltsichten – aufrecht zu erhalten. Gerade in privaten oder beruflichen Kontexten kann dies zu emotionalen Belastungssituationen führen. Wer konfrontiert, geht in eine Auseinandersetzung, die eher selten in einem Konsens endet. Ziel könnte aber zumindest ein begründeter Dissens sein. Konfrontieren bedeutet nicht gleichzeitig das Auslösen eines Beziehungsabbruchs. Zur Aufrechterhaltung der Beziehung braucht es eine Haltung gegenüber dem/der Anderen, die sich mit ‚respektierender Distanz' bezeichnen lässt.

> „Ich respektiere den anderen in seiner Unverstehbarkeit. Ich achte seine Ich-Grenze, die unverrückbar zwischen uns liegt und ebenso verbindet wie trennt" (Sprenger 1998, 138).

Diese Beziehung in der Konfrontation ist wahrscheinlich nicht harmonisch, nicht einträchtig, nicht anerkennend, aber sie sollte immer respektvoll bleiben. Die folgende Gegenüberstellung fasst die qualitativen Unterschiede zwischen Koordinations-, Kooperations- und Konfrontationsmodus noch einmal zusammen:

Koordinations-Modus	Kooperations-Modus	Konfrontations-Modus
Bezugnahme auf gemeinsame Kommunikationsregeln	geteilte Grundhaltung/Prämissen (zumindest Schnittmengen)	unterschiedliche (unvereinbare) Grundhaltung/ Prämissen ungewiss – unmöglich:

Notwendige Koordinations- und Steuerungsleistungen Basis: Regeln und Konventionen i.d.R. nicht auffällig; auffällig dann, wenn die Leistungen nicht erbracht werden	Voraussetzung: gemeinsames Ziel/Interesse gewisse Übereinstimmung der Ziele/Interessen, v.a. in Problemsituationen Einnehmen der Partner*in-Perspektive möglich und intendiert: (Partiellen) Konsens erzielen „gemeinsam etwas zur gemeinsamen Sache machen"	gemeinsames Ziel/Interesse ungewiss – unmöglich: Bestreben, zumindest partiellen Konsens zu erzielen
Sachebene: • Begrenzung auf sachliche Absprachen und Koordinierungen	**Sachebene:** • problemlösungsorientiert, gemeinsame Interessen herausstellend • Sachlichkeitsgebot • nachvollziehbare Argumente • Erzeugen von Transparenz im Hinblick auf eigene Interessen	**Sachebene:** • Positionierung • das Strittige sichtbar machen • Darstellung und Gegenüberstellung von Sichtweisen • Sachlichkeitsgebot • nachvollziehbare Argumente
Beziehungsebene: • distanziert-freundlich • minimale Aufrechterhaltung der Beziehung	**Beziehungsebene:** • Fähigkeit zur Herstellung symmetrischer, partnerschaftlicher Beziehungen, soziale Nähe • wertschätzend und partnerschaftlich • Bemühen um Verstehen des/der Anderen	**Beziehungsebene:** • respektvolle Distanz • Empathie schwierig/ unwahrscheinlich

An dieser Stelle sei ein kleiner Exkurs erlaubt: Bartsch und Mühlen, die viele Jahre ein erfolgreiches Verhandlungskonzept u. a. für das Auswärtige Amt entwickelt haben, führen zwischen Konfrontations- und Kooperations-Modus besonders für Verhandlungssituationen den „Zwischenmodus der Kompetition" ein. Dieser Zwischenschritt ermöglicht es, durch „schrittweises Offenlegen der Interessen und Teil-Entgegenkommen" (Mühlen 2016, 21) Vertrauen aufzubauen, um so die Chancen für wirkliche Kooperation in der Verhandlung zu erhöhen. Dieser Modus könnte vor allem für parteipolitische Auseinandersetzungen, in denen es z. B. um die Bildung von Koalitionen geht, ein interessanter Ansatz zu sein.

Verpflichtung zur Empathie?

In der Kooperativen Rhetorik besteht ein enger Zusammenhang zwischen Verstehen und Empathie. Eine der Grundannahmen lautet: Wenn ich Andere wirklich

verstehen will, muss ich mich in die Denk-, Erfahrungs- und Wertewelt meiner Gesprächspartner*innen einfühlen, indem ich mich darum bemühe, ihre Perspektive einzunehmen (vgl. Bartsch 1990/2009, 142f.). Aber gilt das für alle Gesprächspartner*innen und jede Sprechsituation? Gibt es die Verpflichtung, sich in populistische Äußerungen einzufühlen und sie zu verstehen? Wie kann man sich in jemanden einfühlen, dessen Werte in keiner Weise mit den eigenen Werten übereinstimmen? Ist es in solchen Fällen überhaupt noch möglich, irgendeine Form der Übereinstimmung oder des Übereinkommens zu erreichen?
Empathie und Perspektivübernahme haben nichts damit zu tun, den Verstand durch diffuse Bauchgefühle zu ersetzen. So scheint es Carolin Würfel in ihrem Artikel auf *Zeit online* mit der Überschrift „Das süße Gift der Empathie" zu sehen: „In politisch unruhigen Zeiten soll Einfühlungsvermögen gegen Radikalität schützen. Was für ein Unsinn. Ein Plädoyer für weniger Bauch und mehr Verstand" (Würfel 2018, 1).
Empathie hat aber auch nichts damit zu tun, unhinterfragt Haltungen, Meinungen, Ängste oder Erwartungen Anderer zu übernehmen und in der Folge möglicherweise sogar Zugeständnisse zu machen. Empathie bedeutet Perspektivübernahme, sich einzuarbeiten und auch einzudenken in die Denk- und Wertewelt des/der Anderen, aber nicht ‚Anderen vor Verständnis auf dem Schoß zu sitzen' und auch nicht ‚Ein Herz und eine Seele zu sein'. Vielmehr ist damit das Bemühen gemeint, die Wirklichkeitssicht und -konstruktion Anderer nachzuvollziehen und ernst zu nehmen (vgl. Sprenger 1998, 138).

„Wir leben...unter der naiven Annahme, die Wirklichkeit sei natürlich so, wie wir sie sehen, und jeder, der sie anders sieht, müsse böswillig oder verrückt sein" (Watzlawick 2017, 144).

Wenn man alle, die anders denken bzw. sprechen als man selbst, zu Idioten abstempelt oder sie pauschal als „Nazi" bezeichnet, wird es mit der Kommunikation schwierig. Es gibt aber weder eine Verpflichtung dazu, diese andere Wirklichkeitskonstruktion zu verstehen, da dies – wie bereits aufgezeigt – ein Minimum an geteilten Prämissen voraussetzt, noch ihr zuzustimmen oder ihr gegenüber Zugeständnisse zu machen. Aber es gibt die Verpflichtung, diese andere Wirklichkeit realistisch zur Kenntnis zu nehmen, sich dafür zu interessieren, sie vor allem ernst zu nehmen (vgl. auch Jaskolski 1999, 28).
Das bedeutet dem Gegenüber mit Aufmerksamkeit und Interesse, einer kritischen Haltung und auch einer gesunden Skepsis im Gespräch und in der Auseinandersetzung zu begegnen. Weder Verharmlosen durch falsch verstandene Empathie noch hysterisches Niederschreien oder Kritisieren ist hier angebracht, sondern Anderen die eigene Wirklichkeitssicht und das eigene Menschen- und Weltbild entgegenzusetzen. Und dazu gehört vor allem zu signalisieren:

„Ich nehme deine Äußerungen aufmerksam und kritisch wahr. Ich bin grundsätzlich immer daran interessiert, mit dir eine Lösung, einen Kompromiss zu finden, nach Übereinstimmungen zu suchen oder auch nur Meinungen auszutauschen. Aber ich fordere von dir Konkretion, Klarheit, Fakten und Sachlichkeit ein! Und ich werde

dir auch sagen, wann ich nicht einverstanden bin mit deiner Meinung und dann werde ich dir etwas entgegensetzen."
Kommunikationspartner*innen lassen sich nicht so ‚backen', wie man sie gerne hätte. Das Schwierige im Zusammenleben von Menschen ist, dass jeder Mensch die Welt im Großen und Ganzen und die Probleme und Situationen im Einzelnen sehr unterschiedlich sieht und bewertet, andere Schwerpunkte setzt – einfach ein anderer Mensch ist. Deshalb lässt sich im Kontakt mit anderen Menschen auch nicht permanent Harmonie und Konsens erreichen. Diese Fähigkeit der Ambiguitätstoleranz meint aushalten zu lernen, dass das Gegenüber ganz andere Vorstellungen von der Welt hat und man trotzdem weiter mit ihm im Alltag zu tun haben kann bzw. muss (vgl. Krappmann 1978, 150).

„Toleranz ist die par exellence humane (Voltaire) Haltung angesichts einer Pluralität von Meinungen, die sich zwar als vermeintliche Wahrheiten ausschließen mögen, aber als Überzeugungen achten müssen, da die letzte Wahrheit nicht festzustellen ist" (Eisele 2009, 600f.).

Toleranz gegenüber Andersdenkenden als Geltenlassen anderer Sichtweisen, Überzeugungen oder Handlungsweisen hat aber gleichzeitig auch deutliche Grenzen, denn es besteht keine Verpflichtung, tolerant gegenüber menschenfeindlichen und demokratiefeindlichen Äußerungen zu sein.

„Uneingeschränkte Toleranz führt dazu, dass die Toleranz verschwindet. Denn die Intoleranten werden ihrerseits die Toleranten nicht tolerieren und diese letztlich vernichten. Toleranz braucht Grenzen, an denen sie als etwas Anderes der Intoleranz zu erkennen ist" (Rhode 2014).

Karl Popper hat das so formuliert: „We should therefore claim in the name of tolerance, the right not to tolerate the intolerant" (1945, 226).

Überzeugt sein statt überzeugen wollen

Wie positioniere ich mich nun konkret in diesen Sprechsituationen? Kann ich Andere von meiner Position überzeugen und wenn ja, wie? Ist es überhaupt realistisch, mit dem Ziel in solche Auseinandersetzungen zu gehen, Andere überzeugen zu wollen bzw. zu können? Im Harvard-Modell des Verhandelns wird unterschieden in Positionen und Interessen. Um zu einer Einigung bzw. einem Kompromiss zu kommen, müssen die Gesprächspartner*innen ihre hinter den Positionen liegenden Interessen transparent machen (Fisher/Ury 1990, 65ff.). Dies setzt eine grundsätzliche Einigungs- und Kooperationsbereitschaft voraus. Das Merkmal populistischer Äußerungen ist aber gerade, dass häufig kein Interesse daran besteht, in eine lösungsorientierte Diskussion einzusteigen. Die oben aufgelisteten Merkmale populistischer Äußerungen verhindern und blockieren geradezu lösungsorientierte konstruktive Diskussionen. Solche Gesprächssituationen sind dadurch gekennzeichnet, dass sie auf Provokation und eine ausgeprägte Anti-Haltung ausgelegt sind, in der eine Verständigung auf Gemeinsamkeiten in der Regel nicht möglich ist. Schon ein begründeter Dissens scheint hier schwierig zu erreichen zu sein. Wie soll da ein Überzeugen funktionieren? Die ‚Hardliner' wird man sicher nicht überzeugen können, weil sie sich gar nicht überzeugen lassen wollen. Für diese Gruppe gilt, ihnen nicht die Deutungshoheit über die Sprechsituation zu überlassen; für diejenigen, die mit ihren Äußerungen nur ‚mitlaufen' gilt, sie aufzurütteln und sie in ihrer Weltwahrnehmung mit einem Korrektiv zu konfrontieren. Für beide Gruppen gilt sich zu positionieren, eigenes Überzeugtsein von einer anderen Wirklichkeit, von anderen Werten deutlich zum Ausdruck zu bringen (vgl. auch Grießbach/Lepschy 2015, 198ff.). Anderen etwas entgegenzusetzen und sei es zunächst nur ein „Ich sehe das anders.", „Ich teile deine Auffassung in keiner Weise." oder „Ich bin anderer Meinung als du." ist wichtig. Das eigene Nicht-Einverstandensein zum Ausdruck zu bringen, führt auch dazu, die Machtbalance im Gespräch wiederherzustellen und die eigene Souveränität in der Gesprächssituation wiederzuerlangen. Dazu ist nicht ausschließlich eine tiefengeschärfte Argumentation notwendig. Für die alltägliche Konfrontation mit populistischen Äußerungen im Berufs- oder Privatleben braucht es manchmal nur deutliche Widerstands- und Abgrenzungssignale, um die Übergriffigkeitsversuche durch Andere zu verhindern.

Überlegungen zu einem rhetorischen Handlungskonzept

Wie gestalte ich konkret Gesprächssituationen, in denen eine kooperative Verständigung gestört bzw. nicht möglich ist? Grundsätzlich steuern und gestalten Gesprächspartner*innen ein Gespräch auf drei Ebenen (vgl. zum Folgenden Lepschy 2004/2011, 283ff.):

Gesprächsorganisation: Die Gesprächsteilnehmer*innen müssen das Gespräch organisieren und für einen geregelten Ablauf sorgen; sowohl im Hinblick auf den Gesamtverlauf als auch im Hinblick auf die Organisation und Koordination der Sprecher*innen-Wechsel.

Themabearbeitung: Sie müssen das Thema des Gesprächs bearbeiten. Damit ist die intentionale und inhaltliche Bearbeitung der von den Beteiligten aktuell fokussierten und für das Thema als relevant erachteten Gesprächsgegenstände gemeint.

Beziehungsgestaltung: Sie müssen die Beziehung zueinander herstellen, aufrechterhalten bzw. im Fall von Konflikten klären. Beziehungsgestaltung meint auch, dass die Gesprächsteilnehmer*innen in ihren jeweiligen Rollen angemessen handeln, d. h., eine Balance zwischen sozialen Erwartungen und individuellen Vorstellungen herstellen.

Aus sprechwissenschaftlicher Sicht kann ein Gespräch dann als gelungen gelten, wenn die Gesprächspartner*innen in der jeweiligen spezifischen Sprechsituation aktuell notwendige kommunikative Handlungsentscheidungen treffen und sprechsprachlich angemessen auf allen drei Gesprächsebenen handeln, sodass sie in der Lage sind „gemeinsam etwas zur gemeinsamen Sache" (Geißner 1988, 45) zu machen. Alle Gesprächspartner*innen sind also verantwortlich dafür, situationsangemessen die Gesprächsorganisation zu regeln, das Thema zielbezogen zu bearbeiten und die Beziehung so zu gestalten, dass Verständigung erreicht werden kann.

Wie bereits oben erläutert, kann als globales Ziel für den Umgang mit populistischen Äußerungen die Wiederherstellung bzw. die Stabilisierung der eigenen Souveränität in der Gesprächssituation formuliert werden. Das bedeutet, die gesprächsorganisatorische, thematische und beziehungsgestaltende Steuerungssicherheit durch entsprechende Interventionen zu stabilisieren bzw. wiederzugewinnen. Von Interventionen möchte ich in diesem Zusammenhang deshalb sprechen, weil es sich um gezielte kommunikative Eingriffe in einen Gesprächsprozess handelt mit dem Ziel, die drohende kommunikative Störung bzw. Eskalation zu verhindern. Im Sinne der Ausführungen zur Macht im Gespräch (s. o.) können diese Interventionen ebenso als kommunikative Maßnahmen gegen Machtmissbrauch durch populistische Äußerungen bezeichnet werden.

Gesprächsorganisatorische Interventionen

Auf der gesprächsorganisatorischen Ebene stellt das Einfordern und Einhalten von Gesprächsregeln die Basis für einen formal korrekten Umgang der Gesprächspartner*innen miteinander dar. Unterbrechungen nicht zu dulden, das Rederecht zu behalten bzw. einzufordern gehören hier als konkrete Maßnahmen unbedingt dazu. Hier sind metakommunikative Interventionen von besonderer Bedeutung:

Äußerung: „Sie sind doch auch eine von denen, die schon von der Lügenpresse verseucht sind."	Reaktion: „Sie haben mich gerade unterbrochen und ich möchte meinen Gedanken zu Ende führen. Im Übrigen weise ich diese Beschimpfung deutlich zurück. Bleiben Sie bitte sachlich." (Hier wird deutlich, dass es zwischen den Steuerungsebenen natürlich häufig auch Überschneidungen gibt. In diesem Beispiel handelt es sich gleichzeitig auch um eine beziehungsgestaltende Intervention!)

Thematische Interventionen

Auf der thematischen Steuerungsebene tritt der Kooperations-Modus in den Hintergrund und es erfolgt ein Wechsel in den Konfrontations-Modus.

Nachfragen (besonders sog. Konkretionsfragen)

Äußerung: „Diese Eliten da oben machen doch eh was sie wollen. Dreckspack."	Reaktion: „Wen meinen Sie mit ‚Eliten' genau und was konkret kritisieren Sie?" Oder: „Was konkret sollten die denn anders machen?"
Äußerung: „Die Ausländer nehmen uns Deutschen die Arbeitsplätze weg."	Reaktion: „Welche Belege haben Sie für diese Behauptung?"

Aufforderung zu Sachlichkeit

Äußerung: „Frauen können einfach nicht Fußball spielen."	Reaktion: „Jetzt lass mal das Emotionale weg und sag mal konkret, was du am Frauenfußball kritisch siehst."

Aktives Zuhören + Frage

Äußerung: „Diese Eliten da oben machen doch eh was sie wollen. Dreckspack."	Reaktion: „Dass Sie wütend auf unsere Politiker sind, nehme ich zur Kenntnis. Dass einiges im Moment nicht gut läuft, kann ich auch teilen. Beleidigungen bringen uns aber auch nicht weiter. Was konkret kritisieren Sie?"
Äußerung: „Ich habe nichts gegen Asylanten, aber wie die sich hier benehmen...."	Reaktion: „Wenn ich das richtig verstehe, kritisieren Sie das Verhalten der Asylbewerber. Was konkret stört Sie denn?"

Metakommunikation

Äußerung: „Wir sind hier doch nicht das Sozialamt der ganzen Welt."	Reaktion: „Wissen Sie, ich habe den Eindruck, dass Sie kein Interesse an einem sachlichen Gespräch haben."
Äußerung: „Alles Vergewaltiger und Verbrecher und Terroristen."	Reaktion: „Ich bin gerne bereit, mich mit Ihnen sachlich zu unterhalten. Also unterlassen Sie bitte diese Beschimpfungen und Beleidigungen. Ansonsten breche ich das Gespräch ab."

„Das sehe ich anders"! – Konfrontation mit dem eigenen Standpunkt

Äußerung: „Diese Eliten da oben machen doch eh was sie wollen. Dreckspack!"	Reaktion: „Da bin ich ganz anderer Meinung als du. Wenn du damit unsere Politiker meinst, dann bin ich der Auffassung, dass die häufig einen schweren Job haben, weil sie schwierige Entscheidungen treffen müssen und...."
Äußerung: „Was wollen den die ganzen Flüchtlinge hier? Die sollen doch besser ihr Land wieder aufbauen."	Reaktion: „1. Haben wir im Gesetz das Recht auf Asyl verankert. Und deshalb haben wir die Verpflichtung sie aufzunehmen. 2. Dir ist schon klar, dass die Menschen nicht aus Lust und Laune hier sind, sondern vor dem Krieg in ihrem Land geflüchtet sind? "

Einen Perspektivwechsel einfordern

Äußerung: „Was wollen denn die ganzen Flüchtlinge hier? Die sollen abhauen. Wir haben hier auch ohne die genug Probleme."	Reaktion: „Was würdest du denn machen, wenn in deinem Land Krieg wäre? Du würdest doch auch sicher versuchen, dich und deine Familie in Sicherheit zu bringen."

Einen Gegensog erzeugen

Äußerung: „Sie wollen doch jetzt wohl nicht allen Ernstes bestreiten, dass die Asylanten an dieser ganzen Wohnungs-Misere Schuld sind."	Reaktion: „Doch genau das möchte ich. Sie vermischen da nämlich zwei Probleme miteinander."

Pauschalierungen relativieren und konkretisieren

Äußerung: „Diese Eliten da oben machen doch eh was sie wollen. Dreckspack."	Reaktion: „Wenn Sie etwas zu kritisieren haben, dann bitte konkret werden. Namen und Probleme benennen. Auf Pauschaläußerungen kann und werde ich nicht reagieren."

Teilkonsens/begründeter Dissens

Äußerung: „Diese Eliten da oben machen doch eh was sie wollen. Dreckspack."	Reaktion: „Wir können über die konkreten Probleme reden. Worüber ich nicht mit Ihnen rede, sind inhaltsleere Allgemeinplätze und was ich ablehne, sind derartige Beschimpfungen. Also lassen Sie uns über konkrete Probleme sprechen."
Äußerung: „Wir sind hier doch nicht das Sozialamt der ganzen Welt."	Reaktion: „Da haben Sie Recht. Allerdings bekommt auch nicht die ganze Welt Sozialhilfe aus Deutschland. Sie wissen ja sicherlich auch, dass man in Deutschland Sozialhilfe beantragen muss und dass für die Bewilligung rechtliche Grundlagen gelten."

Angriffe „stehen lassen" oder „ins Leere" laufen lassen + Eigener Standpunkt oder Frage

Äußerung: „Also ich sehe das überhaupt nicht ein, dass wir für die auch noch alles bezahlen sollen."	Reaktion: „Das ist jetzt Ihre persönliche Meinung, die ich so stehenlasse. Ich beurteile die Angelegenheit allerdings ganz anders...."
Äußerung: „Politiker sollten sich lieber um die wahren Probleme kümmern, statt ihre Zeit mit solchem Blödsinn zu verbringen."	Reaktion: „Ja, das ist sicher eine gute Anregung. Aber ich verstehe nicht, was Sie mit ‚Blödsinn' meinen?"

Neben all diesen thematischen Interventionen bleibt natürlich der Anspruch bestehen, im Gespräch den eigenen Standpunkt nicht nur zu benennen, sondern diesen auch zu begründen. Dies setzt Argumentationskompetenz und Faktenwissen voraus, gerade wenn es um das Widerlegen von ‚fake news', verallgemeinernden Behauptungen oder gesetzten simplifizierenden Prämissen geht. Hier sei auf die entsprechende Literatur, z. B. Horaczek/Wiese (2017) und Kruse (2017) verwiesen, in der sich hilfreiche Überlegungen dazu finden.

Beziehungsgestaltende Interventionen

Für die Beziehungsgestaltung sind Kontrolle und ggf. Veränderung der inneren Einstellung zur Situation notwendig. Eine Veränderung der inneren Einstellung kann bedeuten, einen „inneren Aufprallschutz" (Ambiguitätstoleranz) aufzubauen, eine intensivere Sensibilität zu entwickeln, Person und Sache strikt zu trennen und Zuschreibungs-Automatismen wie „Wenn der so was sagt, ist der ein Nazi" selbstkritisch zu reflektieren. Notwendig ist hier auch eine Unterscheidung von Beziehungen in halb-öffentlichen und privaten Räumen und öffentlichen Räumen. Für das konkrete Gespräch macht es einen großen Unterschied, ob ich auf der Familienfeier mit einer Tante oder vielleicht sogar mit dem eigenen Vater ins Gespräch komme und entsprechende Äußerungen fallen oder ob Politiker*innen in einer Talk-Runde aufeinander treffen. Da jede Beziehungsqualität immer auch durch ein bestimmtes Nähe-Distanz-Verhältnis charakterisiert ist, besteht bei jeder Auseinandersetzung auch das Risiko eines Beziehungsabbruchs. Dieses Risiko und die daraus möglicherweise entstehenden Konsequenzen muss jeder individuell abwägen. Dennoch werden im Folgenden einige Möglichkeiten vorgeschlagen, mit denen diese Situationen sozialverträglich und (vielleicht) nicht vollständig zerstörend gestaltet werden können.

Dem Gespräch eine Wendung geben/Das Thema wechseln – In der Beziehung bleiben

Äußerung: „Politiker sind alle Verbrecher."	Reaktion: „Onkel Theo, ich möchte mich heute hier nicht mit dir streiten und das Fest beeinträchtigen. Lass uns das Thema beenden und über etwas anderes sprechen."

Ignorieren

Äußerung: „Politiker sind doch eh alle Dummquatscher."	Reaktion: „Tante Hilla, bist du eigentlich immer noch im Pfarrgemeinderat?" (Anmerkung: Ignorieren kann dann angemessen sein, wenn der Energieaufwand für andere Interventionen gemessen an der angestrebten Wirkung zu groß erscheint.)

Betroffenheit verbalisieren

Äußerung: „Was wollen denn die ganzen Flüchtlinge hier? Die sollen abhauen. Wir haben hier auch ohne die genug Probleme."	Reaktion: „Onkel Theo, ich bin über deine Meinung sehr bestürzt. Wie kannst du so etwas in Anbetracht der Kriege, die du selbst erlebst hast sagen?"

Aktives Zuhören + durch Fragen Interesse signalisieren

Äußerung: „Politiker machen doch eh was sie wollen. Saubande."	Reaktion: „Du scheinst ja ganz schön wütend auf unsere Politiker zu sein. Du hast Recht, wenn du damit meinst, dass Einiges im Moment nicht gut läuft. Beleidigungen bringen uns aber auch nicht weiter. Was konkret kritisierst du?"

Perspektivwechsel einfordern

Äußerung: „Was wollen denn die ganzen Flüchtlinge hier? Die sollen abhauen. Wir haben hier auch ohne die genug Probleme."	Reaktion: „Was würdest Du denn machen, wenn in deinem Land Krieg wäre? Du würdest doch auch sicher versuchen, dich und deine Familie in Sicherheit zu bringen."

Hausrecht wahrnehmen

Äußerung: „Was wollen die ganzen Flüchtlinge hier? Die sollen abhauen. Wir haben genug eigene Probleme."	**Reaktion:** „Ich möchte in diesen Räumen solche Äußerungen nicht hören und ich werde das mit dir auch nicht weiter vertiefen."

Das Mögliche versuchen

In ihrer Gesamtheit betrachtet sind die meisten der oben beschriebenen Handlungsmöglichkeiten ebenso in kooperativen Gesprächssituationen einsetzbar. Auch hier wird nachgefragt, aktiv zugehört und Stellung bezogen. Der entscheidende Unterschied liegt darin, dass es in diesen Situationen nicht dieses Gefühl der Ohnmacht und Kommunikationsblockade gibt, da unausgesprochene Gemeinsamkeiten das Gespräch auch über schwierige, konfliktträchtige Momente tragen können. In der Konfrontation mit populistischen Äußerungen dagegen dominiert die Wahrnehmung einer scheinbar unüberbrückbaren Differenz, gepaart mit dem Balance-Akt, dem etwas entgegenzusetzen und gleichzeitig die Beziehung nicht riskieren zu wollen oder zu können.

Um herauszufinden, welche Gesprächsqualität mit dem/der Gesprächspartner*in möglich ist, muss man mit miteinander sprechen. Schweigen ist insofern keine Alternative, weil Schweigen als Zustimmung oder zumindest als Tolerieren der anderen Äußerung gewertet werden kann. Durch Schweigen bleibt die populistische Äußerung unkommentiert im Raum stehen. Das Schaffen von Freiräumen für Andere durch Schweigen sollte dort vorbei sein, wo es notwendig ist, die Grenzen des Tolerierbaren aufzuzeigen.

Kontaktabbruch sollte immer nur das „letzte Mittel" sein. Wird der Kontakt komplett abgebrochen, liefert man sich Anderen insofern aus, da sie uns dann vorwerfen können, basale Regeln und Konventionen der Kommunikation zu missachten oder sich feige vor der Auseinandersetzung zu drücken. Das Einhalten basaler Kommunikationsregeln und Aufrechterhalten des Kommunikationskontaktes ist also notwendig. Das Ausloten, ob mehr möglich ist als Konfrontation, sollte immer einen Versuch wert sein, trotz der inneren Widerstände und äußeren Widrigkeiten, die es häufig schwer machen, das Miteinandersprechen weiter zu versuchen.

> „Kooperation ist und bleibt das Ziel aller Bemühungen, Vermittlungen, Einflussnahmen... Konfrontation ist ein Teil der Wirklichkeit, der nicht geleugnet oder weggewünscht werden kann..." (Mühlen 2016, 21).

Literatur

Amadeu-Antonio-Stiftung, *„Positionieren – Konfrontieren- Streiten." Handlungsempfehlungen für den Umgang mit der AfD*. 2. Auflage 2017. Siehe: https://www.amadeu-antonio-stiftung.de/w/.../positionieren-konfrontieren-streiten.pdf (zuletzt abgerufen am 27.02.2019)

Bartsch, E. (1991/2009): *Managementaufgabe Kommunikation: Das Machtspiel im Gespräch.* Vortrag veröffentlicht als Broschüre der SZ. 1991; auch in: Bartsch, E.: *Sprechkommunikation lehren.* Gesammelte Aufsätze und Vorträge, Bd. 2: 1984-1993. Hg. v. Pabst-Weinschenk, M. Alpen, 164-196.

Bartsch, E. (1990/2009): *Grundlinien einer „kooperativen Rhetorik".* In: Geißner, H. (1990, Hg.): *Ermunterung zur Freiheit. Rhetorik und Erwachsenenbildung.* Frankfurt/M. 1990,37-49; hier zitiert nach: Bartsch, E.: *Sprechkommunikation lehren.* Gesammelte Aufsätze und Vorträge, Bd. 2: 1984-1993. Hg. v. Pabst-Weinschenk, M. Alpen, 137-146.

Bartsch, E./Pabst-Weinschenk, M. (2004/2011): *Gesprächsführung.* In: Pabst-Weinschenk, M. (Hg.): *Grundlagen der Sprechwissenschaft und Sprech-erziehung.* 2. Aufl., München, 122-129.

Böhm, J. (2006): *Leitfaden zum Umgang mit rassistischen, sexistischen Äußerungen.* (Eine Kooperation von VÖGB und ZARA), 2006. https://www.uibk.ac.at/gleichbehandlung/.../leitfaden_antidiskriminierung_allg.pdf; (zuletzt abgerufen am 27.02.2019)

Duden (2001). *Deutsches Universalwörterbuch.* Mannheim.

Eisele, R. (2009): *Toleranz.* In: Ueding, G. (Hg.): *Historisches Wörterbuch der Rhetorik.* Bd. 9. Tübingen, 593-603.

Fiehler, R. (1999): *Was tut man, wen man ‚kooperativ' ist? Eine gesprächsanalytische Explikation der Konzepte ‚Kooperation' und ‚Kooperativität'.* In: Mönnich, A./ Jaskolski, E. W. (Hg.): *Kooperation in der Kommunikation.* München/Basel, 52-58.

Fisher, R./Ury, W. (1990): *Das Harvard-Konzept.* 9. Aufl., Frankfurt/M.

Geißner, H. (1988): *Sprechwissenschaft. Theorie der mündlichen Kommunikation.* 2. Aufl., Frankfurt/M.

Grießbach, T./ Lepschy, A. (2015): *Rhetorik der Rede. Ein Lehr- und Arbeitsbuch.* St. Ingbert.

Horaczek, N./Wiese, S. (2017): *Gegen Vorurteile. Wie du dich mit guten Argumenten gegen dumme Behauptungen wehrst.* Wien.

Hufer, K.-P. (2016): *Argumentationstraining gegen Stammtischparolen.* 10. Aufl., Schwalbach/Ts.

Jaskolski, E. W. (1999): *Kooperation – eine Haltung.* In: Mönnich, A./ Jaskolski, E. W. (Hg.): *Kooperation in der Kommunikation.* München/Basel, 18-36.

Krappmann, L. (1978): *Soziologische Dimensionen der Identität. Strukturelle Bedingungen für die Teilnahme an Interaktionsprozessen.* Stuttgart.

Kruse, O. (2017): *Kritisches Denken und Argumentieren.* Konstanz.

Lepschy, A. (2004/2011): *Angewandte Gesprächsforschung.* In: Pabst-Weinschenk, M. (Hg.): *Grundlagen der Sprechwissenschaft und Sprecherziehung.* München, 277-286.

Lüschow, F./Zitzke, E. (2016): *Kooperatives Aushandeln und Machtausübung – geht das zusammen?* In: Pabst-Weinschenk, M. (Hg.): *Kooperative Rhetorik –*

heute. Beiträge zur Düsseldorfer Mündlichkeit 2. In memoriam Elmar Bartsch, Alpen, 37-46.

Mühlen, A. (2016): *Kooperative Grundlagen effizienten Verhandelns.* In: Pabst-Weinschenk, M. (Hg.): *Kooperative Rhetorik – heute.* Beiträge zur Düsseldorfer Mündlichkeit 2. In memoriam Elmar Bartsch, Alpen, 17-21.

Müller, J.-W. (2017): *Was ist Populismus? Ein Essay,* 5. Aufl., Berlin.

Ötsch, W./ Horaczek, N. (2017): *Populismus für Anfänger.* Frankfurt/M.

Pabst-Weinschenk, M. (2011): *Kooperative Rhetorik – kompakt.* Alpen.

Pabst-Weinschenk, M. (2016): *Das Konzept Kooperativer Rhetorik.* In: Dies. (Hg.): *Kooperative Rhetorik – heute.* Beiträge zur Düsseldorfer Mündlichkeit 2. In memoriam Elmar Bartsch, Alpen, 3-15.

Popper, K. (1945): *The open Society and Its Enemies.* Bd. 2, Routledge.

Rhode, S. (2014): *Von den Schwächen der Toleranz.* Wochenkommentar Deutschlandfunk Kultur, 21.12.2014 (zuletzt abgerufen am 26.02.2019)

Sprenger, R. (1998): *Wir verstehen uns doch?* In: Slembek, E./ Geißner, H. (Hg.): *Feedback. Das Selbstbild im Spiegel der Fremdbilder.* St. Ingbert, 135-150.

Tomasello, M. (2010): *Warum wir kooperieren.* Berlin.

Watzlawick, P. (2017): *Wie wirklich ist die Wirklichkeit.* 18. Aufl., München.

Würfel, C. (2018): *„Das süße Gift der Empathie".* Zeit Online vom 02. März 2018, 1-3 (zuletzt abgerufen am 27.02.2019)

Zorn, D.-P. (2017): *Logik für Demokraten. Eine Anleitung.* Stuttgart.

B Rhetorik – kooperativ und multimodal in verschiedenen Anwendungsfeldern

ULRIKE NESPITAL & IRMGARD JORDAN

Möglichkeiten der inter- und intradisziplinären Förderung des ernährungswissenschaftlichen Diskurses mit der Fünfsatzdebatte

1 Einleitung

Der Bedarf an Förderung der Diskutierfähigkeit bei den Studierenden ist in einigen Studiengängen nicht nur hoch, sondern auch Voraussetzung für die persönliche Meinungsbildung und damit einhergehend für die Lernerfolge im Fach. Auf Basis dieses Bedarfs wurde an der Justus-Liebig-Universität (JLU) Gießen im Studiengang Ernährungswissenschaft das Argumentieren, Diskutieren und Debattieren in ein Blockseminar zur Internationalen Ernährungssicherung integriert. Es handelt sich um eine Übungseinheit, in der die Fachlehrende und eine Sprechwissenschaftlerin auf Co-Teaching-Basis den Studierenden die Fünfsatztechnik vermitteln, um diese in einer Pro-Kontra-Debatte anzuwenden und anschließend in einer offenen Diskussion fachnah zu diskutieren. Ziel dieser Übungseinheit ist es, die Vertiefung des Fachwissens sowie die Diskutierbereitschaft und -fähigkeit durch das Üben des Debattierens und Diskutierens von fachnahen Themen und damit die eigene Standpunktbildung zu diesen Themen zu fördern.
Für den Einsatz der Fünfsatzmethode wurde den Studierenden ein kontroverses Thema im Bereich Ernährungssicherung vorgegeben. Es erfolgten eine intensive Auseinandersetzung mit Pro- und Kontra-Argumenten sowie der aktive Austausch in der Debatte und anschließenden Diskussion.

2 Die Fünfsatzmethode

Bei der Fünfsatzmethode handelt es sich um eine rhetorische, „rationale Methode vor allem argumentativen Sprechdenkens" (Geißner 1996, 484), die auf den Sprechwissenschaftler und Sprecherzieher Erich Drach (1932) zurückgeht und von Geißner 1968 weiterentwickelt wurde. Ausgangspunkt Geißners Überlegungen ist, dass in Schulen und Hochschulen Diskussionen und Rhetorik im Vergleich zum schriftsprachlichen Medium zu wenig geübt und gefördert werden:

„Ausgangspunkt war der unbefriedigende Verlauf so vieler ‚Diskussionen'. Vieles bleibt unklar, Geschwätz, man redet aneinander vorbei, man redet an der Sache vorbei, man redet drumherum, kommt nicht nur Sache, es kommt nichts dabei heraus – und wie die Urteile alle heißen. Die Reaktionen sind entsprechend: Die einen resignieren, machen nicht mehr mit, gehen nicht mehr hin; die anderen kümmern sich um nichts, schwätzen munter drauflos, stellen sich und ihre ‚Idee' immer wieder zur Schau." (Geißner 1968, 270).

Anhand Geißners Aussage wird deutlich, dass der Bedarf an strukturiertem Sprechdenken seit jeher bis heute sehr groß ist. Geißners Einschätzung deckt sich mit den Erfahrungen und Bedarfen vieler Lehrender an der JLU, so auch der Ernährungswissenschaftlerin und Dozentin des Blockseminars „Internationale Ernährungssicherung". Um die fehlenden und notwendigen Fähigkeiten bei den Studierenden zu entwickeln, sollen die Studierenden den Fünfsatz erlernen und als Denkgerüst eines argumentativen Redebeitrages in fünf Schritten oder Sätzen so kurz wie möglich, aber so ausführlich wie nötig einsetzen. Im Fünfsatz sind die eigene Beweisführung, Belege und Stützen enthalten. Er dient der Widerlegung gegnerischer Argumente, enthält Schlussfolgerungen und Handlungsaufforderungen in Form eines Zwecksatzes (vgl. ebd.).

3 Das Co-Teaching-Lehrkonzept zur Integrierung der Fünfsatzdebatte ins Seminar „Internationale Ernährungssicherung"

Das Blockseminar „Internationale Ernährungssicherung" findet für Master-Studierende im 3. bzw. 4. Semester an fünf aufeinanderfolgenden Tagen statt und beinhaltet insgesamt 30 Unterrichtseinheiten. Am ersten Tag werden Begrifflichkeiten und das Konzept der Ernährungssicherung vorgestellt. Die Konzeptelemente (z.B. SDG, PRA, WASH) werden im Laufe des Seminars mit Inhalten gefüllt und Praxisbeispiele vorgestellt (Tab. 1). Eine Exkursion in den botanischen Garten wird mit praktischen Übungen (Zubereitung von tropischen Lebensmitteln) verbunden und dient der Auflockerung der theoretischen Einheiten. Zum Abschluss der Woche werden spezifische Themen durch Gastdozent*innen aus der Praxis dargestellt, die mit den Studierenden diskutiert werden. Thematisch werden die Herausforderungen der Nahrungsproduktion in der Zubereitung sowie in der Auswahl und Darreichung vorgestellt und in Beziehung mit möglichen gesundheitlichen Konsequenzen diskutiert. Parallel arbeiten die Studierenden an bereits vor dem Blockmodul vorbereiteten Projekten der Entwicklungshilfe oder an einem Forschungsprojekt in einem von ihnen selbst ausgewählten Niedrigeinkommensland. Nach dem fachlichen Wissensinput durch die Ernährungswissenschaftlerin findet am vierten Blocktag die rhetorische Übungseinheit zum Fünfsatz statt.

Fünfsatzdebatte im ernährungswissenschaftlichen Diskurs

Tab. 1: Ablauf des Blockseminars „Internationale Ernährungssicherung"

Zeiten	Montag	Dienstag	Mittwoch	Donnerstag	Freitag
8.30-10.00	Einführung/ Konzept „food security/ nutrition security"	PRA "participatory community assessment"	WASH (Water, Sanitation and Hygiene)	Fünfsatz-Übungen Debattenvorbereitung	Datenerhebungs-instrumente
10.15-11.45	SDG (Sustainable Development Goals)	Projekt-management	Gender/ politische Rahmenbedingungen	Debatte/ Diskussion	Schulspeisung
Mittagspause					
13.30-15.00	Ernährungsdiversität/ Nutrition Transition	Ausflug: Botanischer Garten	Blitz-präsentationen/Kurzvorträge	Referent/in, z.B. der Gesellschaft für Internationale Zusammenarbeit (GIZ) oder der Welthungerhilfe (WHH)	Klausur
15.15-16.45	Gärten und Ernährungssicherung		Wissensfragen/ Zwischen-klausur	Energie, Ernährung und Gesundheit	

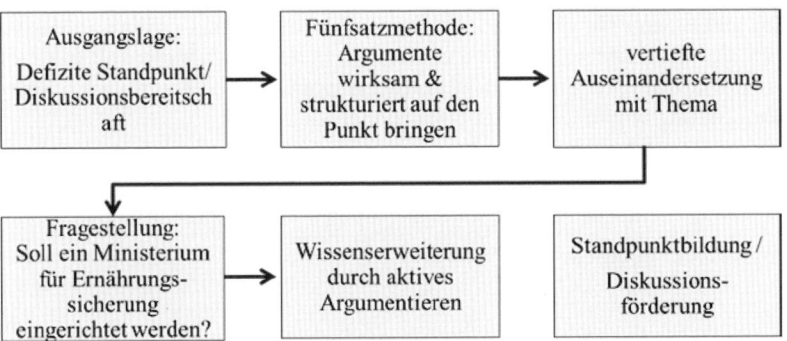

Abb. 1: Überblick der Lehr/Lerninhalte des Seminars

Zunächst vermittelt die sprechwissenschaftliche Lehrende eine Einführung in den Aufbau des Fünfsatz und erläutert anhand eines ernährungswissenschaftlichen

Beispiels die drei Varianten „Reihe", „Kette" und „Dialexe" (vgl. in diesem Band S. 142ff). Anschließend üben die Studierenden diese drei Varianten in schriftlicher Einzelarbeit (30 Minuten) anhand der fachwissenschaftlichen Fragestellung „Sollen die Ministerien das Fach Hauswirtschaft ins Schul-Curriculum verpflichtend einführen?". Nach der Auswertung und gemeinsamen Besprechung der formulierten Fünfsätze werden Pro- und Kontra-Gruppen zu dem genannten Thema gebildet. Aufgrund der hohen Studierendenanzahl (n=26) werden die Studierenden in jeweils zwei Pro- und zwei Kontra-Gruppen eingeteilt. Diese sammeln zunächst jeweils intern die Pro- oder Kontra-Argumente und machen ein Brainstorming zum vorgegebenen Thema. Dann übernehmen die Personen jeweils verschiedene Topoi (z. B. Finanzierung, Zeitaufwand u. a.), zu welchen sie einen individuellen Fünfsatz schriftlich formulieren. Für diese Gruppenarbeit haben die Studierenden 45 Minuten Zeit. Anschließend erfolgt die Debatte, die mit Kamera aufgezeichnet wird. Jeweils eine Pro- und eine Kontra-Gruppe setzen sich in zwei Stuhlreihen gegenüber, so dass jede Person eine Person der Gegengruppe als Gegenüber hat (Abb. 2). Die Studierenden der anderen beiden Pro- und Kontra-Gruppen beobachten jeweils zugeteilte Personen der gleichen Debattiergruppe, folgen der jeweiligen Argumentation und bereiten sich auf die anschließende Diskussion vor. Die erste Person der Pro-Gruppe beginnt mit dem Vortrag des vorbereiteten Fünfsatzes. Auf diesen reagiert die erste Person der Kontra-Gruppe mit dem entsprechenden Fünfsatz. Dass jeweils vorgetragenen Fünfsätze argumentatorisch nicht unmittelbar zusammenpassen, müssen die Studierenden zunächst akzeptieren. Die gegenübersitzende Person schreibt in Stichworten die Hauptargumente des vorgetragenen Fünfsatzes mit und entwickelt in der Zeit, in der die anderen Teilnehmenden jeweils ihre Fünfsätze abwechselnd vortragen, einen Fünfsatz, der auf den vorherigen Fünfsatz des Gegenübers eine Gegenargumentation darstellt. Wurde der letzte (14.) Fünfsatz vorgetragen, beginnt die nächste Runde wieder von vorn. Insgesamt gibt es drei Durchgänge. Die Fünfsatzdebatte eignet sich als intensive Übung, um den Fünfsatz zu üben und zu verinnerlichen. Langfristig soll das Ziel sein, den Fünfsatz in späteren Diskussionen auch spontan, ohne Zeit für die schriftliche Formulierung wie in der Debatte, anwenden zu können.

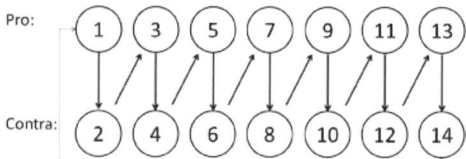

Abb. 2: Schematische Darstellung der Debatte

Im Anschluss an die Debatte erfolgt die Diskussion, die wie oben erwähnt den Wechsel der Debatten-Teilnehmenden und -Beobachtenden erfordert. Die Fachlehrende leitet mit richtungsweisenden Fragen die Diskussion, die von der ursprünglichen Debatten-Fragestellung zur Frage „Welche Aufgaben haben Ministerien?" weitergeführt wird. Das pädagogische Ziel dieser Übung ist eine bereitwillige Beteiligung der Diskussionsteilnehmenden, die sich während der Debatte durch das Beobachten und Protokollieren der von der entsprechenden debattierenden Person genannten Argumente selbst motiviert und ihr Interesse an dem Thema weiterentwickelt. Ziel ist hierbei nicht nur, dass die Person aktiv mitdiskutiert, sondern auch die in der Debatte genannten Argumente ausbaut und vertieft. Insgesamt wird angestrebt, dass die Studierenden einen eigenen Standpunkt bzw. eine eigene Meinung zur thematischen Problematik entwickeln. Daher ist es ebenfalls erlaubt, dass sich die Debatten-Teilnehmenden, die nun jede/r eine Beobachterrolle einnehmen, an der Diskussion beteiligen.

4 Ausblick

Das Lehrkonzept ist bisher dreimal durchgeführt und seither weiterentwickelt worden. Im Sommersemester 2018 wurde das Seminar in Form einer Evaluationsstudie auf die Wirksamkeit der Fünfsatzmethode untersucht. Im Fokus standen folgende Fragestellungen:
1. Wenden die Teilnehmenden die Fünfsatzmethode an?
2. Fördert die Fünfsatzmethode die Standpunktbildung der Teilnehmenden?
3. Fördert die Fünfsatzmethode die Beteiligung in der Diskussion?
4. Fördert die Fünfsatzmethode und anschließende Diskussion die Wissenserweiterung im Fach?
5. Wie zufrieden sind die Studierenden mit der Lehr-Lern-Einheit zur Fünfsatzmethode?

Anhand von Fragebögen, Videoanalyse und Expertenbeurteilungen wurde untersucht, ob die Lernziele und die fachliche Wissenserweiterung des hier vorgestellten Lehr-/Lernkonzepts durch die Integration der Fünfsatzmethode auch objektiv nachweisbar sind. Die Ergebnisse der Studie werden in einer weiteren Publikation veröffentlicht.

Literatur

Drach, E. (1932): *Redner und Rede*. Berlin.
Geißner, H. (1996). *Fünfsatz*. In Ueding, G. (Hg.): *Historisches Wörterbuch der Rhetorik*, Band. 3. Tübingen, Spalten 484-487.
Geißner, H. (1968). *Der Fünfsatz. Ein Kapitel Redetheorie und Redepädagogik*. In: *Wirkendes Wort*, 258-278.
Geißner, H. (1980): *Das Dialogische im Fünfsatz. Ein Beitrag zum Sprechdenken und Hörverstehen beim Argumentieren*. In: Kühlwein, K./ Raasch, A. (Hg.): *Sprache und Verstehen I*. Tübingen, 32-42.
Günther, U./ Sperber, W. (2008): *Handbuch für Kommunikations- und Verhaltenstrainer. Psychologische und organisatorische Durchführung von Trainingsseminaren.* 4. Aufl., München/Basel.

ANN CAROLIN EISENBLÄTTER

Die Rede als Führungs- und Überzeugungsinstrument

Wohl jeder, der das Wirtschaftsgeschehen in Deutschland mitverfolgt, wird sich an Jürgen Schrempps Traum vom integrierten Mega-Konzern, an Ron Sommers hochfliegende Börsenpläne, an das Victory-Zeichen Josef Ackermanns, an Hilmar Koppers Rede von den ‚Peanuts', an den geplatzten Börsengang der Bahn unter Hartmut Mehdorn oder an seinen Nachfolger Rüdiger Grube erinnern, der im Streit um das Bahnhofsprojekt Stuttgart 21 herbe Kritik einstecken musste. (Deekeling/Arndt 2014, 1238)

Die Kommunikation eines Unternehmens bildet die maßgebliche Grundlage aller Arbeitsabläufe, daher bezeichnet Wahren sie als „Lebensnerv" (Wahren 1987, 3). Diese Relevanz wurde unternehmensseitig erkannt, was sich im Betrieb eigener Abteilungen zeigt, die die interne und externe Unternehmenskommunikation verantworten. Trotz dieser zunehmenden Professionalisierung leisten sich die Vorstandsvorsitzenden gelegentlich kommunikative Fehlgriffe, die das Unternehmensimage langfristig negativ beeinflussen können, worauf Deekeling und Arndt im obigen Zitat verweisen.

Eine der öffentlichkeitswirksamsten Gelegenheiten der externen Unternehmenskommunikation von Aktiengesellschaften stellt die Rede des Vorstandsvorsitzenden anlässlich der jährlichen Hauptversammlung dar. Diese Rede wird insbesondere dazu genutzt, die Aktionäre über die finanzielle Situation des Unternehmens zu informieren. Darüber hinaus bietet sie dem Vorstandsvorsitzenden die Möglichkeit der Darstellung des Unternehmenserfolges, der Imagepflege und der Aktionärsbindung. Schließlich sollen die Aktionäre in ihrer Investmententscheidung gestärkt werden und den Beschlussvorschlägen des Vorstandes auf der Hauptversammlung folgen. Daher soll die Rede des Vorstandsvorsitzenden Glaubwürdigkeit vermitteln und Vertrauen schaffen. Sie stellt ein *Führungs- und Überzeugungsinstrument* dar. Dies evoziert das Erkenntnisinteresse: Warum wirken manche Reden von Vorstandsvorsitzenden überzeugender als andere? Welche Faktoren führen dazu, dass eine Rede als verständlich und angemessen wahrgenommen wird? Ist eine Redesituation zu beobachten, in der sich Sprecher und Hörer auf Augenhöhe begegnen? Erfolgt eine kooperative Rhetorik der Rede nach Bartsch?

Um diese Fragestellungen zu beantworten, wurden im Rahmen einer Untersuchung fünf Hauptversammlungsreden von Vorstandsvorsitzenden hinsichtlich des *Sprach-*, *Sprech-* und *Denkstiles* analysiert (vgl. Eisenblätter 2017). Dazu wurden zwei Methoden der systematischen Redeanalyse verwandt. Zum einen wurde durch die präzise Erfassung mittels Transkription der flüchtige Prozess der Rede rekonstruierbar und analysierbar gemacht. Zum anderen sollte durch strukturiertes

Feedback seitens Probanden die unmittelbare Redewirkung nachvollziehbar gemacht werden. Die Probanden hielten neben der Bewertung des *Sprach-, Sprech-* und *Denkstiles* die Kernaussage fest, um somit sicherzustellen, inwieweit der Redeausschnitt als angemessen und verständlich wahrgenommen wurde. Aus der Kombination der gewählten Methoden konnten die Folgen des jeweiligen *Sprach-, Sprech-* und *Denkstiles* auf die Wirkung der Rede erkennbar gemacht werden, um insbesondere überzeugungsrelevante Faktoren herausstellen zu können.

Um die Sprechwirkung in den späteren Redeanalysen ausmachen zu können, wird im Folgenden ein Abriss über die Rhetorik der Rede dargelegt. Anschließend werden Kriterien der Verständlichkeit erläutert.

Die Rede als virtueller Dialog

Eine Rede ist eine Gemeinschaftshandlung, die als „virtuell dialogisch" (Geißner 1979, 16) zu betrachten ist. In der gemeinsamen Verständigungshandlung zwischen Sprecher und Hörer hat der Sprecher als Situationsverantwortlicher das Rederecht inne. Der Redner beschäftigt sich dabei mit den potentiellen (ungestellten) Fragen seiner Hörer und bietet Antworten. Um einen Hörer dauerhaft anzusprechen und abzuholen, muss die Rede die Hörersicht antizipieren und integrieren. Nur so wird ein späteres Nachvollziehen des Soll-Zustandes möglich, mit dem sich der Hörer potenziell identifizieren kann. Folgerichtig ist eine Differenzierung zwischen dem „Ist-Zustand aus Hörersicht" und dem „Soll-Zustand aus Rednersicht" (Bartsch 1979, 184; vgl. auch Pabst-Weinschenk 2011, 24ff) treffend.

Kooperative Rhetorik der Rede nach Bartsch

Die kooperative Rhetorik der Rede nach Bartsch ist maßgeblich geprägt durch den „Genus der offenen Hand" (Bartsch 1990, 142), der besagt, dass Sprecher und Hörer in einer kooperativ gestalteten Kommunikationssituation aufeinander angewiesen sind. Kooperation ist demnach keine moralische Wunschvorstellung, sondern vielmehr die Notwendigkeit, um mittels Sprache ein Ziel zu erreichen. Hieraus resultiert, dass Kommunikation „genuin kooperativ" (Krebs 1993, 36) ist, bei der sich die miteinander Handelnden als gleichwertige, auf Augenhöhe agierende Partner verstehen, die in gegenseitiger Achtung und Wertschätzung eine Kommunikationssituation transparent und faktisch bestimmen und verantworten. Für die Rede ist dazu ein permanenter Hörerbezug notwendig.

Verständlichkeitskriterien

Der Höreindruck prägt nicht nur maßgeblich die Glaubwürdigkeit und Kompetenz des Sprechers, sondern auch die auditive und inhaltliche Verständlichkeit eines Beitrages. Verständlichkeit wird hergestellt, sobald in einem Prozess des flüssigen Sprechdenkens ein kohärenter Redebeitrag entsteht, der in sich sinnvoll strukturiert und zusammenhängend ist. Inwieweit eine Rede als verständlich wahrgenommen wird, hängt von diversen Parametern ab. Folgerichtig wird der Grad der Verständlichkeit subjektiv wahrgenommen.

Das zentrale Mittel zur Förderung der Verständlichkeit ist die Tendenz zur Kürze. Diese entsteht meist automatisiert, da beim Sprechdenken auf eine einfachere grammatische Form zurückgegriffen wird. Weitere Mittel sind in den sog. Verständlichkeitskriterien festgehalten. Diese umfassen den Aufbau, die Umsetzung des *Denk-*, *Sprach-* und *Sprechstiles* und untersuchen sowohl den Grad eines einfachen, kurzen und hörerfreundlichen Sprechens als auch den einer übersichtlichen Argumentation (Langer/Schulz von Thun/Tausch 1974/2010; siehe auch Pabst-Weinschenk/Wachtel 2004/2011). Auf dieser Basis können Rückschlüsse gezogen werden, inwieweit eine Rede nachvollziehbar ist und der Hörer die Kernaussage einzuordnen versteht.

Daneben existieren empirisch mathematische Verständlichkeitsformeln mit dem Anspruch, die Verständlichkeit von Aussagen zu messen. Eine der bekanntesten ist die Flesch-Formel, die auf Basis der Anzahl der Silben und Wörter die Verständlichkeit angelsächsischer Texte misst.

Analyseergebnisse

Die in dieser Untersuchung geleistete Analyse ergab, dass diverse Faktoren des *Sprach-*, *Sprech-* und *Denkstiles* innerhalb einer Rede anlässlich der Hauptversammlung dazu führen können, sie als verständlich, angemessen und überzeugend wahrzunehmen. Hinsichtlich des *Sprach-* und *Denkstiles* konnte herausgestellt werden, dass die Vorstandsvorsitzenden durch Gliederungsmerkmale Bezüge herstellen, wichtige Begriffe hervorheben oder Faktenargumente darlegen, um innerhalb der Rede an Transparenz und Glaubwürdigkeit zu gewinnen. Zudem nimmt auch der *Sprechstil* eine maßgebliche Wirkung auf den Hörer ein. Durch ein Sprechen in Indifferenzlage, ein angemessenes Deutlichkeitsniveau, ein persönlich angepasstes Sprechtempo mit bewusster Reduktion zur Hervorhebung relevanter Begriffe, eine spannungsaufbauende Akzentuierung und eine Verwendung von Gliederungspausen wird das Hörverstehen in der Rede anlässlich einer Hauptversammlung vereinfacht. Einige Redner vernachlässigen zuweilen aber gerade diese Faktoren, was vermutlich der Verschriftlichung der Reden geschuldet ist, sodass die Redner ihre Manuskripte teilweise wortwörtlich ablesen. So konnte auch in der Befragung gerade nur der Sprecher die Probanden wirklich überzeugen, der seine Rede in einem Prozess des Sprechdenkens frei formulierte. Es bleibt festzuhalten, dass diese herausgestellten Faktoren nur eine Auswahl darstellen, die zur Wahrnehmung einer Rede als *Führungs- und Überzeugungsinstrument* beitragen. Aufgrund des komplex angelegten Prozesses einer Rede, der subjektiven Wahrnehmung der Wirkung und der Authentizität und der Glaubwürdigkeit des Redners gibt es weitere maßgebliche Wirkungsfaktoren.

Zwar wurde innerhalb der untersuchten Reden der Versuch unternommen, einen virtuellen Dialog herzustellen, aber im Gesamten schaffte es keine Rede, diesen auf Augenhöhe zu führen. Indem nämlich eher aus Unternehmens- statt aus Hörerperspektive berichtet wurde, folgt keine der analysierten Reden der kooperativen Rhetorik, obgleich ein solches Verständnis der Rede gerade im Hinblick auf die Überzeugung als deutlich gewinnbringender einzustufen wäre.

Eine folgende Untersuchung könnte die Nachhaltigkeit der Überzeugung näher betrachten, da ebenjener Prozess grundsätzlich langfristig angelegt ist. Somit ist ein ähnliches Forschungsdesign denkbar, bei dem mittels Beobachtung Probanden in einem vorab definierten Zeitraum mehrfach zur Bewertung der jeweiligen Sprecher abgefragt würden.

Literatur

Bartsch, E. (1979): *Grundkomponenten mündlicher Textproduktion*. In: Bartsch, E. (2009): *Sprechkommunikation lehren: gesammelte Aufsätze und Vorträge*, Bd. 1: 1969-1983. Hg. von Pabst-Weinschenk, M. Alpen. 182-186.

Bartsch, E. (1990): *Grundlinien einer ‚kooperativen Rhetorik'*. In: Bartsch, E. (2009): *Sprechkommunikation lehren: gesammelte Aufsätze und Vorträge*, Bd. 2: 1984-1993. Hg. von Pabst-Weinschenk, M. Alpen. 137-148.

Deekeling, E./Arndt, O. (2014): *CEO-Kommunikation: Aufgaben und Strategien für Vorstände und Geschäftsführer*. In: Zerfaß, A./Piwinger, M.: *Handbuch Unternehmenskommunikation*. Wiesbaden. 1237-1252.

Eisenblätter, A.C. (2017): *Die Rede als Führungs- und Überzeugungsinstrument*. Düsseldorf (unveröffentlichte Masterarbeit, Heinrich-Heine-Universität).

Flesch, R. (1948): *A New Readability Yardstick*. In: *Journal of Applied Psychology*, 221-233.

Geißner, H. (1979): *Rhetorische Kommunikation*. Basisartikel. In: *Praxis Deutsch*, 33, 10-21.

Krebs, B. (1993): *Sprachhandlung und Sprachwirkung – Untersuchungen zur Rhetorik, Sprachkritik und zum Fall Jenninger*. Berlin.

Langer, I./Schulz von Thun, F./Tausch, R. (1974/2010): *Sich verständlich ausdrücken*. 9. Aufl., München/Basel.

Pabst-Weinschenk, M./Wachtel, S. (2004/2011): *Schriftgeprägte Mündlichkeit: "Schreiben fürs Hören"*. In: Pabst-Weinschenk, M. (Hg.): *Grundlagen der Sprechwissenschaft und Sprecherziehung*. München. 91-101.

Pabst-Weinschenk, M. (2011): *Kooperative Rhetorik – kompakt*. Alpen.

Wahren, H. (1987): *Zwischenmenschliche Kommunikation und Interaktion in Unternehmen: Grundlagen, Probleme und Ansätze zur Lösung*. Berlin.

BRIGITTE TEUCHERT

Das Kooperative bei Mitarbeitergesprächen im öffentlichen Dienst

Das Mitarbeitergespräch (MAG) im öffentlichen Dienst wird zunehmend als Führungsinstrument genutzt; die Stadt Nürnberg mit ca. 10.000 Mitarbeiter*innen hat es beispielsweise bereits zum 19.1.2007 verbindlich eingeführt. Damit verknüpfte Ziele sind eine stärkere Mitarbeiterbindung, eine Vernetzung von Zielen der Organisation mit individuellen Zielen, eine langfristige Personalentwicklungsstrategie und eine höhere Mitarbeiterzufriedenheit. Aus sprechwissenschaftlicher Sicht steht vor allem im Fokus, welche Gesprächskompetenzen sowohl bei Vorgesetzten als auch von Mitarbeiterseite notwendig sind, um die Chancen von Mitarbeitergesprächen realisieren und ausschöpfen zu können. Dazu gehört auch die Grundhaltung und das Verständnis von Führung, die die jeweilige Führungskultur einer öffentlichen Organisation prägen.
Betrachtet man jedoch „das Mitarbeitergespräch" im Einzelnen, stellt sich heraus, dass der Begriff in vielfältigen Kontexten genutzt und die Umsetzungspraxis nicht einheitlich vollzogen wird.

1 Definition

Hossiep et.al. nennen 78 Termini, die im Umfeld vom MAG wesentlich sind: von Anerkennungsgespräch über Gehalts- und Motivationsgespräch bis zu Konflikt- und Zielvereinbarungsgespräch (Hossiep 2008, .8). D. h., der Begriff „MAG" ist nicht eindeutig zu definieren. Neuberger schreibt:
> Im Wandel der Zeit ist der Begriff „Mitarbeitergespräch" in vielfältiger Weise neugedeutet, umgedeutet und interpretiert worden. In der betrieblichen Praxis wird das Mitarbeitergespräch gegenwärtig synonym für die betriebliche Personal-Leistungsbeurteilung, für das Jahreszielgespräch wie auch für die Mitarbeiterberatung als Personalentwicklungsinstrument (z. B. Coaching, Mentoring ...) verwendet." (Neuberger 2015, 1)

Der Fokus des vorliegenden Artikels liegt auf dem „Jahreszielgespräch" sowie auf der „Mitarbeiterberatung als Personalentwicklungsinstrument". Aktuelle Gesprächsanlässe wie Kritikgespräche, Lobgespräche, etc. werden nicht berücksichtigt. Charakteristisch für das Mitarbeitergespräch im genannten Sinne sind
- eine retrospektive Phase, in der die Aufgaben, Ziele und Vorgänge der vergangenen Periode besprochen und bewertet werden,
- eine vorausgreifende Phase, in der die absehbaren Aufgaben, Ziele und Wünsche der nächsten Periode festgelegt werden.

König/Rehling schreiben:

Beim MAG handelt es sich um ein strukturiertes, vorbereitetes Vier-Augen-Gespräch zwischen Führungskraft und Mitarbeiter/in, das meist jährlich stattfindet. Häufig wird es auch als Jahres-,Förder- oder Mitarbeiter/innen-Vorgesetzten-Gespräch bezeichnet. Es soll nicht spontan, sondern strukturiert und regelmäßig geführt werden und unterscheidet sich dadurch deutlich von den »alltäglichen« Gesprächen am Arbeitsplatz." (König/Rehling 2006, 9)
Diese Charakterisierung des MAG liegt dem Artikel zugrunde. Die Abgrenzung erfolgt zum „Kritikgespräch", das anlassbezogen als gravierend eingestufte Vorgänge thematisiert, und zum „Beurteilungsgespräch", das hierarchisch nach vorgegebenen Beurteilungskriterien aus der Perspektive des/der Beurteilenden Bewertungen darlegt.

2 Zur Forschungslage

Die Forschungslage zum MAG, insbesondere im öffentlichen Dienst, ist prekär. König/Rehling verweisen auf eine österreichische Studie, die in dieser Form nicht mehr im Netz verfügbar ist, deshalb nach den o.g. Autoren zitiert wird:
„Die wohl bisher größte, in schriftlicher Form durchgeführte Erhebung liegt aus der österreichischen Bundesverwaltung vor, hier haben sich 1999 ca.17.000 Beschäftigte an einer Breitenerhebung beteiligt (vgl.Görtz 1999). Dort wurde das MAG zum 1.1.1998 als Instrument der Führung und PE eingeführt, seither gehört es zu den Dienstpflichten der Führungskräfte. Bei der Mitarbeiter/innen-Befragung 1999 (also ein bis zwei Jahre nach Einführung der MAG) bezeichneten etwa 80 % der Befragten die Wirkungen für die berufliche Situation als »neutral«,ca.14 % als »fördernd«. Für ca.88 % hatte sich das Verhältnis zur Führungskraft nicht verändert (vgl. Görtz 1999,S.4). Insgesamt wird die Einführungsphase als erfolgreich eingeschätzt, u.a. weil nur etwa 16 % der Beschäftigten vom MAG bisher nicht erfasst wurden (vgl.Görtz 1999,S.2)." (zitiert nach König/Rehling 2006, 24)
Die quantitative Reichweite der damaligen Studie ist enorm, die qualitative Aussagekraft bezüglich der Veränderungen durch die Einführung des Mitarbeitergespräches tendieren nahezu gegen null. König et.al.(2001) und Matuschek (2001) stellen weitere – eher als Erfahrungsbericht zu deklarierende – Untersuchungen vor. Ebenso befasst sich die Studie von Tondorf et al. (2002) wesentlich mit dem Faktor Zielvereinbarungen und deren Konzeption, nicht mit der grundsätzlichen Wirkungsweise von Mitarbeitergesprächen.Eine umfassende Studie haben die bereits genannten Autoren König/Rehling 2006 vorgelegt – wie Tondorf initiiert von der gewerkschaftsnahen Hans-Böckler-Stiftung – in Zusammenarbeit mit der Universität Oldenburg, Fachgebiet Organisation und Personal, Prof. Dr. Breisig. Die Studie „PerMit" (Fallstudienanalyse zu Personalentwicklung, insbesondere Mitarbeitergesprächen in niedersächsischen Behörden). In dieser Studie widmen sich die Autoren drei Fragen: der praktischen Bedeutung der MAGs, der Einbindung der Akteure sowie insbesondere der Wirkung der MAGs. 230 Einzelinterviews sowie 950 Fragebögen an Beschäftigte des öffentlichen Dienstes in Niedersachsen bildeten die Grundlage. Die Fragestellungen und damit auch die Ergebnisse waren

jedoch teils sehr allgemein, beispielsweise, ob sich das MAG positiv auf die Kommunikation zwischen der Führungskraft und den Mitarbeitenden auswirkt. Im Hernstein Managementreport 2016 werden MAGs als Instrument der Personalentwicklung beleuchtet. Aus Sicht der Führungskräfte nutzen 88% MAG, um wichtige Themen anzusprechen, 81% als Motivationsmöglichkeit, 80% als essentielles Führungsinstrument, 72% als Mittel des Feedbacks zur eigenen Führungsarbeit, für 15% enthält es keinen Mehrwert (Hernstein Report 2016, 3)
Die Forschungslage, insbesondere zu kommunikativen Kompetenzen im MAG und deren Wirkungen, stellt sich als wenig belastbar dar. Die Art und Weise des Vorgehens im Gespräch, z. B. Fragetechniken, systemische Fragen, nondirektive Gesprächsführung, wertschätzendes und eindeutiges Feedback etc. werden nicht genauer in ihrer Wirkung differenziert. Das Instrument MAG entscheidet nicht, ob es den angestrebten Zielsetzungen entspricht, sondern die Art der Durchführung und Anwendung: die Gestaltung der kommunikativen Ebene ist ausschlaggebend.

3 MAGs und kooperative Rhetorik

König/Rehling schreiben zum Ziel, MAGs als Kommunikations- und Motivationsinstrument zu nutzen:
> Die Verbesserung von Information und Kommunikation zwischen den Beteiligten, die Verankerung einer Feedback-Kultur, die Steigerung der Motivation – all diese Ziele treffen den Kernbereich der MAG. Im Idealfall können die MAG als dialogorientiertes Kommunikationsinstrument dazu beitragen, eine kooperative Führung zu verankern und letztlich eine ‚Kulturveränderung' in den Verwaltungen herbeizuführen. (König/Rehling 2006, 73)

In der Studie antworteten von 152 Interviewpartner*innen 54,6%, das MAG wirke sich positiv auf Kommunikation aus, 38,2%, in MAGs bekomme man wichtige Informationen für die eigene Arbeit und 42,1%, MAGs wirken sich positiv auf die Motivation aus (König/Rehling 2006, 73). Wie oben bereits angesprochen werden diese Ergebnisse jedoch nicht genauer analysiert: Was verstehen die Befragten unter ‚Kommunikation'? Was genau hat sich positiv verändert? Wodurch hat sich in der Kommunikation etwas verbessert? Wie sind die Beteiligten an das MAG herangegangen, um positive Veränderungen konstatieren zu können?
Ähnlich verhält es sich in der Studie der Hays AG aus dem Jahr 2015/2016: 532 Unternehmensbeteiligte (Leitung, Führungskräfte, Mitarbeiter*innen) aus unterschiedlichen Branchen wurden befragt: 72% der Befragten gaben an, wertschätzende Kommunikation sei der wichtigste Einflussfaktor für die Unternehmenskultur, 39%, wertschätzende Kommunikation werde tatsächlich praktiziert (Hays 2016, 14). Auch hier fehlt der analytische Blick, was denn ‚wertschätzende Kommunikation' in den Augen der Gesprächsbeteiligten ausmacht und woran sie feststellen, dass diese Art der Gesprächsführung zur Anwendung kommt. Die Untersuchung von Schalwat aus der Automobilindustrie geht dieser Frage nach, ist jedoch nicht im öffentlichen Dienst verankert (Schalwat 2014). Wertschätzende

Kommunikation und kooperative Rhetorik weisen viele Überschneidungen auf: konstruktive Formulierung von Kritikpunkten, Einbindung der Mitarbeiter*innen in die Gesprächsvorbereitung und -durchführung, der Anspruch des „symmetrischen Verhaltens" (Bartsch 2009, 138) trotz hierarchischer Unterschiede. Bartsch schreibt:

> Die „symmetrische Kommunikation" dagegen ist beim Redner gekennzeichnet durch: „Argumentative Rhetorik, überzeugen, mitbeteiligen"; beim Hörer durch: „mitdenken, mitentscheiden (mitbestimmen), mithandeln" (Bartsch 2009, 139) – Und weiter: Es gilt also, eine Kooperation zu ermöglichen, die dem Partner eine Mitarbeit in allen aktualisierten inhaltlichen Qualitäten einräumt. (ebd., 143)

Bartsch detailliert diese Aussagen in einer „Liste von Sprechoperationen und ihrer Einflüsse" (Bartsch 2009, 189), so dass wichtige kommunikative Gesprächsinstrumente in ihrer Wirkung konkretisiert werden.

König/Feldner schreiben:

> So werden in dem Mitarbeitergespräch Kooperation, Mustererkennung, Perspektivübernahme, Feedback, Verständnis, Verbindlichkeit und Vertrauen in einer laborhaften Idealsituation regelmäßig geübt und gestärkt. Deshalb ist es Muster und Motor des kooperativen Führens, wie es E. Bartsch postulierte. (König/Feldner 2011, 42)

Ob MAGs immer „laborhafte Idealsituationen" darstellen, mag bezweifelt werden, jedoch ist die Hauptaussage wesentlich: Trotz hierarchischer Unterschiede kann ein Mitarbeitergespräch „auf Augenhöhe" ablaufen, das Vertrauensverhältnis stärken, die Motivation steigern und die Wertschätzung dokumentieren. Dies erfordert jedoch ein hohes Maß an Gesprächsfähigkeit auf beiden Seiten.

4 Durchführung von MAGs im öffentlichen Dienst

Die Durchführung der jährlichen MAGs im öffentlichen Dienst erfolgt nach Leitfäden und der Vorgabe möglicher Gesprächsthemen (z. B. Stadt München, Stadt Nürnberg, Universität Nürnberg/Erlangen). Es werden genauere Empfehlungen zu Vorbereitung, Durchführung und Nachbereitung gegeben, die konkret und anwendbar sind.

In diesen Leitfäden können keine kommunikativen Kompetenzen vermittelt werden: Körpersprache, Stimme, Gesprächsverhalten, Zuhörbereitschaft, argumentative Kompetenzen etc. schwingen nur implizit mit, sind jedoch entscheidend für den Gesprächsverlauf und den Gesprächserfolg. In einigen Organisationen werden systematisch zumindest Kurztrainings für einen halben Tag angeboten, um die Ziele und die Sinnhaftigkeit von MAGs zu vermitteln, insbesondere aber Fallbeispiele aus der Praxis durchzugehen und notwendige Gesprächskompetenzen zu vermitteln. Diese Trainings müssten jedoch verbindlich für alle Mitarbeiter*innen sein, um das Instrument MAG in seiner Wirkung ausschöpfen zu können.

> Hinzu kommt, dass Mitarbeitergespräche die Schnittstelle zwischen individuellen und organisationalen Entwicklungspotenzialen darstellen, Führungskräfte also eine

Verbindung zwischen Zielen der Organisation und den individuellen Entwicklungszielen herstellen müssen (Göhlich 2008, 679)

5 Ziele von MAGs

Der Leitfaden der Stadt München begründet MAGs folgendermaßen:
Das Mitarbeitergespräch ist mehr als das bloße Miteinanderreden über das aktuelle Tagesgeschehen. Im Mittelpunkt stehen die persönliche Arbeitssituation der MitarbeiterIn und das Führungsverhalten des/der Vorgesetzten (...). Die Vorgesetzten sollen die Probleme, Interessen und Potenziale der MitarbeiterInnen besser kennen lernen und darauf reagieren. Ein offenes und vertrauensvolles Gespräch kann eine Rückmeldung über die eigene Leistung als Führungskraft liefern. (Leitfaden Stadt München 2001, 6)

In anderen Leitfäden, z.b. dem der Universität Erlangen, fallen Begriffe wie „Eigenverantwortung stärken" oder „Förderung der vertrauensvollen Zusammenarbeit" (Universität Erlangen-Nürnberg 2010, 2). Die Besonderheiten von MAGs im öffentlichen Dienst sind die teils längeren Entscheidungswege, Boni oder finanzielle Zuwendungen sind schwieriger, Höhergruppierungen oft nur langfristig initiierbar und grundsätzlich Anreizsysteme wenig ausgeprägt. Das Spektrum an möglichen Vereinbarungen schränkt sich damit zwar ein, jedoch scheint es deshalb umso wichtiger, im Rahmen des Möglichen auf die Ziele und Wünsche der Mitarbeiter*innen einzugehen und eine vertrauensvolle Zusammenarbeit zu unterstützen. Monetäre oder Kariereentwicklungen stehen erfahrungsgemäß nicht zentral im Fokus der Mitarbeiter*innen, da sie selbst um die Mittel- und Langfristigkeit solcher Anliegen wissen. Häufig sind es Themen in der Zusammenarbeit, der Arbeitsplatzgestaltung, der Aufgabenverteilung oder den Möglichkeiten gezielter Weiterbildung, die seitens der Mitarbeiter*innen angesprochen werden.

6 Ist das MAG noch zeitgemäß?

In der Regel werden MAGs nur einmal jährlich geführt. Zunehmend arbeiten jedoch Mitarbeiter*innen auch im öffentlichen Dienst projektbezogen, so dass starre Hierarchien nicht mehr dem Alltag entsprechen.

Agile Organisationen wertschätzen Individualität. Damit erreichen sie das, was man als Diversity bezeichnet. Die Folge ist eine natürliche Vielfalt der Fähigkeiten und Perspektiven von der man annimmt, sie sei gerade für die Entwicklung von Innovation förderlich. Tatsächlich kann man feststellen, dass sich in diversen Teams komplementäre Stärken ergänzen und individuelle Schwächen durch die Stärken Anderer kompensieren." (Trost 2015, 69)

Daraus entstehen neue Rahmenbedingungen, Ziele und Funktionalitäten von MAGs:

- Zunehmend werden MAGs von Projektleiter*innen, Teamleiter*innen geführt werden, die keine hierarchisch Vorgesetzten sind; laterale Führung wird eine stärkere Rolle spielen.

- MAGs verknüpfen die Aufgaben der Personalentwicklung (PE) mit der Rolle der Führungskraft, so dass sich die Führungskräfte intensiv mit Fragen der PE befassen müssen.
- Inhaltlich könnte sich somit das Feedback in MAGs aufsplitten in eine fachliche Komponente – Gespräch z.b. mit der Teamleitung – und einem persönlichen Feedback mit längerfristigen Entwicklungsmöglichkeiten – Gespräch mit dem hierarchisch Vorgesetzten.
- Über ein Jahr im Voraus gesetzte Ziele werden obsolet werden. Notwendig sind Feedbackgespräche in einem wesentlich kürzeren Zeitraum, beispielsweise einmal im Monat.
- Die Dauer der Gespräche müsste sich deutlich verkürzen, da sie ansonsten in kürzeren Rhythmen für alle Beteiligten nicht zu leisten sind.
- Mögliche Inhalte, Leitfäden und Empfehlungen zu Vorbereitung und Durchführung müssten sich den veränderten Gegebenheiten anpassen.
- Feedbackgespräche, Koordinationsgespräche oder Abstimmungsgespräche müssten unterschieden werden.

Veränderte kommunikative Anforderungen an die Gesprächsbeteiligten:
- Kürze und Prägnanz in der Auswahl der anstehenden Themenschwerpunkte
- Stark strukturierter Gesprächsablauf
- Gezielte Beobachtung von Handlungen und Verhaltensweisen, die im Feedback thematisiert werden
- Konkretes handlungsorientiertes Feedback
- Schaffung von Akzeptanz des Feedbacks auch von nicht hierarchisch Vorgesetzten
- Vereinbarung längerfristiger Ziele und Splitting in Teilziele
- Intensives Zuhörverhalten
- Akzeptanz evtl. abweichender Meinungen

Herausfordernde Fragen, die sich daraus ergeben:
- Wie verläuft der Informationsfluss bezüglich der MAGs? Bisher lautete der Grundsatz aller Leitfäden, die Inhalte und Ergebnisse der MAGs werden zwar schriftlich fixiert, jedoch nicht an Dritte weitergegeben. Wenn nun die Feedbackgespräche auf mehrere Führungspersonen aufgeteilt sind, je nachdem, mit wem die jeweiligen Mitarbeiter*innen zeitlich begrenzt zusammenarbeiten, wäre dies eine schwierige Frage.
- Die Abgrenzung der jeweils zu besprechenden Inhalte müsste systematisch und transparent erfolgen.
- Die grundsätzliche Abschaffung jeglicher Vorgaben zu Dauer, Inhalt, zeitlichem Rhythmus der Gespräche (WELT, 8.6.2017) scheint jedoch zweifelhaft, da diese Gespräche dann der Beliebigkeit unterliegen. Kein/e Mitarbeitende/r oder Vorgesetzte/r könnte ein solches Gespräch einfordern.

7 Fazit

MAGs sind notwendiger denn je, müssen jedoch in ihrer Struktur und ihren Zielsetzungen an veränderte Anforderungen angepasst werden. Teamarbeit und agiles

Management ziehen zunehmend auch im öffentlichen Dienst ein, so dass ein erhöhter Abstimmungs- und Feedbackbedarf entsteht. Diesem müssen auch MAGs Rechnung tragen: in kürzeren Rhythmen, klarer strukturiert, Differenzierung von langfristigen Entwicklungspotenzialen und daraus abgeleiteten kurzfristigen Besprechungspunkten und wechselnde Gesprächspartner*innen (hierarchisch Vorgesetzte, Projekt-, Teamleiter*innen etc.).

Daraus ergeben sich multiple kommunikative Herausforderungen sowohl an Führungskräfte als auch Mitarbeiter*innen:
- Die Gesprächs- und Feedbackkultur müssen ausgebaut werden: eine genauere Planung und zielgenaue Durchführung von MAGs ist erforderlich.
- Vorgesetzte, Projekt- oder Teamleiter*innen werden stärker in die Rolle von Coaches und Beratern versetzt, um die individuelle Arbeitsweise und das Arbeitsumfeld optimieren zu können.
- Mitarbeiter*innen sind gefordert, ihre jeweiligen Anforderungen an MAGs zu artikulieren und ihre Erwartungen und Ziele klar zu formulieren.

Daraus ergeben sich vielfältige Anforderungen an die Sprechwissenschaft, aber auch vielfältige Chancen: Trainings zu MAGs, Unterstützung zur Veränderung von jährlichen MAGs zu kurzfristigeren Feedbackgesprächen oder die Beratung von Organisationen im Hinblick auf notwendige kommunikative Kompetenzen ihrer Mitarbeiter*innen.

Literatur

Bartsch, E. (2009): *Sprechkommunikation lehren. Gesammelte Aufsätze und Vorträge.* Bd. 2: 1984-1993. Hg. v. Pabst-Weinschenk, M.. Alpen.

Göhlich, M./Sausele, I. (2008): *Lernbezogene Organisation. Das Mitarbeitergespräch als Link zwischen Personal- und Organisationsentwicklung.* In: *Zeitschrift für Pädagogik* 54 (2008), 5, 679-690.

Görtz, A. (1999): *Zwei Jahre Mitarbeitergespräch im öffentlichen Dienst – eine Zwischenbilanz.* URL:http://www.bmols.gv.at/ bundesdienst/daten/mab99/ mab99.htm (abgerufen am 16.12.2018).

Hays AG (2016, Hg.): *HR-Report 2015/2016.*

Hernstein Management-Report (2016): *Mitarbeitergespräche als Instrument der Personalentwicklung.* file:///C:/Users/LOCALA~1/AppData/Local/Temp/ Hernstein-Management-Report-2016-Mitarbeitergespraeche-1.pdf (abgerufen am 15.12.2018).

Hossiep, R./Bittner, J. (2008): *Mitarbeitergespräche.* Göttingen.

König, R./Berger, Chr./Feldner, J. (2001): *Die Kommunalverwaltung als lernende Organisation.* Stuttgart, Berlin, Köln.

König, R./Feldner, J. (2011): Kooperatives Führen und Mitarbeitergespräch (MAG). In: Pabst-Weinschenk, M. (Hg.): *Anwendungsfelder kooperativer Rhetorik.* Alpen, 39-43.

König, S./Rehling, M. (2006): *Mitarbeitergespräche. Erfolgsfaktoren, Potenziale und Defizite in der öffentlichen Verwaltung.* Düsseldorf.

Matuschek, G. (2001): *Mitarbeiter-Vorgesetztengespräch als Element von Personalentwicklung.* In: *Verwaltungsrundschau,* 47. Jg., H 11, 361-364.

Neuberger, O. (2015): *Das Mitarbeitergespräch.* 6. Aufl., Wiesbaden.

Schalwat, C. (2014): *Wertschätzung im Mitarbeitergespräch – wodurch erleben Arbeitnehmer heutzutage Wertschätzung und wie lässt sich diese durch Vorgesetzte ermitteln? Eine empirische Analyse am Beispiel eines Unternehmens aus der Automobilindustrie.* Berlin.

Stadt München (2001): *Das Mitarbeitergespräch.* https://www.muenchen.de/rathaus/Stadtverwaltung/Personal-und-Organisationsreferat/Personalentwick-lung/Mitarbeitergespraech.html (abgerufen am 18.12.2018).

Stadt Nürnberg: *Personalentwicklung in der Stadt Nürnberg.* file:///C:/Users/LOCALA~1/AppData/Local/Temp/personalentwicklung_bei_der_stadt_nuernberg-1.pdf (abgerufen am 18.12.2018).

Tondorf, K./Bahnmüller, R./Kalges, H. (2002): *Steuerung durch Zielvereinbarungen: Anwendungspraxis, Probleme, Gestaltungsüberlegungen.* Berlin.

Trost, A. (2018): *Neue Personalstrategien zwischen Stabilität und Agilität.* Berlin.

Die WELT (8.6.2017): *SAP erfindet das Mitarbeitergespräch neu.* https://www.welt.de/print/die_welt/wirtschaft/article165326096/SAP-erfindet-das-Mitarbeitergespraech-neu.html (abgerufen am 18.12.2018).

Universität Erlangen-Nürnberg (2010): *Mitarbeitergespräche.* https://www.verwaltung.zuv.fau.de/personalhandbuch/mitarbeitergespraeche/ (abgerufen am 18.1.2019).

NANCY LUKIN

Zur Einschätzung kooperativen Führungsstils in Persönlichkeitstests

Die Konzipierung eines Persönlichkeitstests auf den Ansätzen der Kooperativen Rhetorik bietet eine praktische Lösung zum Verständnis kooperativen Führungsstils, auch wenn die kategoriale Erfassung und Deskription keinen Anspruch auf Vollständigkeit erheben. Es werden kooperative Führungsqualitäten aufgezeigt und in einem Persönlichkeitstest eingegrenzt; das ist wichtig, weil kooperative Ansätze in der Führung zwischen Mitarbeiter*in und Führungskraft als notwendig und vorbeugend betrachtet werden (vgl. Wunderer 2001, 106 und 204). Der hier vorgestellte Persönlichkeitstest dient der Selbsteinschätzung vor Mitarbeitergesprächen oder Positionswechsel und sollte mit einem Coach oder einer Berater*in reflektiert werden. Er fokussiert auf den kooperativen Führungsstil und vereint entsprechende Elemente aus den bekannten Tests „The Big Five" und dem „Myers-Briggs Typenindikator (MBTI)". In einer Pilotstudie wurde er mit 15 Probanden erprobt (vgl. Lukin 2018).

1 Kommunikative Kooperation

„Es gilt ... eine Kooperation zu ermöglichen, die dem Partner eine Mitarbeit in allen aktualisierten inhaltlichen Qualitäten einräumt." (Bartsch 1990, 45) Kooperatives Verhalten lässt Netzwerke entstehen, basiert auf weit gefächerten Verbindungen und einem qualitativen Inhalt. Ein kommunikatives Grundverständnis kann funktional und methodisch entwickelt werden, wenn sich das Individuum dazu aktiv entscheidet. „Kooperation setzt Selbstsicherheit voraus" (Pabst-Weinschenk 2004, 19), die sich in der kommunikativen Haltung, dem Inhaltskonzept und in der Präsentation wiederfindet. Die kommunikative Haltung zeigt das latente, veränderbare Selbstwertkonzept eines Menschen, welches von kommunikativen Erfahrungen (Kommunikationsbiografie) geprägt ist und Kommunikation als Konkurrenz oder Kooperation erfahren und einschätzen lässt (Pabst-Weinschenk 2004, 14-19).

Ausarbeitungen von Elmar Bartsch zum Grundwissen über Kommunikation beschreiben Kooperation in der Kommunikation als ein Miteinander- oder Zueinanderreden mit Fokus auf quantitatives und qualitatives Gleichgewicht in der gegenseitigen Beeinflussung (vgl. Bartsch/Marquart 2005, 51). Ein solches Gleichgewicht bildet sich durch die bewusste Gesprächsgestaltung sowie -steuerung und basiert auf einem konkreten Inhaltskonzept und dessen Präsentation. Für Kooperation in der Kommunikation ist eine Ausgangssituation nötig, in der Gesprächspartner*innen entweder durch Symmetrie oder komplementäre Asymmetrie "gleichberechtigt" sind (Bartsch/Marquart 2005, 49). Jedes Gespräch unterliegt den Faktoren der sozialen Handlungsmacht, Wissensmacht, emotionalen Macht sowie den Umständen und der Zeit. Das Verhältnis dieser Faktoren bestimmt den Prozess und den Ausgang eines Gesprächs (vgl. Bartsch/Pabst-Weinschenk 2004, 122). Um die Gewichtsverteilung im Gespräch ausgewogen zu halten, ist „ein hinreichendes Maß an kooperativem Aufwand für jeden Gesprächspartner nötig." (Bartsch 1990, 44) Dieser Aufwand zeigt sich nicht nur im Inhaltskonzept, sondern auch im Selbstwertkonzept und der kommunikativen Haltung. „Die Haltung ist – anders z. B. als die Stimmung, in die der Mensch sich aufgrund innerer oder äußerer Einflüsse geworfen finden kann – eine vom Willen geprägte Größe." (Jaskolski 1999, 20) Der Begriff „Haltung" ist durch die individuelle Prägung subjektbezogen, besonders gegenüber den Begriffen der Einstellung und der Stimmung. Im Vordergrund stehen dabei die Bereitschaft und Befähigung zur Kooperation im Sinne der Kooperativen Rhetorik. Dafür spricht die Symmetrie im Gespräch, die sowohl gewährt als auch eingefordert wird, besonders in Beziehungen zwischen hierarchischen Ebenen. Zur Entwicklung des gemeinschaftlichen Handelns wird im Sinne des dialogischen Prinzips die Sichtweise des Gegenübers eingenommen und Konfrontationen entgegengewirkt. Durch die Erzeugung von Transparenz werden eigene und Interessen des Gegenübers offengelegt sowie inhaltliche und argumentative Konzepte veranschaulicht (vgl. Jaskolski 1999, 27). Die Anpassung an das Gegenüber gelingt mit flexiblem rhetorischen Handeln, das Fixiertheit ausschließt (vgl. Pabst-Weinschenk 2004, 19). Theoretische Ausarbeitungen zu Verhaltensweisen der Kooperativen Rhetorik lassen den Begriff der kommunikativen Kooperativität in den Fokus rücken. Kommunikative Kooperation wird als Gesprächsführung durch Berücksichtigung von Regeln und Konventionen beschrieben, kommunikative Kooperativität dagegen als eine Modalität des gemeinsamen Handelns (vgl. Fiehler 1999, 52). Im Vordergrund steht dabei die Übereinstimmung des gemeinsamen Ziels oder der gemeinsamen Sache. Ist eine solche Übereinstimmung nicht vorhanden, kann kommunikative Kooperation bestehen, jedoch nicht kommunikative Kooperativität.

2 Kooperativer Führungsstil

Ein Führungsstil kennzeichnet ein „innerhalb von Bandbreiten und Führungskontexten konsistentes, typisiertes und wiederkehrendes Führungsverhalten" (Wunderer 2001, 204). Der kooperative Führungsstil vereint die Zusammenarbeit zwischen Führungskraft und Mitarbeiter*in und erfasst diese in all ihren möglichen Formen (vgl. Kiechl 1985, 84). Durch die Demokratisierung der Wirtschaft und Gesellschaft in den 1960er und 1970er Jahren tritt die aktive Beteiligung des Einzelnen am gesellschaftlichen und betrieblichen Umfeld in den Vordergrund, so dass Begrifflichkeiten des „kooperativen Führens" definiert werden. Kooperative Führung ist der Definition nach in

„Erscheinungsformen der zielgerichteten sozialen Einflussnahme in Verfolgung gemeinschaftlicher Ziele [...], in bzw. mit strukturierter Arbeitssituation [...], unter wechselseitiger, tendenziell symmetrischer Einflussausübung [...] und konsensfähiger Ausgestaltung der Arbeits- und Sozialrelationen" (Hentze/Kammel/Lindert 1997, 264) aufzufinden.

Somit spielen Ziel- und Leistungs-, Organisations-, Partizipationsaspekte und der prosoziale Aspekt eine zentrale Rolle (vgl. ebd.). Inhaltlich wird der kooperative Führungsstil wie folgt beschrieben:

„Die meisten wichtigen Maßnahmen werden von der Gruppe durch Diskussionen entschieden geplant. Für ihre Umsetzung stehen letztlich alle ein. Das betrifft sowohl sachliche als auch soziale Aktionen. Alle bedeutenden Arbeitsschritte und -ziele werden vom Führenden nur vorgeschlagen und diskutiert, sind also den Gruppenmitgliedern bekannt, Die Führungskraft hat gleiches Stimmrecht, obwohl ihre Stimme auf Grund Wissens- und Sozialautorität etwas mehr beachtet wird als die der anderen." (Richter 1996, 75)

Formal wird der kooperative Führungsstil wie folgt zusammengefasst:

„Alle Maßnahmen werden vorgeschlagen. Die Sprache ist ‚normal', nicht hart; der Ton partnerschaftlich. Lob und Tadel haben die Form demokratischer Ratschläge; auf Intentionen, Resonanz und Reaktionen der Geführten wird Rücksicht genommen und eingegangen. Die Meinung der Mitarbeiter wird geachtet; Ver- und Gebote werden demokratisch angeregt. Die Führungspersönlichkeit bezieht sich sozial-räumlich in die Gruppe ein." (Richter, ebd.)

Ein kooperativer Führungsstil schließt also Kennzeichen kooperativer Kommunikation, kooperativen Verhaltens und kooperativer Führung ein. Als Synonyme werden partizipative, demokratische oder mitarbeiterbezogene Führung verwendet. Bei dem partizipativen Führungsstil leisten die Mitarbeiter*innen einen bestimmten Teil der Führungsaufgaben. Das Mitwirkungsrecht wird auf der Ebene des Führungsstils realisiert und bezieht sich auf die direkte oder indirekte Ausübung einer Partizipation als Teilhabe der Mitarbeiter*innen. Der demokratische Führungsstil stellt die Verteilung der Macht eines Einzelnen auf die einer Gruppe dar. Somit werden Entscheidungsmöglichkeiten von bestimmten Gruppen ausgearbeitet, jedoch eine endgültige Entscheidung von allen Mitgliedern gefällt (vgl. Kiechl 1985, 84-87). Ziel der kooperativen Führung ist es, durch Führungsqualität Mitarbeiter*innen mit einzubeziehen, um Arbeitsbedingungen im Unternehmen zu verbessern. Dadurch soll eine ökonomische Effizienzsteigerung herbeigeführt werden (vgl. Hentze/Kammel/Lindert 1997, 264). Umsetzen, lässt sich der kooperative Führungsstil durch wechselseitiges Vertrauen, Unterstützung und Solidarität, grundlegend partnerschaftliche Bearbeitungen von Sachverhalten sowie durch eine partnerschaftliche Beziehungsgestaltung (vgl. Wunderer 2001, 17).

Angeregt durch Lewins Untersuchungen zum Führungsstil werden diverse weitere Untersuchungen durchgeführt. Die Michigan-Studien z. B. führen zu der Erkenntnis, dass mitarbeiterorientierte Führungskräfte effektiver und effizienter führen (vgl. Likert 1961, 1967, zit. nach Wunderer 2001, 206).

"Kooperative Führung ist unter allen Führungsstilen das sozial anspruchsvollste Konzept" (Wunderer 2001, 221), da die organisatorischen und mitarbeiterbezogenen Aspekte verbunden werden müssen. Die wesentlichen Kennzeichen kooperativen Führungsstils fasst Sprenger (1987, 27) zusammen:

Kennzeichen	Funktion
Gemeinsame Einflussausübung	• Entscheidungsbefugnis des Vorgesetzten wird abgegeben • Art und Einfluss der Entscheidungsbeteiligung wird bestimmt • wechselnde Einflussausübung vieler Organisationsmitglieder
Funktional Rollendifferenzierung und Sachautorität	• gemeinsame Aufgabenerfüllung • funktionale Rollendifferenzierung • Abhängigkeit von situativen Bedingungen und Sachkompetenz der Mitarbeiter
Multilaterale Informations- und Kommunikationsbeziehungen	• verlaufen vertikal, horizontal und diagonal • erleichtern sachgerechte Aufgabenerfüllung und soziale Beziehungen
Konfliktregelungen durch Aushandeln und Verhandeln	• Vermeidung des autoritären Entscheidungsverhalten durch Aushandeln und Verhandeln in Konfliktsituationen
Gruppenorientierung	• höhere Zufriedenheit und Leistungsförderung durch Einfluss des Mitarbeiters auf Führungsaufgaben
Vertrauen als Grundlage der Zusammenarbeit	• wechselseitiges Vertrauen zwischen Organisationsmitgliedern
Bedürfnisbefriedigung der Mitarbeiter und Vorgesetzten	• persönliche und berufliche Entwicklung der Organisationsmitglieder, unabhängig von ökonomischen Organisationszielen
Ziel- und Leistungsorientierung	• Gegensätzlichkeit zwischen Organisations- und Individualzielen
Bedürfnisorientierte Personal- und Organisationsentwicklung	• interne oder externe Lernfähigkeit und -bereitschaft der Organisationsmitglieder

Tab. 1: Kennzeichen und Funktionen kooperativen Führungsstils (Sprenger 1987, 107)

3 Berücksichtigung des kooperativen Führungsstils in Persönlichkeitstests

Der Persönlichkeitstest zur Ermittlung kooperativen Führungsstils, der hier vorgestellt wird, basiert auf den Variablen Ziel- und Leistungsfähigkeit, Organisationsfähigkeit, Partizipationsfähigkeit und Pro-Sozialität (vgl. Hentze/Kammel/Lindert 1997, 264). Diese Variablen gelten in Organisationseinheiten als Kennzeichen kooperativer Führung und umfassen mitarbeiter- sowie aufgabenorientierte Eigenschaften. Ein Stil beschreibt die Art und Weise eines konsistenten, typisierten und wiederkehrenden Verhaltens (s. o.!), welches mithilfe ausführlicher Reflexion antrainierbar und veränderbar ist. Verhaltensanforderungen an eine kooperative Führungskraft gehen mit dem regelmäßigen und unmittelbaren Informationsaustausch, der Partizipation an Entscheidungen, Qualifizierung hinsichtlich Gruppendynamik und Entscheidungstechniken, Gewinnung und Bereitstellung von Kontrollinformationen, Ausübung einer offenen Informationspolitik, Förderung des beständigen Lernens und der Herabsetzung von Hierarchieunterschieden einher (vgl. Sprenger 1987, 27-34).

Voraussetzung für den Test und eine valide Auswertung ist die Einstellung, dass ein kooperativer Führungsstil zukünftig verfolgt oder optimiert werden soll. Die Zusammensetzung basiert auf dem „Big Five" oder Fünf-Faktoren-Modell und dem Myers Briggs Typenindikator und wurde mithilfe eines Kombinationsmodells der Persönlichkeiten (Saum-Aldehoff 2007, 156) erstellt.

3.1 *The Big Five*

Die fünf grundlegenden Eigenschaften des *Big Five*-Persönlichkeitstests wurden von Ernest Tupes und Raymond Christal in den 1950er Jahren zu grundlegenden Persönlichkeitsmustern zusammengestellt (vgl. zu den folgenden Ausführungen Saum-Aldehoff 2007). Die fünf Faktoren des Tests sind: Begeisterungsfähigkeit (Extraversion versus Introversion), emotionale Stabilität (Neurotizismus), Verträglichkeit, Zuverlässigkeit/Gewissenhaftigkeit und Offenheit für neue Erfahrungen (Kultur).

Besondere Züge der Extraversion sind Herzlichkeit, Geselligkeit, Durchsetzungsfähigkeit, Aktivität, Erlebnishunger, Glückserleben und eine Art der durchgehenden Wohlstimmung. Die Begabung sich selbst aufmuntern zu können, fördert Energie. Facetten instabiler Emotionalität, die bei einer hohen Ausprägung des Neurotizismus entstehen, sind: Ängstlichkeit, Reizbarkeit, Depression, soziale Befangenheit, Impulsivität, Verletzlichkeit. Verträglichkeit weist auf zwei Pole: *agency* (Selbstwirksamkeit) und *communion* (Gemeinschaftssinn). Die Zuverlässigkeit beinhaltet Vertrauen, Freimütigkeit, Altruismus, Entgegenkommen, Bescheidenheit und Gutherzigkeit. Die Dimension der Gewissenhaftigkeit hängt eng mit Arbeitsverhalten und Arbeitsleistung zusammen und zielt auf Vorankommen und Entwicklung ab. Diese Dimension setzt sich aus sechs Facetten zusammen: Kompetenz, Ordnungsliebe, Pflichtbewusstsein, Leistungsstreben, Selbstdisziplin und Besonnenheit. Offenheit für neue Erfahrungen stellt die letzte Dimension des *Big Five* dar und lässt sich auf den tiefen menschlichen Drang zurückführen, Umgebungen zu erkunden und Neues zu entdecken. Die Bezeichnungen für diesen Persönlichkeitszug sind unterschiedlich, teils werden diese in Intellekt, Kultur, Neugier zusammengefasst und teils als Fantasie bezeichnet. Die sechs Teilaspekte der Offenheit sind: Offenheit für Fantasie, Ästhetik, Gefühle, Handlungen, Ideen und dem

Norm- und Wertesystem. Seit den 1980er Jahren gilt der *Big Five* als objektiver, zuverlässiger, valider und universeller Persönlichkeitstest und basiert auf äußerlichen Beobachtungen von menschlichen Eigenarten, die sich durch Sprache wiedergeben lassen und sich in dieser spiegeln. Die Aspekte des *Big Five* bezeichnen keine Typen, sondern stellen Achsen dar, die in bestimmten Konstellationen zusammengeführt sind und sich durch Muster erkennen lassen. Die fünf Faktoren lassen je nach Ausprägung (stark oder schwach) und Kombination bestimmte Verhaltensweisen identifizieren. Im kooperativen Sinne gilt, dass

- extrovertierte Eigenschaften in starker, aber auch in schwacher Ausprägung als kooperativ einzuschätzen sind,
- Neurotizismus für gemeinschaftliches Handeln im kooperativen Sinne stets schwach ausgeprägt ist,
- Eigenschaften der Verträglichkeit und Gewissenhaftigkeit Kooperation lediglich in starker Ausprägung zulassen,
- Offenheit hinsichtlich kooperativer Verhaltensweisen stark ausgeprägt ist, außer in der Kombination mit Extroversion.

3.2 Der MBTI

Der Myers-Briggs-Typenindikator (MBTI) wurde von Isabel Myers und Katherine C. Briggs 1962 mit dem Ziel entworfen, interindividuelle Differenzen der Wahrnehmung und Beurteilung von Wirklichkeit aufzuzeigen. Briggs erkennt Verbindungen zwischen ihren Studien und den Studien von C. G. Jung und beginnt, dessen theoretische Ansätze in die Praxis des Tests umzusetzen. Deshalb gilt die psychologische Typenlehre von Jung als Voraussetzung für den MBTI. Nach Jung besitzt jeder Mensch individuelle Präferenzen in der Wahrnehmung und Beurteilung der Umwelt. Die Herangehensweise der Wahrnehmung geschieht auf sinnliche oder intuitive Art, die der Beurteilung auf analytische oder gefühlsmäßige Art. Es entstehen Unterschiede zwischen Informationsaufnahme und -verarbeitung, die sich in der extravertierten, beurteilenden oder introvertierten, wahrnehmenden Einstellung auszeichnen. Der MBTI besteht aus vier dichotomischen Dimensionen:

- Aufmerksamkeit: Extraversion vs. Introversion: Extraversion (E) basiert auf Beurteilungs- und Wahrnehmungsprozessen der Außenwelt; Introversion (I) auf innerlich bezogene Beurteilungs- und Wahrnehmungsprozesse.
- Informationsaufnahme: Sensing vs. Intuition: Die sinnliche Wahrnehmung, Sensing (S), fokussiert auf konkrete Fakten und Details; die intuitive Wahrnehmung, Intuition (N), bezieht sich auf Bedeutungen und Beziehungen, um einen größeren Zusammenhang zu entwickeln.

- Entscheidung: Thinking vs. Feeling: Die analytische Beurteilung, Thinking (T), entspringt rationalen Überlegungen; gefühlsmäßige Beurteilungen, Feeling (F), basieren auf persönlichen oder sozialen Wertevorstellungen.
- Lebenseinstellung: Judging vs. Perception: Bei der Beurteilung, Judging (J), werden Schlussfolgerungen schnell gezogen und Entscheidungen zügig getroffen; im Gegensatz dazu steht die Wahrnehmung, Perception (P), bei der Beobachtungen, zeitlich betrachtet, intensiv sind und eine Entscheidungsfindung erst später eintritt.

Nach diesen Ausprägungen lassen sich im MBTI 16 Typen von Persönlichkeitspräferenzen erkennen, die zu vier Gruppen geclustert werden können (vgl. https://eu.themyersbriggs.com/de-DE/tools/MBTI/MBTI-personality-Types und http://one-mind.net/mbti-myers-briggs-16-typen (Abruf jeweils 13.5.2018)). Je nach Anwender werden die Typen in den Clustern unterschiedlich benannt:

Analytiker*innen: INTJ Architekt*in oder konzeptionelle/r Planer*in
INTP Logiker*in oder objektive/r Analyst*in
ENTJ Kommandeur*in oder entscheidungsfreudige/r Strateg/e/*in
ENTP Debattierer*in oder unternehmerische/r Erforscher*in
Diplomat*innen: INFJ Advokat*in oder tiefgründige/r Visionär*in
INFP Mediator*in oder fürsorgliche/r Idealist*in
ENFJ Protagonist*in oder mitfühlende/r Vermittler*in
ENFP Aktivist*in oder einfallsreiche/r Motivator*in
Bewahrer/Wächter*innen: ISTJ Logistiker*in oder verantwortungsvolle/r Realist*in
ISFJ Verteidiger*in oder praktische/r Helfer*in
ESTJ Ausführer*in oder effiziente/r Organisator*in
ESFJ Konsul*in oder unterstützende/r Mitspieler*in
Entdecker*innen: ISTP Virtuose/*in oder logische/r Pragmatiker*in
ISFP Abenteurer*in oder vielseitige/r Unterstützer*in
ESTP Entrepreneur*in oder energische/r Problemlöser*in
ESFP Entertainer*in oder begeisterte/r Improvisierer*in

Als kooperativ eingeschätzte Dimensionen gelten grundsätzlich:

- Extraversion, die eine extravertierte Einstellung zu Beurteilungs- und Wahrnehmungsvorgängen vertritt;
- Intuition, die einer intuitiven Wahrnehmung mit hohem Maß in der Bedeutung und Beziehung dient;
- Sensorik, die einen ungefilterten und unmittelbaren Eindruck aufzeigt;
- Fühlen, die eine gefühlsmäßige Beurteilung von Sachverhalten unterstützt;
- Wahrnehmen, die Beobachtungsweise als wahrnehmend einschätzt.

„Kooperativ" bzw. „kooperativer Führungsstil" werden im MBTI nicht explizit zur Beschreibung bestimmter Persönlichkeitspräferenzen benannt. Speziell wird allerdings der Typ ISFP (Abenteurer*in oder vielseitige/r Unterstützer*in) als kooperativ bewertet. Zu den Eigenschaften zählen „aufmerksam, kooperativ, praktisch, bescheiden, rücksichtsvoll, spontan, anpassungsfähig, sanft, freundlich, loyal, tolerant, warmherzig, kulant" (https://eu. themyersbriggs.com/ tools/mbti/mbti-personality-types/isfp (Zugriff 13.05.2018). Ferner tritt Kooperation bei der Beschreibung der „Diplomaten"-Typen in den Vordergrund:

„Diplomaten konzentrieren sich auf Empathie und Zusammenhalt, und glänzen in Diplomatie und Beratung. Menschen, die zu diesem Persönlichkeitstyp gehören sind kooperativ und phantasiereich, und nehmen häufig die harmonisierende Rolle bei der Arbeit oder in Gesellschaftskreisen ein. Diese Charaktereigenschaften machen Diplomaten zu warmherzigen, empathischen und einflussreichen Menschen, aber können zugleich Probleme verursachen, wenn sie sich ausschließlich auf kühle Rationalität verlassen oder schwierige Entscheidungen treffen müssen." (http://onemind.net/mbti-myers-briggs-16-typen/ (Zugriff 13.05.2018)

Den einzelnen Dichotomien aus dem MBTI können auch bestimmte Eigenschaften zugeordnet werden:

Extraversion	Introversion
Initiierend	*Annehmend*
Ausdrucksstark	*Zurückhaltend*
Gesellig	*Vertraut*
Aktiv	*Reflektierend*
Begeisternd	*Ruhig*
Sensitives Empfinden	**Intuition**
Konkret	*Abstrakt*
Realistisch	*Ideenreich*
Praktisch	*Konzeptionell*
Erfahrungsorientiert	*Theorieorientiert*
Traditionell	*Originell*
Thinking/Denken	**Fühlen**
Logisch	*Einfühlsam*
Begründet	*Verständnisvoll*
Hinterfragend	*Ausgleichend*
Kritisch	*Akzeptierend*
Hart	*Sanft*
Judging/Urteilen	**Perceiving/ Wahrnehmen**
Systematisch	*Zwanglos*
Vorausplanend	*Flexibel*
Frühzeitig	*Knapp*
Geplant	*Spontan*
Methodisch	*Situativ*

Tab. 2: Eigenschaftszuordnungen nach http://a-m-t.de/persoenlichkeitsanalysen-krisen-und-konfliktloesung/mbti-darstellung-und-anwendung/ (Zugriff 13.05.2018)

Auch wenn der MBTI als nicht besonders wissenschaftlich abgesichert gilt, macht er deutlich, dass Unterschiede zwischen menschlichem Verhalten vorhanden sind und zeigt auf, in welcher Art sich Verhalten ausprägt. Es ergibt sich eine Übersicht von Persönlichkeitsmerkmalen, auch wenn sie nicht als allgemeingültig eingeschätzt werden und die Begrifflichkeiten nicht immer eindeutig sind. Die Ergebnisse der Auswertungen dienen den Probanden in erster Linie zur Selbstbeurteilung. Der MBTI hilft, das Verständnis und die Akzeptanz gegenüber anderen Typen zu erweitern und Wahrnehmungs- sowie Verhaltensgewohnheiten zu erkennen. Der Anwendungsbereich liegt in der Organisationsberatung, besonders in der Personalarbeit.

4 Ein Test zur Erfassung kooperativen Führungsstils

Es gibt Testverfahren, die anhand bestimmter Kennzeichen einen von drei oder vier möglichen Führungsstilen einschätzen, jedoch gibt es derzeit keinen offiziell veröffentlichten Persönlichkeitstest, der sich auf den kooperativen Führungsstil fokussiert, diesen durchleuchtet und Ausprägungen festhält. Das Ziel eines neuen Persönlichkeitstests mit dem Fokus auf den kooperativen Führungsstil soll sein, aktuelle Verhaltensmuster festzuhalten, um diese reflektieren und verändern zu können. Deshalb werden hier gezielt nur solche Aspekte ausgewählt und durch entsprechende Adjektive abgefragt. Der entwickelte Test orientiert sich in der Oberfläche an *Insights* (Jäger 2004), inhaltlich an den aus Theorien der Führungsliteratur herausgearbeiteten Kriterien zu Ziel- und Leistungsfähigkeit, Organisationsfähigkeit, Partizipation, Pro Sozialität und den MBTI-Bereichen von *Extra- und Introversion, Sensing, Thinking und Perceiving*. Der Test ist entsprechend in fünf Blöcke mit jeweils fünf Items gegliedert.

Abgefragt wird die Einschätzung des kooperativen Verhaltens, wobei den Probanden nicht bewusst ist, welche Adjektive welchen Variablen entsprechen. Wie der MBTI dient dieser Test vor allem der Selbsteinschätzung und es ist zu empfehlen, den Test in einem Gespräch mit Berater*in oder Coach auszuwerten. Im Detail wurden aus der Führungsliteratur folgende Adjektive für die verschiedenen Bereiche ausgewählt:

Ziel- und Leistungsfähigkeit: selbstsicher, ausdauernd, unermüdlich; wachsam, ehrgeizig, entschlossen; zuversichtlich, kühn; intellektuell, erfinderisch, intelligent; wirkungsvoll, genial.

Organisationsfähigkeit: organisiert, sorgfältig, ordentlich; analytisch, wahrnehmend, informativ; gründlich, zuverlässig, konsequent; wandlungsfähig; introspektiv, mediativ.

Partizipation: in sich ruhend, bescheiden; wortreich; vertrauensvoll, nett, tolerant;verantwortlich, zuverlässig, vertrauenswürdig; geduldig, entspannt, anspruchslos.

Pro Sozialität: weichherzig, verträglich, hilfsbereit; gesellig, sozial, enthusiastisch; neidlos; mitfühlend, gütig, warm; hilfsbereit, kooperativ, rücksichtsvoll.
MBTI Extraversion: begeisternd, aktiv;
MBTI Introversion: ruhig, reflektierend
MBTI Sensing: erfahrungsorientiert, konkret
MBTI Thinking: hinterfragend, kritisch
MBTI Perceiving: spontan, zwanglos

Die durchgeführte Pilotstudie zeigt eine Möglichkeit, mit diesem Instrument kooperatives Führungsverhalten einzuschätzen und zu deuten. Mithilfe eines Auswertungsgesprächs können Probanden den Nutzen nachvollziehen und eigenständig die individuelle Entwicklung erkennen und beeinflussen. Zu beachten ist, dass kein bestimmter Typ und keine ausschließenden Kennzeichnungen von Eigenschaften in der Auswertung genannt werden.

5 Fazit

Anhand der Auswertungen in der Pilotstudie mit 15 Probanden ist zu erkennen, dass die Variablen „Organisation" und „Pro-Sozialität" mit den höchsten Werten vertreten sind. Dies spricht für eine Passung und einen höheren Wiedererkennungswert der ausgewählten Adjektive: . Die Variablen „Ziel & Leistung" sowie „Partizipation" entsprechen unterschiedlichen Werten und unterliegen weiteren Überprüfungen. Von den als kooperativ geltenden Dichotomien des MBTI weisen „Denken und Wahrnehmen" die höchsten Werte auf. Eine detaillierte Betrachtung der adjektivischen Verknüpfungen könnte diese Bereiche noch spezifizieren. Die Auswertung der Zusatz-Frage nach der Selbsteinschätzung des eigenen kooperativen Verhaltens zeigt ein ausgeglichenes Verhältnis zwischen „voll zutreffend" und „eher zutreffend". Die Probanden, die sich als „sehr kooperativ" eingeschätzt haben, besitzen eine stärkere Ausprägung der Variablen „Partizipation, Pro-Sozialität, Organisation" sowie „Denken und Sensorik".

Ein Team zu führen und als kooperative Führungskraft zu agieren, bedeutet die regelmäßige Überprüfung des aktuellen Zustands und das Einhalten des Gleichgewichts zwischen der Inhalts-, Mitarbeiter*in- und Selbstorientierung. Die Pilotstudie zeigt eine Möglichkeit auf, kooperatives Führungsverhalten sichtbar, messbar und vergleichbar zu machen. Führungsprozesse erscheinen meist ungreifbar, Begrifflichkeiten uneindeutig und individuelle Abgrenzungen unverständlich, dies erschwert die Erstellung typisierter Profile. Neben einem Persönlichkeitstest sollten weitere Möglichkeiten gegeben sein, um Führungsqualitäten festzuhalten und auszuwerten. Der Zweck einer Einschätzung kooperativen Führungsverhaltens ist eine intensive kooperative Kommunikation, die den kollektiven Austausch fördert und eine Anpassung an zeitnahe Veränderungen erleichtert.

Literatur

Bartsch, E. (1990): *Grundlinien einer „Kooperativen Rhetorik"*. In: Geißner, H. (Hg.): *Ermunterung zur Freiheit: Rhetorik und Erwachsenenbildung*. Festschrift für Ilse Schweinsberg zur Vollendung ihres 70. Lebensjahres, 37-49; auch in: Bartsch, E. (2009): *Sprechkommunikation lehren. Gesammelte Aufsätze und Vorträge*. Bd. 2: 1984-1993. Hg. v. Pabst-Weinschenk, M. Alpen, 137-146.

Bartsch, E./ Marquart, T. (2005): *Grundwissen Kommunikation*. Stuttgart.

Bartsch, E./ Pabst-Weinschenk, M. (2004): *Gesprächsführung*. In: Pabst-Weinschenk, M. (Hg.): *Grundlagen der Sprechwissenschaft und Sprecherziehung*. München, 122-131.

Fiehler, R. (1999): *Was tut man, wenn man ‚kooperativ' ist? Eine gesprächsanalytische Explikation der Konzepte ‚Kooperation' und Kooperativität'*. In: Mönnich, A./ Jaskolski, E. W. (Hg.): *Kooperation in der Kommunikation*. Festschrift für Elmar Bartsch. München, 52-59.

Hentze, J./Kammel, A./Lindert, K. (1997): *Personalführungslehre. Grundlagen, Funktionen und Modelle der Führung*. Bern.

Jäger, R. S. *(2004). Test im Test. Insights MDI – Wissenschaftlich betrachtet. PersonalMagazin* 1.

Jaskolski, E. (1999): *Kooperation – eine Haltung. Gedanken zur Verteidigung der Person*. In: Mönnich, A./Jaskolski, E. W. (Hg.): *Kooperation in der Kommunikation*. Festschrift für Elmar Bartsch. München, 18- 36.

Kiechl, R. (1985). *Macht im kooperativen Führungsstil. Theorie und Praxis, mit drei Testbeispielen und einem Diagnoseinstrument.*(Schriftreihe des Instituts für betriebswirtschaftliche Forschung an der Universität Zürich, Band 48).

Likert, R. (1961): *New Patters of Management*. New York et al. Deutsch: *Neue Formen der Unternehmungsführung*. Bern 1972.

Likert, R. (1967): *The Human Organisation. In Management and Values*. New York et al. Deutsch: Die *integrierte Führungs- und Organisationsstruktur*. Frankfurt a.M. 1975.

Lukin, N. (2018): *Zur Einschätzung kooperativen Führungsstils in Persönlichkeitstests*. Düsseldorf (Masterarbeit Heinrich-Heine-Universität).

Pabst-Weinschenk, M. (1995): *Reden im Studium. Ein Trainingsprogramm*. Frankfurt/M.

Pabst-Weinschenk, M. (2004): *Sprechbildung*. In: Pabst-Weinschenk, M. (Hg.): *Grundlagen der Sprechwissenschaft und Sprecherziehung*. München, 14-19.

Saum-Aldehoff, T. (2007): *Big Five: Sich selbst und andere erkennen*. Düsseldorf.

Sprenger, H. (1987): *Kooperative Führungskonzepte in deutschen Unternehmen. Einführungsprobleme und Strategien zu ihrer Bewältigung*. Berlin.

Wunderer, R. (2001): *Führung und Zusammenarbeit. Eine unternehmerische Führungslehre*. Neuwied.

Kooperative Rhetorik in Persönlichkeitstests 77

Persönlichkeitstest: Kooperatives Führungsverhalten

Alter: [   ]   Geschlecht: m ○   w ○   E-Mail: _____

Schätzen Sie ihr Verhalten am Arbeitsplatz ein. Inwiefern treffen die Items auf Sie zu?
- Das Item, was **am wenigsten** passt, bewerten Sie bitte mit **w**.
- Das Item, was **am besten** passt, bewerten Sie bitte mit **b**.
- Die drei übrigen Items bewerten Sie bitte mit den Ziffern **1-5** (1 = trifft sehr wenig zu, 5 = trifft sehr gut zu).

Dabei darf keine Ziffer doppelt verwendet werden.

Beispiel
Block X - w= trifft am wenigsten zu, b= trifft am besten zu, 1=trifft sehr wenig zu, 5= trifft sehr gut zu

	w	1	2	3	4	5	b
präzise und sachbezogen			②				
aufgeschlossen und gewandt					④		
rational und exakt	ⓦ						
beobachtend und unparteiisch							ⓑ
schwungvoll und unerschrocken						⑤	

Block 1 - w = trifft am wenigsten zu, b = trifft am besten zu, 1= trifft sehr wenig zu, 5 = trifft sehr gut zu

	w	1	2	3	4	5	b
selbstsicher, ausdauernd und unermüdlich							
organisiert, sorgfältig und ordentlich							
in sich ruhend und bescheiden							
weichherzig, verträglich und hilfsbereit							
begeisternd und aktiv							

Block 2 - w = trifft am wenigsten zu, b = trifft am besten zu, 1= trifft sehr wenig zu, 5 = trifft sehr gut zu

	w	1	2	3	4	5	b
wachsam, ehrgeizig und entschlossen							
analytisch, wahrnehmend und informativ							
wortreich							
gesellig, sozial und enthusiastisch							
ruhig und reflektierend							

Block 3 - w = trifft am wenigsten zu, b = trifft am besten zu, 1= trifft sehr wenig zu, 5 = trifft sehr gut zu

	w	1	2	3	4	5	b
zuversichtlich und kühn							
vertrauensvoll, nett und tolerant							
gründlich, zuverlässig und konsequent							
neidlos							
erfahrungsorientiert und konkret							

Block 4 - w = trifft am wenigsten zu, b = trifft am besten zu, 1= trifft sehr wenig zu, 5 = trifft sehr gut zu

	w	1	2	3	4	5	b
wandlungsfähig							
intellektuell, erfinderisch und intelligent							
verantwortlich, zuverlässig, vertrauenswürdig							
mitfühlend, gütig und warm							
hinterfragend und kritisch							

Block 5 - w = trifft am wenigsten zu, b = trifft am besten zu, 1= trifft sehr wenig zu, 5 = trifft sehr gut zu

	w	1	2	3	4	5	b
wirkungsvoll und genial							
hilfsbereit und rücksichtsvoll							
geduldig, entspannt und anspruchslos							
Introspektiv und mediativ							
spontan und zwanglos							

Schätzen Sie sich als kooperativ ein?

    trifft nicht zu ◯   trifft eher zu ◯   trifft voll zu ◯

MARITA PABST-WEINSCHENK

Wie kooperativ ist E-Learning?

An der Heinrich-Heine-Universität Düsseldorf wurden in den letzten fünfzehn Jahren verschiedene Modelle zum E-Learning im Bereich der mündlichen Kommunikation entwickelt und erprobt. Die Kurse wurden auf der Lernplattform *Moodle* durchgeführt und evaluiert. Dabei wurde immer von dem Konzept der Kooperativen Rhetorik ausgegangen, das für die Mündlichkeit an der Universität Düsseldorf handlungsleitend ist (Pabst-Weinschenk 2008) und auch für die Schule kann die Arbeit mit der Lernplattform *Moodle* empfohlen werden (Pabst-Weinschenk/Weinschenk 2010). Im Folgenden werden drei Modelle vorgestellt: Zum einen handelt es sich dabei um eine Überblicksveranstaltung über mündliche Kommunikation, zum anderen um ein Rede-Rhetorik-Seminar und ein Seminar zur Verbesserung der mündlichen Ausdruckskompetenzen.

1 Lehrvoraussetzungen, Vor- und Nachteile der Lernform

E-Learning setzt wie jede andere gute Lehrveranstaltung Kompetenzorientierung bei den Lernern, Methodenkompetenz seitens der Dozierenden, einen sinnvoll strukturierten Lernstoff sowie die Bereitstellung diverser audio-visueller Materialien voraus. Dabei sollte die Anzahl der Materialien deutlich die zur Erklärung und Veransschaulichung notwendige Menge übersteigen, damit genügend Stoff für Übungen und weitere Anwendungen vorhanden ist. Zusätzlich sind Computerkenntnisse auf Seiten der Lehrenden und Lernenden notwendig und es sollten hinreichend ausgestattete PC-Arbeitsplätze vorhanden sein.

Eindeutiger Vorteil vom E-Learning ist, dass das Lernen nicht im Gleichschritt erfolgen muss. Individuelle Lernunterschiede in Dauer, Verarbeitung, Anschaulichkeit und Wiederholungsphasen können berücksichtigt werden. Ferner erfolgt das Lernen autonom, unabhängig vom Ort und in freier Zeiteinteilung.

Das individuelle Selbstlernen und die Autonomie dabei setzen ein hohes Maß an Eigenverantwortung und Selbstdisziplin der Lernenden voraus. Durch das Fehlen der Interaktion in der Gruppe bleiben auch Motivationsverstärker durch Peers aus. Ferner fehlt das persönliche, direkte Feedback seitens der Gruppe und vom Lehrenden. Diese Nachteile können durch so genannte Blended Learning-Konzepte aufgehoben werden. Dabei werden E-Learning-Elemente mit Präsenzphasen verbunden.

2 Theorie und Praxis der mündlichen Kommunikation - ein Blended Learning-Konzept (Modell 1)

Entwickelt wurde dieses Konzept aus einer Massen-Vorlesung (300 bis 650 Teilnehmer*innen), die mitgeschnitten wurde. Direkt im Anschluss an die Vorlesungen wurden die Video-Aufzeichungen jeweils in mehrere kleine Clips zu den behandelten Stichwörtern geschnitten und online gestellt, so dass alle Teilnehmer*innen und auch die, die aus welchen Gründen auch immer abwesend waren, sich die Themen noch einmal ansehen konnten. Ergänzt wurde dieser virtuelle Hörsaal mit weiteren Links, Hörbeispielen und Videos zu diversen Sprechausdrucksmustern (mehr oder weniger) bekannter Sprecher*innen, Beispielen aus der Werbung, von Rezitationen und zu Sprach-, Sprech- und Stimmstörungen. Zu den einzelnen Themen gab es Arbeitsblätter, die in einem Arbeitsheft zusammengefasst wurden (Pabst-Weinschenk 2008b), sowie einen auto-informativen Test und ein Glossar. Als Impuls zur Meinungsbildung und als Ersatz für die fehlenden Seminardiskussionen wurden in Foren zu verschiedenen mündlichkeitsrelevanten Themen diskutiert:
1. Rhetorik in Werbespots
2. „Der Dativ ist dem Genitiv sein Tod."
3. Aussprache zwischen Norm und Wirklichkeit
4. Hörbuch-Favoriten
5. Rhetorik zwischen Manipulation und Mündigkeit

Die Beteiligung an diesen Forendiskussionen war für den Scheinerwerb verpflichtend (mindestens fünf Beiträge zu jedem Thema), genauso wie die Teilnahme an einer Blockveranstaltung: ein Tag (8 Stunden) in Kleingruppen (12 Teilnehmer*innen), betreut von Tutor*innen. Aufgaben in dieser Präsenzveranstaltung waren:
1. Rhetorik: eine Kurzrede halten mit Video-Feedback und konstruktiver Kritik
2. Textsprechen: selbst einen kurzen Text gestaltend vortragen mit Feedback
3. Atmung, Stimme - Aussprache: Übungen zu den Grundlagen des Sprechens ausprobieren und reflektieren
4. Störungen: ausgewählte Beispiele besprechen, eigene Tendenzen reflektieren

Die Evaluation zeigte, dass dieses Modell insgesamt überwiegend positiv angenommen wurde (Pabst-Weinschenk 2010).

3 Rhetorik online (Modell 2)

In diesem Online-Kurs lernen die Teilnehmer*innen verschiedene Redeformen kennen, erproben die vorgestellten Strukturmuster und geben sich gegenseitig in Kleingruppen (7 bis max. 10 Teilnehmer*innen) in Foren Feedback. Der Kurs beinhaltet drei Übungsaufgaben, die jeweils mit der Webcam aufgenommen und besprochen werden: Selbstvorstellung, Überzeugungsrede, Informationsrede. Der Erfahrung nach ist der Übungseffekt in einer solchen E-Learningveranstaltung größer als in einer vergleichbaren Präsenzveranstaltung, denn die Teilnehmer*innen nehmen ihre Reden oft mehrfach auf, bis sie mit dem Ergebnis zufrieden sind und es hochladen.

"Bei Präsenzseminaren kann man immer wieder beobachten, dass Studierende die Aufnahmen ihrer eigenen Reden gar nicht genau wahrnehmen und es insgesamt zu wenig Zeit für gegenseitiges Feedback gibt bzw. Studierende sich abhängig machen vom Feedback der jeweiligen Dozierenden, das sie für wichtiger halten als das ihrer Kolleg*innen. Bei Online-Rhetorik-Seminaren üben die Teilnehmer*innen nach meinen Erfahrungen ihre Redebeiträge viel intensiver, weil sie nur Beiträge hochladen wollen, mit denen sie selbst zufrieden sind. Deshalb werden oft mehrere Versuche gestartet und damit setzt bereits ein sinnvoller Lernerfolg ein. In Präsenzphasen (oder auch Videokonferenzen) wird die Zeit für Nachfragen, Absprachen und gemeinsame Diskussionen genutzt.

Peer-Feedback in Foren wird ernstgenommen, wenn ihm von der Konzeption her ein hoher Stellenwert beigemessen wird." (Pabst-Weinschenk 2018, 79)

Das Kurskonzept und die Arbeitsblätter finden Sie in diesem Band auf den Seiten 146ff..

4 *Student Generated Content* (Modell 3)

Wenn Lerner mit Medien Lehrinhalte für ihre Peers produzieren, geht es um handlungsorientierte Lehre nach dem Konzept "Lernen durch Lehren" (Martin/Oebel 2007). Das in der Sprechwissenschaft und Sprecherziehung seit Drach vertretene Prinzip „Learning by doing" (Pabst-Weinschenk 1993, 23f) wird umgesetzt und zugleich werden produktive Medienkompetenzen erworben, die instrumentelle, interaktive und analytische Medienkompetenzen einschließen (Rupp 1999, 36). Nach dem persönlichen Erarbeiten sprechwissenschaftlich-sprecherzieherischer Inhalte geht es für die Studierenden um

- die Auswahl der geeigneten medialen Präsentations-Software und das Erlernen der Handhabung,
- die Erarbeitung eines geeigneten Storyboards, Drehbuchs bzw. Skripts,
- die Darstellung der Charaktere in den geplanten Video-Tutorials,
- die Reflexion der Darstellung sowie die metakognitive und didaktisch-methodische Betrachtung und
- die Präsentation der gedrehten Videos potentiellen neuen Lernern.

Beispielhaft sei hier besonders auf die Veranstaltung „Video-Tutorials zur Verbesserung der mündlichen Ausdruckskompetenzen" (2015) hingewiesen. Einzelne Beispiele dazu sowie ein „Making of" findet man in der Mediathek der Philosophischen Fakultät unter dem Schwerpunkt „Mündlichkeit". Ähnliche Lehrveranstaltungen zur Darstellung Rhetorischer Studien und zu Werbetrailern wurden ebenfalls bisher durchgeführt. Die von den Studierenden produzierten Videos stehen auch online in der Mediathek der Philosophischen Fakultät (vgl. auch die Hinweise bei Wagner 2018, 66).

5 Fazit

Die Erfahrungen aus allen Modellen ermutigen, den Weg fortzusetzen. Zukünftig wird es zunehmend mehr Unterstützung der Präsenzlehre durch E-Learning-Materialien geben, auch in der Sprechwissenschaft und Sprecherziehung. Sicherlich wird man die direkte Kommunikation nicht vollständig ersetzen können, wie auch Wagner meint, aber seine These 7 würde ich aus meiner Sicht ergänzen: "Internet-Videos können produktionsorientierten Unterricht ermöglichen" (Wagner 2018, 78), sie können das Ergebnis produktionsorientierten (Hochschul-) Unterrichts dokumentieren und bei der Vorbereitung und Produktion dieses *Student Generated Contents* findet auch direkte sprechpädagogische Kommunikation statt.

Literatur

https://medienlab.phil.hhu.de/item/dgss-trailer/ (10.01.2019)
https://medienlab.phil.hhu.de/item/rhetorische-studien/ (10.01.2019)
https://medien-lab.phil.hhu.de/item/video-tutorials-fuer-bessere-ausdruckskompetenzen/ (10.01.2019)
Martin, J,-P./Oebel, G.: *Lernen durch Lehren – Paradigmenwechsel in der Didaktik?* In: *Deutschunterricht in Japan.* (= *Zeitschrift des Japanischen Lehrerverbandes.* Heft 12). Herbst 2007, 4–21.
Pabst-Weinschenk, M. (1993): *Ericj Drachs Konzept der Sprechkunde und Sprecherziehung. Ein Beitrag zur Theorie und Geschichte der Sprechwissenschaft.* Magdeburg/Esssen.
Pabst-Weinschenk, M. (2006): *Mündliche Kommunikation – ein multimedialer eLearning-Kurs.* In: Auf der Horst, C./ Ehlert, H. (Hg.): *eLearning nach Bologna. Prozesse - Projekte – Perspektiven. Düsseldorf,* Düsseldorf, 122-147.
Pabst-Weinschenk, M. (2008a): *Basics im Methoden-Mix.* In: Heilmann, Christa; Lepschy, Annette (Hg.): *Rhetorische Prozesse.* München, 9-18.
Pabst-Weinschenk, M. (2008b): *Mündliche Kommunikation. Lernheft zu dem Grundseminar an der Heinrich-Heine-Universität Düsseldorf.* Alpen.
Pabst-Weinschenk, M. (2010): *Mündliche Kommunikation – ein Blended Learning-Konzept.* In: Pabst-Weinschenk (Hg): *Medien: Sprech- und Hörwelten.* München, 91-95.
Pabst-Weinschenk, M. (2018*): Einige Bemerkungen zum E-Learning im Bereich mündlicher Kommunikation.* In: Zeitschrift *sprechen.* 35. Jg., H. 65, 78-81.
Pabst-Weinschenk, M./Weinschenk, M. (2010): *Was bringt ein virtuelles Klassenzimmer?* In: *Schreiben im Netz. Heft 24, Deutsch 5 bis 10,* 44f.
Rupp, G. (1999): *Medienkompetenz, Lesekompetenz.* In: *Kölner Psychologische Studien,* 1/1999, 27-44.
Wagner, R. (2018): *Sprechen lernen im Internet? Beispiele für kommunikationspädagogische Videos.* In: sprechen, H. 66, 65-78.

THOMAS LAXA

Gelingende rhetorische Kommunikation – ein Baustein zum Erfolg von Fußballtrainern

Vorbemerkung: Den folgenden Ausführungen liegen ausführliche Analysen von Trainings-, Mannschafts- und Halbzeitansprachen, Anweisungen, öffentlichen Statements sowie internen Spielanalysen von Taskin Aksoy, dem U23 Cheftrainer von Fortuna Düsseldorf, zugrunde (vgl. Laxa 2016). Sie wurden aufgezeichnet, in Auszügen transkribiert und auf charakteristische Merkmale der antiken sowie modernen kooperativen Rhetorik hin untersucht. Die Befragung der an den zu untersuchenden Kommunikationsprozessen beteiligten Akteure ergab darüber hinaus die für die Beurteilung der Interaktionsabläufe notwendige Auskunft über den Selbsteindruck des Trainers und die Fremdeinschätzung der Spieler. Die Ergebnisse wurden ferner in Bezug zu den didaktischen Lehrmethoden nach den Vorgaben des Deutschen Fußball-Bundes sowie aktuellen sportpsychologischen Theorien gesetzt.

Dass der Trainer die Mannschaft nicht mehr erreicht, ist eine der häufigsten Begründungen bei Trainerentlassungen. Doch was steckt dahinter? Woran genau wird dieses Scheitern festgemacht? Fakt ist, dass in der betreffenden Situation meist die geforderten Ergebnisse ausbleiben. Doch ist dies allein ein ergebnistechnisches und damit sportliches Problem? Allein darin begründet, dass der Trainer die falsche Taktik gewählt hat? Oder liegt die Ursache vielmehr darin, das nützliche Spielverhalten auf sprachlicher Ebene nicht angemessen, verständlich und vor allem überzeugend genug vermittelt zu haben?
Das Sprechen bildet die Grundlage für eine erfolgreiche Koordination mit anderen Individuen zum Zwecke sozialen Handels und ist daher auch in der Kommunikation zwischen Trainer und Spieler nicht zu vernachlässigen, um Verständnisschwierigkeiten, Missverständnisse und Fehlinterpretationen zu vermeiden. Die hinderlichen Kommunikationsstörungen können dabei sowohl auf der Inhaltsebene, als auch auf der Beziehungsebene auftreten, was die Art und Weise des Vermittlungsprozesses in den Fokus rückt (vgl. Pabst-Weinschenk 2009a, 5). Neben der mangelnden Transparenz, Verständlichkeit und Nachvollziehbarkeit der Botschaften sind demnach auch eine selbstgefällige Demonstration von Wissen sowie eine wenig einfühlsame oder zu belehrende Gesprächsführung seitens des Trainers Auslöser von Kommunikationsproblemen (vgl. ebd., 5f.).
Wie neuste Erkenntnisse der Sportpsychologie zeigen, hat der Führungsstil – und damit einhergehend das Kommunikationsverhalten des Trainers – einen maßgeblichen Einfluss auf die Aufgabenerfüllung (vgl. Frester 2000, 17). Hier gilt es, den

Anforderungen der zwischenmenschlichen Betreuung sowie der lern- und handlungswirksamen Vermittlung gerecht zu werden. Die Fähigkeit zur verständlichen und überzeugenden Redegestaltung, die auf die Bedürfnisse der Spieler zugeschnitten ist, stellt somit einen wesentlichen Faktor für den Kommunikationserfolg – und damit für das Erreichen der Spieler – dar.

„Du musst den Punkt eben erreichen, wo Du die Mannschaft absolut bei dir hast, wo jeder einfach Bock hat und geil drauf ist, jetzt gleich rauszugehen und endlich spielen zu dürfen." (Frank Schmidt)

Frank Schmidt, Cheftrainer vom 1. FC Heidenheim, bringt in seinem Statement in Aljoscha Pauses Film *Trainer!* eben diesen Sinn und Zweck der Mannschaftsansprache auf den Punkt und deutet darin die Notwendigkeit von rhetorischer Kommunikation an. Die tägliche Arbeit eines Trainers besteht demzufolge nicht allein darin, einen passenden Matchplan zu entwickeln, sondern verlangt vor allem die Fertigkeit, durch Redekraft und Redeschönheit den Spielern die jeweilige Spielidee und Spielphilosophie in den sozialen Kommunikations-, Kooperations- und Interaktionsprozessen verständlich und überzeugend zu vermitteln (vgl. Frester 2000, 17). Für André Schubert, ehemaliger Trainer von Borussia Mönchengladbach, stellt eben dieser Vermittlungsprozess die eigentliche Herausforderung der Trainerarbeit dar. Das Coachen, das heißt, das Führen und Leiten über den Platz, ist nach DFB-Chefausbilder Frank Wormuth das entscheidende Merkmal für einen erfolgreichen Trainer. Welche Folgen diesbezüglich ein mangelndes rhetorisches Kommunikationsvermögen haben kann, hat nicht zuletzt die Beurlaubung von Augsburgs Cheftrainer Dirk Schuster gezeigt, dessen Spieler von seiner Spielphilosophie nicht überzeugt gewesen waren. Denn wie sportwissenschaftliche Analyse beweisen, führt ein Mangel an kommunikativen Kompetenzen in der Sportpraxis zu einem uneffektiven Coaching. Demzufolge nützt es nichts, die spielrelevanten Informationen und Lehrinhalte uninspiriert in den Raum zu werfen, wie auch Fortuna Düsseldorfs ehemaliger U23 Cheftrainer Taskin Aksoy feststellt:

„Mit dem 1:0 kam noch mehr das Selbstvertrauen, kam auch der Glaube, dass man heute gewinnen kann. Das haben wir vor dem Spiel zwar auch so ausgerufen, aber Ausrufen ist das eine, Glaube der Mannschaft das andere." (Taskin Aksoy)

Die Lösungsangebote müssen verständlich, glaubhaft und vor allem überzeugend dargestellt werden, damit diese von den Spielern zu hundert Prozent getragen und umgesetzt werden. Hierfür ist neben der Fachkompetenz vor allem die Vermittlungskompetenz des Trainers entscheidend. Hinzu kommt, dass sich die heutigen Trainer mit einer veränderten Erwartungshaltung der Spieler konfrontiert sehen. Diese wollen von den Lehrinhalten sowie leistungsoptimierenden Verhaltensänderungen überzeugt und durch das aktive Einbringen von Lösungsmöglichkeiten in den Lern- und Kommunikationsprozess miteinbezogen werden. Auch hier ist die rhetorische Kommunikation von Vorteil, da sie in ihrem virtuell-dialogischen Ansatz die Absicht und Haltung des Trainers mit der Erwartungshaltung und den Handlungsinteressen der Spieler verknüpft und somit auf die Spielerperspektive eingeht. Denn die personenzentrierte Haltung und Einstellung trägt durch die Berücksichtigung der seelischen Situation und des persönlichen Erlebens der Spieler maßgeblich dazu bei, das für den Kommunikationserfolg notwendige individuelle Handlungs- und Lösungsinteresse zu aktivieren.

Die Förderung kognitiver Prozesse wie Mitdenken, Mitentscheiden und Reflektieren ist dabei vor allem in der Wettkampfvorbereitung sinnvoll, da im anschließenden Wettkampfgeschehen Tugenden wie Selbstständigkeit, Eigeninitiative und Entscheidungsfähigkeit des Athleten entscheidende Faktoren sind (vgl. Bisanz/ Gerisch 1998, 144). Hierfür muss der Trainer in Mannschaftsbesprechungen und Einzelgesprächen den Spielern die Möglichkeit geben, ihr Wissen zu erweitern, Probleme zu erkennen und zu lösen sowie ihre Erfahrungen einzubringen und umzusetzen. Die gemeinsame Verantwortung für die Sache verlangt demzufolge nach mündigen Spielern. Die rhetorische Kommunikation ist aufgrund ihres handlungsauslösenden Sprechens nahezu prädestiniert für die Aktivierung eben dieser leistungsbeeinflussenden Variablen wie Aufmerksamkeits- und Konzentrationsfähigkeit, Entschlussfähigkeit und -festigkeit sowie Selbstvertrauen und Leistungszuversicht (vgl. ebd., 145).

Merkmale einer überzeugenden Ansprache

Basierend auf dem antiken Wissen damaliger Rhetoriker sowie den neusten Erkenntnissen heutiger Sport- und Sprechwissenschaftler wie auch Kommunikations- und Sportpsychologen zeigt die exemplarische Analyse am Beispiel der U23 von Fortuna Düsseldorf 1895 e.V., dass die rhetorische Kommunikation von Fußballtrainern – sowohl in Trainings-, Mannschafts- und Halbzeitansprachen, als auch in Anweisungen, öffentlichen Statements und internen Spielanalysen – nicht nur über zahlreiche charakteristische Merkmale der antiken und modernen Rhetorik verfügt, sondern diese für einen erfolgreichen Interaktions- und Kommunikationsprozess zwischen Trainer und Spieler auch zwingend benötigt. Das Anwenden von so genannten „Verständlichmachern" und „redetechnischen Überzeugungsmitteln" verhilft dem Trainer dazu, seine Ansprachen, Anweisungen und Statements anregender und interessanter sowie verständlicher und überzeugender zu gestalten (vgl. Aristoteles 2007, 12; Schulz von Thun 2003, 140-155). Die rhetorischen Kommunikationsstrategien dienen als wichtige sprachliche Werkzeuge, mit denen der Trainer vor allem die seitens der Sportpsychologie aufgezeigten Probleme und Schwierigkeiten beim mentalen Einwirken auf die Spieler lösen kann.

So wird durch das gezielte Einbringen von Ethos, Pathos und Logos nachweislich die Überzeugungswirkung der Rede gesteigert und durch das Zusammenspiel auf emotionaler, kognitiver und voluntativer Ebene die gesamte Bandbreite der individuellen Bedürfnisse der einzelnen Persönlichkeitseigenschaften der Spieler abgedeckt. Insbesondere Ethos und Pathos sind dabei wertvolle Überzeugungsmittel aus der antiken Rhetorik, um in den Ansprachen die Spieler durch Reden zu dem zu führen, was der Trainer will. Mithilfe von so genannten „Affekten" kann die Kraft der Rede sowohl Aggressionen schüren, als auch von Ängsten befreien (Aristoteles 2007, 12f.). Die Imponiertechniken und vorbildlichen Persönlichkeitseigenschaften des Trainers, das situationsgerechte Einwirken auf die Verfassung der Spieler sowie die nachvollziehbare Argumentation sind weitere entscheidende Faktoren für eine überzeugende Ansprache. Die Begeisterungsfähigkeit gehört demnach ebenso wie das notwendige Fachwissen und natürliche Ausstrahlen von Autorität zum Anforderungsprofil eines Trainers.

Die Analyse zeigt weiter, dass eine personenzentrierte Einstellung und Haltung – orientiert an der Erlebniswelt und seelischen Situation der Spieler – zur gemeinsamen Sachauffassung beiträgt, die zwischenmenschliche Beziehung fördert und die Rede insgesamt ansprechender gestaltet. Der antike Redeaufbau sollte hierfür um das fünfstufige „psycho-logische Überzeugungsschema" aus der Sprechwissenschaft und Sprecherziehung erweitert werden, um im Redeeinstieg durch so genannte „Abholer" die Aufmerksamkeit der Sportler zu wecken und im Redeschluss durch das unmittelbare Ausprobieren oder den gedanklich-verbalen Ersatzvollzug einen direkten Handlungsvollzug auszulösen, der vor allem in der Wettkampfvorbereitung wichtig ist (Pabst-Weinschenk 2004/2011, 119f.). Die abwägende Argumentation sowie das Mittel der Desillusionierung ermöglichen dem Trainer zudem, in seinem Argumentationsprozess Einwände vorwegzunehmen, um über die Perspektive-Übernahme und den damit verbundenen inneren Nick-Effekt die Spieler gedanklich zur Lösung und somit zum gewünschten Einstellungswandel zu führen. Der Einsatz von Argumentationsstützen sowie so genannten „inartifiziellen Beweismitteln" bekräftigt die eigenen Handlungs-, Meinungs- und Informationsangebote, die darüber hinaus durch bestimmte Mittel der Steigerung oder durch einen variablen Sprechausdruck zusätzlich verstärkt werden können (Aristoteles 2007, 68).

Für die Verständlichkeit der Rede sind gemäß dem „Hamburger Verständlichkeitskonzept" Merkmale wie Einfachheit, Gliederung und Ordnung, Kürze und Prägnanz sowie anregende Zusätze unerlässlich (Langer/Schulz von Thun Tausch 2011, 93). Zusätzlich können eine erzählende Unterweisung sowie bildliche Darstellung die Vorstellungskraft wecken und zum Mitdenken animieren.

Für die gemeinsame Verantwortung der Spielphilosophie sind demnach – neben der verständlichen, angemessenen und präzisen Kommunikation – sowohl ein kooperatives Kommunikationsverhalten, als auch Gesprächskompetenz von Nöten. Für den Trainer gilt es, den Spieler auf emotionaler, geistiger und intellektueller Ebene dort abzuholen, wo er sich gerade befindet (vgl. Pabst-Weinschenk 2004/2011, 119). Hierfür muss er mithilfe von Menschenkenntnis und Empathie seinen Redestil und die Art der Unterweisung dem Bildungsstand und der Gefühlslage der Spieler anpassen. Die kompetente Gesprächsführung, die das Vorwissen und die Erfahrungen des Gesprächspartners berücksichtigt, trägt dazu bei, den Sportler zum Mitdenken zu animieren und für die gemeinsame Verantwortung der

Spielphilosophie zu gewinnen. Ein Fußballtrainer sollte daher zwingend gesprächskompetent sein, um im Interaktionsprozess durch Situations- und Zweckbezug sowie einer gemeinsamen Sinnkonstitution die für das Erreichen des Gesprächsziels notwendige Zusammenarbeit herzustellen (vgl. Pabst-Weinschenk 2009b, 37).

Das Realisieren fußballerischer Zielsetzungen – wie die erfolgreiche Umsetzung des Matchplans – ist demzufolge vom Zustandekommen des Gesprächsziels abhängig. Dieses Vorhaben lässt sich jedoch nicht im Alleingang realisieren, sondern bedarf des Mittuns der am Kommunikationsprozess beteiligten Akteure. Die rhetorische Kommunikation setzt dabei durch das virtuell-dialogische Grundverständnis das hierfür elementare Miteinandersprechen und Miteinanderhandeln in Beziehung und legt durch eben diese beabsichtigte Gemeinschaftshandlung den Grundstein für das „Erreichen der Mannschaft" (vgl. Geißner 1979, 12).

Literatur

Aristoteles (2007): *Rhetorik*. Hg. und übers. v. Krapinger, G., Stuttgart.
Bisanz, G./Gerisch, G. (1998): *Fußball*. Reinbek.
Frester, R. (2000): *Erfolgreiches Coaching. Psychologische Grundlagen für Trainer*. Göttingen.
Geißner, H. (1979): *Rhetorische Kommunikation*. In: *Praxis Deutsch*. Heft 33, 10-21.
Langer, I. /Schulz von Thun, F./Tausch, R. (2011): *Sich verständlich ausdrücken*. 9. Aufl., München.
Laxa, T. (2016): *Zur rhetorischen Kommunikation von Fußballtrainern*. Düsseldorf (unveröffentlichte Masterarbeit, Heinrich-Heine-Universität).
Pabst-Weinschenk, M. (2004/2011): *Argumentation und Redeformen*. In: Pabst-Weinschenk, M. (Hg.): *Grundlagen der Sprechwissenschaft und Sprech-erziehung*. München, 113-122.
Pabst-Weinschenk, M. (2009a): *Reden im Studium. Ein Trainingsprogramm*. Alpen.
Pabst-Weinschenk, M. (2009b): *Wie wird in sprechwissenschaftlich fundierten Kommunikationstrainings gelernt? – Versuch einer sprechwissenschaftlichen Antwort auf die angewandte Gesprächsforschung*. In: sprechen. Heft 47, 35-45.
Schulz von Thun, F. (2003): *Miteinander reden 1. Störungen und Klärungen*. 38. Aufl. Reinbek.

LUKAS MOKROS

Ethik und Kommunikation in der sozial-psychiatrischen Eingliederungshilfe

Dieser Beitrag beschäftigt sich mit dem Verhältnis von Ethik und Kommunikation in der sozial-psychiatrischen Eingliederungshilfe, im Besonderen mit der stationären Eingliederungshilfe. Dabei wird insbesondere eine Gesprächsform besprochen, in der sowohl Ethik als auch Kommunikation zu den zwei wichtigsten konstitutiven Elementen gehören: die Ethische Problembearbeitung und die Fallbesprechung. Der Beitrag beruht vor allem auf persönlichen Erfahrungen aus der beruflichen Praxis, da ich selbst als Koordinator für Ethische Problembearbeitung innerhalb einer sozial-psychiatrischen Einrichtung eingesetzt war. Die dort gesammelten Erfahrungen bilden die Grundlage für den Beitrag. Viele der von mir beobachteten Phänomene decken mit Ergebnissen aus der Forschung (vgl. Anselm 2008; Saake/Kunz 2006). Dennoch ist ein heuristischer Charakter kaum zu leugnen.

Ethische Problembearbeitung und Fallbesprechung eines Ethik-Komitees unterscheiden sich durch die am Gespräch beteiligten Akteure. Während bei den Fallbesprechungen eines Ethik-Komitees die Beteiligten unabhängig vom Fall die Gleichen bleiben, variieren die Akteure bei der Ethischen Problembearbeitung, abhängig vom jeweiligen Fall. Als Gesprächsform zeichnet sich die Ethische Problembearbeitung u. a. dadurch aus, dass sie von den Beteiligten im Sinne der Kooperativen Rhetorik ein gewisses Maß an Perspektivübernahme und Akzeptanz anderer Argumente fordert. Auch die prinzipielle Offenheit des Ergebnisses und der Wille zum Konsens sind konstitutiv für diese Gesprächsform. Realisiert wird diese Gesprächsform zumeist als Rundgespräch. Die Gesprächsteilnehmer*innen weisen also einen direkten Bezug zum jeweiligen Fall auf. Sie sind praktisch Teil des Falles. Hier unterscheidet sich die Ethische Problembearbeitung von der Fallbesprechung eines Ethik-Komitees, da ein Ethik-Komitee aus festen Mitgliedern besteht, die nicht notwendiger Weise einen direkten Bezug zu dem jeweils zu diskutierenden Fall haben.

Im Folgenden soll zunächst ein Fallbeispiel mögliche Umstände veranschaulichen, die zu einer Ethischen Problembearbeitung führen können. Im Weiteren werden sowohl die Funktion als auch die besonderen Charakteristika dieser Gesprächsform beschrieben und aufgezeigt, inwiefern es zu einer „ethischen Sensibilisierung" durch diesen kommunikativen Prozess kommen kann und welcher Aspekt des Ethik-Begriffes dabei im Vordergrund steht.

Ethische Problembearbeitung in der Eingliederungshilfe

1 Ein Fallbeispiel

In einem Wohnheim der sozial-psychiatrischen Eingliederungshilfe erleidet eine 67-jährige Bewohnerin in letzter Zeit häufiger Herzattacken, was bereits mehrfach dazu geführt hat, dass der Notarzt vom Betreuungsteam gerufen werden musste. Die zuständige Hausärztin empfiehlt aufgrund der bestehenden koronalen Insuffizienz eine Operation am Herzen, was die Bewohnerin jedoch ablehnt. Gegenüber dem Betreuungsteam gibt sie an, sie habe ihr Leben bereits gelebt und nehme es in Kauf, durch einen Herzinfarkt zu sterben. Für sie sei das vollkommen okay.

Da die Bewohnerin jedoch chronisch an paranoider Schizophrenie erkrankt ist und seit mehreren Wochen ihre psychopharmakologischen Medikamente ablehnt, wirkt sie auf das Betreuungspersonal zunehmend psychotisch und wahnhaft. Das Betreuungsteam zweifelt daher an der Urteilsfähigkeit der Bewohnerin bzgl. ihrer eigenen Situation.

Die Bewohnerin darf nicht gegen ihren Willen behandelt – geschweige denn operiert werden. Daher erwägt das Betreuungsteam in Absprache mit der behandelnden Psychiaterin und der gesetzlichen Betreuerin einen Antrag auf Unterbringung im geschützten Bereich des nahe gelegenen psychiatrischen Fachkrankenhauses zu erwirken.

Bis der zuständige Amtsrichter, der über den Unterbringungsbeschluss entscheiden muss, zu der Frau ins Wohnheim kommt, vergeht noch viel Zeit, die aufgrund der permanenten Gefahr eines weiteren Herzinfarktes der Bewohnerin vom Betreuungsteam als sehr belastend empfunden wird. Die Hausleitung wendet sich daraufhin an die Koordinator*innen für Ethische Problem-bearbeitung.

2 Wozu Ethische Problembearbeitung und Fallbesprechung? Wozu Ethik-Komitees?

Das Fallbeispiel illustriert, wie viele verschiedene Personengruppen aus unterschiedlichen Bereichen/Institutionen in einem Fall beteiligt sein können. Neben der Bewohnerin und dem Betreuungsteam tauchen ein Notarzt, die Hausärztin, die Psychiaterin, die gesetzliche Betreuerin, ein Amtsrichter und die Hausleitung auf. Zu ergänzen wären dazu noch die anderen Mitbewohner der Wohngruppe, sofern sie in das Geschehen involviert sind, und vor allem die Angehörigen der Bewohnerin. Sollte sich darüber hinaus die Zusammenarbeit mit dem psychiatrischen Fachkrankenhaus ergeben, erweitert sich der beteiligte Personenkreis um Stationsärzt*innen, Krankenpfleger*innen, Seelsorger*innen etc.

So viele Personen/Personengruppen in das Geschehen involviert sind, so viele Positionen und Sichtweisen zu dem Geschehen sind denkbar. Für diejenigen Personen also, die die Situation der Bewohnerin - und damit ihre eigene – als problematisch empfinden, führt der Ausweg daraus (sofern er möglich ist) an vielen weiteren Beteiligten vorbei oder besser gesagt: mit ihnen zusammen. Eine solche Konstellation im Bereich der medizinischen Versorgung/Betreuung beschreibt Reiner Anselm als „Musterbeispiel für die modernitätstypische funktionale Differenzierung" (Anselm 2008, 178). Der daraus resultierende steigende Kommunikationsbedarf sei demnach einer der Gründe, weshalb ein zunehmendes Bedürfnis an Einrichtungen wie denen des (klinischen) Ethik-Komitees entstehe.

Neben der Professionalisierung der Teilbereiche im Versorgungssystem und dem Fortschreiten medizinischer Möglichkeiten kommt ein weiterer Faktor hinzu, der nach Julia Inthorn den steigenden „Ethik-Bedarf" erklärt: „das steigende Autonomiebedürfnis auf Patientenseite [...]" (Inthorn 2008, 153). Insbesondere im Bereich der psychiatrischen Versorgung unterstreichen zahlreiche Reformen auf gesetzlicher Ebene diese Entwicklung, die dem Autonomiebedürfnis der Behandelten Rechnung tragen sollen. Diese betreffen z. B. die Erschwerung einer Zwangsbehandlung gegen den Willen der Patient*innen, als auch freiheitsentziehende Maßnahmen (z. B. Fixierung oder geschlossene Unterbringung). In unserem Beispiel illustriert die Berücksichtigung des Willens der Bewohnerin seitens der anderen Akteure die starke Rolle dieses Autonomiebedürfnisses.

Hier berühren wir bereits ein Kernthema der Ethischen Problembearbeitung, denn es wird an späterer Stelle zu besprechen sein, inwiefern das berücksichtigte Autonomiebedürfnis der Bewohnerin aus dem Fallbeispiel mit der empfundenen Fürsorge-Verantwortung des Betreuungsteams kollidiert. Erschwerend tritt hinzu, dass von Seiten des Betreuungsteams die Fähigkeit der autonomen Entscheidungs- und Beurteilungskompetenz der Bewohnerin in Zweifel gezogen wird. Wichtig ist an dieser Stelle festzuhalten, dass die handelnden Akteure im medizinischen Versorgungssystem sich einem funktional ausdifferenzierten und professionalisierten Aufgabenfeld ausgesetzt sehen, das den handlungsreflektierenden kommunikativen Austausch untereinander notwendig macht, insbesondere dann, wenn ein Problembewusstsein auftritt. Salopp gesprochen: alleine kann man den (ethischen) Konflikt nicht lösen. Die Ethikkommission der Bundesärztekammer trägt diesem Umstand Rechnung, indem sie die Installation von klinischen Ethik-Komitees fordert, da sie der Überzeugung sei,

> „dass klinische Ethikberatung positive Auswirkungen auf die ethische Sensibilisierung, Kommunikation, Analyse, Argumentation und Entscheidungskompetenz von Mitarbeitern in Krankenhäusern haben" (zitiert nach Schleissing 2008, 133f.).

Über diese Kompetenzen und die Form der ethischen Sensibilisierung wird im Folgenden zu sprechen sein.

3 Die Ethische Problembearbeitung als Gesprächsform

Die Ethische Problembearbeitung (im Folgenden: EP) wird i .d. R. als Rundgespräch geführt, an dem im Idealfall alle beteiligten Personen teilnehmen (in unserem Fallbeispiel wären dies alle oben genannten Personen) und das von einer neutralen Person (Ethik-Koordinator*in) moderiert wird.
Der Auslöser für eine EP ist meist ein Problembewusstsein auf Seiten eines oder mehrerer Beteiligten in Bezug auf einen Fall. In unserem Beispiel ist es das Betreuungsteam der Wohngruppe. Hier kann man anmerken, dass die Beteiligten im Vorfeld selten das Problem bzw. den ethischen Konflikt benennen können. Häufig stellt es sich, wie Inthorn es nennt, eher als „diffus-emotionales Unwohlsein" dar (Inthorn 2008, 156).
Charakteristisch für die EP ist, dass ihr Ergebnis im Vorfeld prinzipiell offen ist. Da es sich hier um eine Form der Fallbesprechung handelt, variieren die EP je nach Fall auf inhaltlicher Ebene. Formal sind sie jedoch durch einen Protokollbogen, der gewisse Leitfragen beinhaltet, geregelt. Um inhaltlichen Ausschweifungen und Redundanzen vorzubeugen, ist das Rundgespräch auf maximal 60 Minuten begrenzt. Sowohl für das Rundgespräch der EP als auch für das klinische Ethik-Komitee ist konstitutiv, dass alle Teilnehmer*innen im Gespräch prinzipiell gleichberechtigt sind und sich die Akteure aus unterschiedlichen Berufsgruppen zusammensetzen. Je nach Themenschwerpunkt entsteht dadurch eine Asymmetrie in der Expertise, die nur dadurch auszugleichen ist, dass sich die Beteiligten in ihren kommunikativen Bemühungen auf ihre Gesprächspartner einstellen.

3.1 Kommunikative Sensibilisierung durch Asymmetrie in der Expertise

Hier berühren wir bereits einen Faktor, der für die kommunikative Sensibilisierung der Gesprächsteilnehmer*innen fördernd sein kann. Eine Person in Expertenrolle muss sich – sollte sie Wert darauf legen, dass alle anderen sie verstehen – weitgehend in die Lage ihrer Zuhörerschaft versetzen können, um den eigenen kommunikativen Beitrag angemessen verständlich zu formulieren. Die eigene Erfahrung hat gezeigt, dass mit wiederkehrender Teilnahme an solchen Gesprächsrunden diese Sensibilität bei den betreffenden Personen steigt. Sicherlich kann Expertenwissen und „Experten-Sprache" auch eingesetzt werden, um ein gezieltes Maß an Unverständlichkeit zu erzeugen, woraus sich der Status der Überlegenheit generieren könnte. Das hängt von der Kooperationsbereitschaft der jeweiligen Akteure ab. In unserem Beispiel fallen sicherlich den Vertretern von Ärzteschaft und Rechtswesen die typischen Expertenrollen zu. In einer EP steht allerdings der/die Patient*in oder Klient*in, also der Mensch mit individueller Lebens-, Gefühls-, und Bedürfnislage im Mittelpunkt. Ihn zu verstehen, ist Ziel der diskursiven Arbeit im Rundgespräch (vgl. Saake/Kunz 2006, 48).

3.2 Der betroffene Mensch als die „Gemeinsame Sache"

Dies berücksichtigend versteht man, weshalb auch Bezugspfleger*innen/Bezugsbetreuer*innen und v. a. Angehörigen eine Expertenrolle zukommen kann. Mit ihren Erfahrungen sind sie nah am betroffenen Menschen und können wichtige Beiträge zum Verständnis für dessen Situation beisteuern. Bezogen auf unser Fallbeispiel wäre vorstellbar, dass durch Gesprächsbeiträge der Angehörigen etwas klarer würde, inwiefern die aktuellen Aussagen der Bewohnerin mit ihren geäußerten Wünschen und ihrer Bedürfniswelt vor der Erkrankung übereinstimmen. Der betroffene Mensch und seine Situation als kommunikativer Bezugspunkt ist es auch, der die Tendenz hin zur kommunikativen Kooperationsbereitschaft seitens der Teilnehmenden lenkt. Er wird, wie es Saake/Kunz ausdrücken „zum letzten unhintergehbaren Fluchtpunkt der ethischen Fallbesprechung" (2006, 49). Durch seine zentrale Stellung macht der Mensch diese „ethisch".

3.3 Ethische Sensibilisierung durch Perspektivwechsel

In EP und ethischen Fallbesprechungen werden von den Teilnehmenden die Akzeptanz anderer Perspektiven, anderer Argumente und Wertekonzepte gefordert, auch wenn diese selbst nicht geteilt werden: „Respekt, nicht unbedingt Einverständnis ist das wichtigste Ziel einer derartigen Kommunikation." (Schleissing 2008, 149). In der Praxis zeigt sich, dass diese Anforderungen für manche Beteiligten schwer auszuhalten sind und es eines wiederkehrenden kommunikativen Prozesses bedarf, bis sich der Blick auf andere Positionen von der eigenen emotionalen Beteiligung entkoppelt. Auch ist es nicht selten eine Herausforderung, in einem individuellen Fall überhaupt eine eigene Position zu beziehen. Das offen-diskursive Wesen dieser Gesprächsform gibt kein „Handlungsschema-F" vor.

„Die Kommunikation als ethischer Sensibilisierungsfaktor gegenüber verschiedenen Perspektiven und Wertekonzepten setzt die Fähigkeit voraus, nicht klare Entscheidungen und moralische Weisungen als Ergebnis zu erwarten, sondern aufgrund des Perspektivwechsels eigenständige fallspezifische Positionen zu beziehen." (Lachmann 2008, 128)

Ohne die Möglichkeit eines Abgleiches mit der „richtigen" oder vorgegebenen Position bzw. Lösung sind alle Beteiligten zunächst auf ihre eigenen Perspektiven als Maßstab zurückgeworfen, um von dort anderen Argumenten und Perspektiven zu begegnen, die ebenso als Maßstab gelten können. In ihrem Dasein sind sie also gleichberechtigt. Das zu akzeptieren macht den Weg frei für die Suche nach Gemeinsamkeiten. Saake/Kunz nennen das in Bezug auf ethische Sensibilisierung das „gute Verhalten" (2006, 47), das in Gesprächsrunden wie denen des Ethik-Komitees (und auch in der EP) gefordert werde.

3.4 Was ist das ethische Problem? Eine kommunikative Hürde oder etwas zur gemeinsamen Sache machen

So unterschiedlich die Perspektiven auf ein Problem sein können, so unterschiedlich können die Formulierungen desselben sein. In vielen EP, an denen ich teilgenommen habe, fiel es den Teilnehmenden schwer, das konkrete ethische Problem zu benennen. Wie eingangs erwähnt, äußert sich das Problembewusstsein meist auf der emotionalen Ebene und wird auch als solches formuliert: „Das Team fühlt sich nicht wohl bei der Sache" oder „Wir haben da ein ganz schlechtes Gefühl" sind Äußerungen, die häufig im Vorfeld formuliert werden. Die Beteiligten sind sich zumindest darin einig, dass sie sich durch den betreffenden Umstand unwohl fühlen bzw. ein emotionales Problem verspüren. In der EP als Gesprächsform soll der Raum gewährleistet werden, die eigene Perspektive überhaupt kommunizierbar zu machen. Ein erster entlastender Effekt entsteht bereits durch das gemeinsame Bearbeiten von individuell verspürten emotionalen Konflikten. Die Beantwortung der Frage „Was ist das ethische Problem?" erweist sich zunächst als kommunikative Hürde, da es die Beteiligten dazu nötigt, ihre eigene Perspektive zu formulieren, diese mit anderen abzugleichen und anschließend deren Gemeinsamkeit zu formulieren. Die eigene Erfahrung hat gezeigt, dass die gemeinsame Antwort auf diese Frage ein extrem wichtiges Etappenziel darstellt. Bis es dazu kommt, ist zu beobachten, dass zunächst alle Beteiligten das Bedürfnis haben, ihre individuellen Erlebnisse zu schildern. Die Möglichkeit, andere an der eigenen Perspektive teilhaben zu lassen und umgekehrt an den anderen Perspektiven die eigene abzugleichen, wird von vielen Teilnehmenden rückwirkend als konstruktiv bewertet. Diese Gesprächskultur, wenn sie von Teilnehmenden durch Wiederholungen internalisiert wird, nennen Saake/Kunz „ethische Diskussionsperformanz". Sie ist eben das „gute Verhalten", das in dieser Kommunikationsform gefordert ist. In dieser Gesprächsphase werden – gemäß meiner eigenen Beobachtungen – diejenigen Gesprächsbeiträge mit ablehnender Haltung wahrgenommen, die in nüchtern-sachlichem Gestus die emotional-subjektiven Beiträge unberücksichtigt lassen.

3.5 Das gute Argument

„An der Stelle können wir nix machen, wenn die Frau alles ablehnt. Das kann nur ein Amtsrichter entscheiden. Und vor Ort muss der Notarzt entscheiden!" Eine solche Äußerung, die versucht, den Sachverhalt im Fallbeispiel unter rechtlichen Aspekten zu betrachten und die die Handlungsmöglichkeiten auf institutioneller Ebene beschreibt, könnte auf eben dieser Ebene als Argument gelten. Sie verdrängt allerdings den emotional-subjektiven Raum oder lässt diesen zumindest enger werden. Aussagen dieser Art zu Beginn einer EP formuliert, würden wie gesagt nach eigener Erfahrung höchstwahrscheinlich übergangen oder negativ aufgenommen werden. Saake/Kunz formulieren es drastisch: „Problematisch an ihnen ist, dass sie überzeugend sind, und genau das dürfen sie nicht sein." (Saake/Kunz 2006, 49). Hier stoßen wir auf den zentralen Aspekt des Ethik-Begriffes im Kontext ethischer Fallbesprechung und Ethischer Problembearbeitung: Es geht hier nicht direkt oder ausschließlich um den Abgleich moralisch tragfähiger Gründe oder rationaler Argumente, sondern darum, wie im kommunikativen Prozess durch wechselseitige Perspektivübernahme die Gemeinsamkeiten in Bezug auf einen individuellen Fall herausgestellt werden können. Bei vielen Teilnehmenden entsteht so ein „psycho-hygienischer" Effekt. Es kann entlastend wirken, wenn Gemeinsamkeiten in der Bewertung von problematischen Situationen verbalisiert werden und v. a., wenn das Problem klar wird. Wenn zum einen das Betreuungsteam aus dem Fallbeispiel im Gespräch erarbeitet, dass das ethische Problem darin liegt, dass die Fürsorge-Verantwortung des Teams nicht realisiert werden kann, da gleichzeitig das Autonomiebedürfnis der Bewohnerin zu berücksichtigen ist, und dieses im Widerspruch zum Fürsorge-Bedürfnis des Teams steht, dann kann zum einen diese Klarheit entlastend wirken. Zum anderen können gemeinsame Hand-lungsstrategien erarbeitet werden, auch wenn die Möglichkeiten sehr begrenzt sind und vom rechtlich-institutionellen Rahmen vorgegeben werden. Ein mögliches gemeinsames Ergebnis könnte in unserem Fallbeispiel lauten: „Bis ein Gutachten über das Vorhandensein der Urteilsfähigkeit entschieden hat, achten wir das Autonomiebedürfnis der Bewohnerin. Unsere Fürsorgepflicht nehmen wir wahr, indem wir bei gesundheitlichen Krisen ärztliche Hilfe hinzuziehen."

3.6 Problembewusstsein durch Sensibilisierung

Wie oben bereits erwähnt, ist es das Problembewusstsein auf Seiten eines oder mehrerer Beteiligter, das dazu führt, dass Ethische Problembearbeitungen und Fallbesprechungen überhaupt durchgeführt werden. Dass es sowohl im klinischen Setting als auch in der sozial-psychiatrischen Eingliederungshilfe ethische Grenzsituationen geben kann, die von den Beteiligten allerdings nicht als solche erkannt werden und deshalb nicht Gegenstand gemeinsamer kommunikativer Reflexion werden, macht eine zunehmende ethische Sensibilisierung der Beteiligten wünschenswert. Dieser Umstand wird sowohl von Inthorn angemerkt (Inthorn 2008, 156) und deckt sich auch mit meinen persönlichen Erfahrungen. Ethische Sensibilisierung durch die Gesprächsform der Ethischen Problembearbeitung kann durchaus zur ethischen Reflexion von Alltagshandlungen führen.

Literatur

Anselm, R. (2008): *Common Sense und anwendungsorientierte Ethik*. In: Ders. (Hg.): *Ethik als Kommunikation – Zur Praxis klinischer Ethik-Komitees in theologischer Perspektive*. Göttingen, 175-189.

Inthorn, J. (2008): *Die Ethik Klinischer Ethik-Komitees – Eine Rekonstruktion.* In: Anselm, R. (Hg*.): Ethik als Kommunikation – Zur Praxis klinischer Ethik-Komitees in theologischer Perspektive.* Göttingen,153-174.

Lachmann, M. (2008): *Klinische Ethik-Komitees und Professionalität in der Krankenpflege.* In: Anselm, R. (Hg.): *Ethik als Kommunikation – Zur Praxis klinischer Ethik-Komitees in theologischer Perspektive.* Göttingen,113-132.

Saake, I./Kunz, D. (2006): *Von Kommunikation über Ethik zur „ethischer Sensibilisierung": Symmetrisierungsprozesse in diskursiven Verfahren.* In: *Zeitschrift für Soziologie*, Jg. 35, H. 1, 41-56.

Schleissing, S. (2008): *„Wir leben ja nun mal nicht auf 'ner Insel"* - *Zum ethischen Sinn moralischer Kommunikation in Klinischen Ethik-Komitees.* In: Anselm, R. (Hg.): *Ethik als Kommunikation – Zur Praxis klinischer Ethik-Komitees in theologischer Perspektive.* Göttingen, 133-152.

C Rhetorik in der Schule

MARITA PABST-WEINSCHENK

Von den Anfängen zu Beginn des 20. Jahrhunderts bis zu den aktuellen Bildungsstandards

Rhetorik und Sprecherziehung in der Schule in der Weimarer Republik

Das war von Anfang an ein zentrales Anliegen von Drach. So hat er seine „Sprecherziehung" (1922) der Schule gewidmet, wie es auch explizit im Untertitel formuliert wird: „Die Pflege des gesprochenen Wortes in der Schule". Drach ist beeinflusst von der Reformpädagogik seiner Tage, die er am Zentralinstitut für Erziehung und Unterricht in Berlin kennengelernt hat (vgl. Pabst-Weinschenk 1993a 131-163; 1993b, 38-40), und bezieht sich bei seiner Einschätzung „Erst die Pädagogik unserer Tage lernte das lebendige Sprechen wieder hochschätzen." (1922, 1) wie viele seiner Zeit auf den Lehrer, Germanisten und Sprachdidaktiker Rudolf Hildebrand:

„Das Hauptgewicht im deutschen Unterricht sollte künftig auf die gesprochene und gehörte Sprache gelegt werden, nicht auf die geschriebene und gesehene, beide Erscheinungsformen der Sprache müßten da wieder in ihr natürliches Verhältnis rücken." (Hildebrand 1867, 27)

Alle reformpädagogischen Bewegungen eint ihre Förderung des natürlichen, kindgemäßen Sprechens – wenn auch in unterschiedlichen Facetten: vom Kinde aus, Kunsterziehung, Gesamtunterricht, Landerziehungsheim, Arbeitsschule bzw. Arbeitsunterricht, Jugendbewegung mit Jugendpflege und Volksbildung gehören zu Drachs Ausgangslage (vgl. Pabst-Weinschenk 1993a, 81-105; 1993b, 55-58 und 100-121). Drach beklagt ganz im Sinne der Reformpädagogik die damals vorherrschende Schulpraxis, die geprägt war vom logisch-historischen Sprachunterricht und dem philologisch-zergliedernden Literaturunterricht. In der Buch-Lernschule ging es um das mechanische Auswendiglernen ohne Einsicht: vorgegebene Schemata, historische Fakten, „totes" Sprachwissen etc. wurden gepaukt:

„Die Folgen dieser Überschätzung des Schriftwortes sind denn auch fast in jeder Klasse jeder Schulgattung nur allzu deutlich zu bemerken: Unsere Schüler können nicht sprechen. Sprechlustig und plauderfroh kommt der Sechsjährige zu uns; unaufhörlich geht das Mäulchen, wenn er von den Erlebnissen seines kleinen Weltkreises berichtet. Von Jahr zu Jahr fließt der Quell dann dünner. [...] Redeungewandt, verstummt verläßt der Schüler die Schule." (Drach 1922, 1f.)

Drach hat ein geordnetes Lehrsystem für die Schule entwickelt. Er betrachtet das Sprechen sowohl sprachpsychologisch als auch physiologisch (Atmung, Stimmbildung Artikulation) und will es vom reproduzierenden Textsprechen (Gedichtvortrag, Leselehre, Sprechkunst) bis zum freien Sprechen (Erzählen, Berichten, Gespräch und Rede) lehren. Sein zentrales Ziel, angeregt durch die Kunsterzieherbewegung und den Arbeitsschulgedanken, ist: *Erziehung zum Sprechen und Erziehung durch Sprechen*. Sprecherziehung ist für ihn immer schon zugleich Thema und Grundsatz im Unterricht. Selbsttätigkeit wird zum Vermittlungs-Prinzip (*Learning by doing*), sprecherzieherischer Arbeitsunterricht leistet einen Beitrag zur inneren Sprachbildung und Kunsterziehung trägt zur Persönlichkeitsbildung bei (vgl. z. B. die Sammelbände von Jungbluth 1925, Wenz 1927 und Lebede 1930). Sprecherziehung ist für Drach also kein Fach, sondern ein Unterrichtsprinzip. Damit wird bereits die gesamte Unterrichtskommunikation mit in den Blick genommen. Unausgesprochen wird das autoritäre Rollenverhältnis von Lehrer*in und Schüler*innen bereits kontrafaktisch als partnerschaftliche Beziehung beschrieben. Drach nimmt seine Schüler*innen ernst und will echte Gespräche mit ihnen führen. Denn die formale und inhaltliche Sprechleistung steigt bzw. fällt mit der Sprechlust. „Gute Stimmung, Selbstgefühl, eine gewisse Sprechheiterkeit sind die Vorbedingung freien Sprachschaffens – Mißstimmung die Quelle der Einsilbigkeit." (Drach 1922, 102) Die Ursache für schlechte Sprechleistungen von Schüler*innen sieht er vor allem darin, dass durch das Frage-Antwort-Spiel und den Zwang schnellen Antworten kein echtes Gespräch entsteht (vgl. Drach 1922, 100). Deshalb empfiehlt er

- echte Schülerfragen ermöglichen, denn sie fördern mehr als die Lehrerfragen;
- keine zerfasernde Vielfragerei seitens des Lehrers;
- Schüler anhören, nicht unterbrechen;
- statt paralleler Reihen zum Katheder Tische in Hufeisenform als Voraussetzung für das Gespräch; (vgl. ebd., 101)
- dem Schüler Zeit zum Sprechdenken, zur Vorplanung seiner Äußerung lassen (vgl. ebd., 107);
- kein Zwang zur Antwort im ganzen Satz (im grammatischen Sinn!), da dies zur Echolalie führt; (vgl. ebd., 106 f.)
- nicht Mimik und Gebärden unterdrücken, da sonst das echte Erleben ausbleibt;
- keine motorischen Hemmungen durch Strammstehen usw. (vgl. ebd., 114; Pabst-Weinschenk 1993a, 215)

Die Normen in der Drachschen Sprecherziehung sind: lautrein, physiologisch richtig, ausdrucksstark, ungehemmt und ausdrucksrichtig.

„Es ist erfahrungsgemäß völlig verlorene Mühe, allein für sich etwa 'gesundheitliches Sprechen' oder 'guten Gedichtvortrag' lehren zu wollen; Sprechen ist ein einheitliches Ganzes und kann nur als solches gepflegt werden." (Drach 1922, 3)

Drachs oberstes Ziel ist bildungsbürgerlich-idealistisch die individuelle Höchstleistung, obwohl er auch schon von der Sprechsituation ausgeht und virtuell-dialogisch Hörer*innen beim Reden (im Fünfsatz) berücksichtigt.

Grundlegend ist für ihn immer die Erfassung der jeweiligen Sprechsituation, aus der sich Schallform (Betonung der Sinnwörter usw.) und Satzplan ergeben. Jedes Sprechen versteht er als „Sprechdenken" (vgl. 1922/1969, 90f; genauer dann 1926, 23ff). Auch wenn sein Konzept von Anfang an ganzheitlich ist, gibt seine *Sprecherziehung* immer wieder Anlass zu additiven und reduktionistischen Missverständnissen durch den Buchaufbau, seine Erziehung zum Sprechen (dem Spracherwerb folgend) und den geschlossenen Stufenbau: hygienische Sprechtechnik, sinnvolles Wortgestalten, freie Rede und freier Vortrag (vgl. Geißner 2000, 30ff).

Sprecherziehung und Rhetorik in Richtlinien

In den „Richtlinien für einen Lehrplan der Deutschen Oberschule und der Aufbauschulen" (Richert 1925) stehen ganz im Sinne Drachs mündliche Übungen gleichberechtigt neben schriftlichen. Sie legen ein sprecherzieherisch-rhetorisches Gesamtkonzept auf die verschiedenen Klassenstufen (von Sexta bis Oberprima) um. Es umfasst jeweils die Bereiche (1) Lautlehre, (2) Wort- und Satzlehre, (3) Stilkunde (erst ab Obertertia), (4) Lesen, Vortrag, freie Rede, (5) Schriftliche Übungen, (6) Schrifttum und (7) Poetik (erst ab Quarta). Ideologisch kann hier im Sinne deutschkundlicher Tendenzen das Sprechen einer Sprache bereits als Bekenntnis zu Volk und Nationalität verstanden werden.

Drach wirbt allerorten für die Sprecherziehung, dennoch gehört sie noch lange nicht zum festen Lehrbestand an den Schulen, das kritisiert z. B. auch Mönckeberg: „Im ganzen Reich gibt es nicht eine Schulart, ja nicht eine einzige Schule, die Sprecherziehung von der untersten bis zur obersten Klasse durchgeführt und systematisch eingebaut hat. " (1930, 418)

Auf der Grundlage der Preußischen Richtlinien von 1925 hätte vieles von Drachs Sprecherziehung im Schulalltag praktisch werden können. Doch diese Richtlinien waren der Schulwirklichkeit und der Realität der Bildungsmächte damals wohl weit voraus, so dass Lebede rückblickend feststellt:

„Diese Richtlinien litten ja unter ihrem Zuviel; sie gaben Anregungen, überließen aber den einzelnen Kollegien die Aufstellung besonderer Lehrpläne für ihre Schulen. Diese wiederum erstrebten Verringerung und Begrenzung des Stoffes und folgten vielfach den in Fachgruppen des Philologenverbandes ausgearbeiteten 'Mindestlehrplänen' vom Herbst 1925. Darin aber war von Sprecherziehung nicht viel mehr übrig geblieben." (Lebede 1938, 4)

So bleibt es den Nationalsozialisten vorbehalten, die Sprecherziehung zu vereinnahmen und 1938 in ihren „neuen Lehrplänen" amtlich den Schulen zu verordnen (vgl. auch Flessau 1979). Nationalsozialistische Rhetorik verkürzt systematisch Drachs Rhetorikkonzept um die demokratischen Anteile (vgl. Pabst-Weinschenk 1993a, 374-422). Das wird deutlich, wenn man seine Rhetorik „Redner und Rede" von 1932 mit der „gleichgeschalteten" Rednerschulung von 1934 vergleicht.

Drachs demokratisches Rhetorikkonzept für die Volksbildung

„Redner und Rede" ist ein Beitrag zur demokratisch-staatsbürgerlichen Bildung für breite Bevölkerungskreise, die ohne Redelehrer*in Kurse zu ihrer Weiterbildung organisieren sollen. Deshalb folgt die Publikation selbst praktisch-methodischen Handlungsschritten:

- Das Buch erscheint in 15 Teillieferungen zum Selbststudium und zur gemeinsamen Arbeit in Gruppen.
- Drach beachtet dabei sowohl den Grundsatz *Vom Allgemeinen zum Besonderen* als auch bei den praktischen Übungsvorschlägen den Grundsatz *Vom Einfachen zum Komplexen*.
- die rhetorischen Übungsfolgen organisiert er nach den *Regeln der parlamentarisch-demokratischen Geschäftsordnung*, wobei die Debatte nach einer Übungsrede sowohl die Redeleistung als auch die Rede-Inhalte umfasst. Damit trägt er *Form und Inhalt* Rechnung.

Die Tagesordnung jeder Versammlung beinhaltet jeweils zwei Rede-Übungsfolgen. Die Redezeiten sind festgelegt. Da die Redethemen zu Beginn des Kurses vereinbart und bekanntgegeben werden, können sich die Teilnehmer*innen auf die Aussprachen vorbereiten, bei denen nach Rednerliste vorgegangen wird. Bei der Themenwahl sind „religiös-dogmatische und rassenkämpferische Erörterungen" ausdrücklich ausgeschlossen (Drach 1932, 11). Der Ablauf einer Übungsfolge besteht jeweils aus:

1. Hauptrede (12 Minuten, vom Pult aus; eher Überzeugungsrede als Bericht!)
2. Rednerische Kritik, Leitfrage: „Wie hat er es rednerisch gestaltet?" (Drach 1932, 13)

Gemäß der antiken Rhetorik sollen dabei Stoffwahl (*inventio*), Gedankenführung (*dispositio*), Satzbau/Wortwahl (*elocutio*) und die Frage, wie er gestanden und zu den Hörern gesprochen hat (*actio*), berücksichtigt werden. Da es Drach um das Sprechdenken geht, lässt er die Stufe *memoria* aus. Redetexte sollen nicht auswendig gelernt werden, sondern anhand eines Stichwortblattes frei sprechdenkend vorgetragen werden! (vgl. Drach 1932, 15).

Vorgehen nach Rednerliste mit namentlichem Ansprechen, jede/r Teilnehmer*in hat nur einmal das Wort; Redezeit: max. 3 Min.: „Verboten ist das Geschwafel ins Uferlose ... Verboten ist aber auch das Hinwerfen eines einzigen abgerissenen Satzfetzens ..." (Drach 1932, 15).

Zulässig und erwünscht sind auch Beiträge zur rednerischen Kritik von einzelnen Diskussionsrednern!

Schlusswort durch den/die Redner*in selbst, der/die aber auch darauf verzichten kann.

3. Sachdebatte, Leitfrage: „Was hat er gesagt?" (Drach 1932, 13)

Rednerliste, namentliches Ansprechen; alle, die mögen, sollen auch zu Wort kommen; mehrmalige Beteiligung möglich; Redezeit: max. 3 Min.; Schlusswort der/des Redner*in selbst, Redezeit: max. 5 Min.

Besondere Aufmerksamkeit widmet Drach der Hörerperspektive:
a) hinsichtlich der Redeplanung und -vorbereitung:
- der Ansatzpunkt der Rede liegt bei den Hörern (vgl. Redner und Rede 1932, 38),
- der Redner soll vorausdenken, wie die Hörer mutmaßlich denken werden (vgl. ebd., 46),
- der Denkplan muss zum Zielpunkt führen (ebd., 39 f.),
- der Redner soll etwas Neues für die Hörer bringen (vgl. Sprecherziehung 1922, 101),
- es soll in (durch Denkklarheit und Schallform) anhörlichen Sätzen gesprochen werden (vgl. Redner und Rede 1932, 157).

Mit diesem psycho-logischen Redeaufbau legt Drach bereits die Grundlagen seiner späteren Satzlehre (im Sinne der funktionalen Satzperspektive):

Rede-Aufbau	Satzebene
vom Ansatzpunkt bei den Hörer*innen	vom Vorfeld mit Anschlussstelle (Thema)
im Fünfschritt/-satz zum Zielpunkt (zusammengefasst als dominierende Absicht im Zwecksatz)	zum Hauptsinnwort im Nachfeld (Rhema)

(vgl. auch Pabst-Weinschenk 2004/2011b, 69)

b) hinsichtlich der Redekurs-Methodik:
- Ansatzpunkt der rednerischen Kritik ist die *Wirkung*, die bei den Hörern hervorgerufen wird; dabei hält er die rhetorische Vorbildung der Hörer*innen für unerheblich (vgl. Redner und Rede 1932, 20): Er nimmt alle gleichermaßen ernst und empfiehlt schon eine *Art konstruktiver Kritik* mit Sichtung von Gelungenem und Misslungenem und Verbesserungsvorschlägen statt Vorwürfen (vgl. ebd., 15).
- Drach versteht also seine Rhetorik und Sprecherziehung auch bereits als *Hörerziehung*: Hören bedeutet für ihn einerseits genaues Zuhören, Analysieren, aufmerksames Prüfen; andererseits aber auch schon sachlich-bereitwilliges Zuhörenkönnen, bei der man sich mit *menschlicher Anständigkeit* begegnet, die Überzeugung des Gegners achtet und sich nach dem sportlichen Prinzip des *fair play* verhält:

„Selbst wer über die schwerwiegendsten Lebensfragen völlig anderer Meinung ist, braucht darum weder ein Trottel noch ein Schuft

zu sein, und es ist kein Beweis für die Wahrheit der eigenen Meinung, sich ihm gegenüber als Rüpel zu benehmen: auch diese Staatsbürgerweisheit müssen erfahrungsgemäß einige erst im Redekurs lernen." (Drach 1932, 25)
Dieses demokratische Rhetorikkonzept publiziert Drach 1932, nachdem er nach eigenen Angaben persönlich mit dem Nationalsozialismus durch Studierende im Rhetorischen Praktikum an der Universität Berlin ab Sommersemester 1931 bekannt geworden war (vgl. Pabst-Weinschenk 1993a, 339). Leider konnte „Redner und Rede" keine breite Wirkung mehr erzielen und wurde 1934 ohne die demokratischen Anteile als „Rednerschulung" gleichgeschaltet und für nationalsozialistische Zwecke erneut publiziert (vgl. Pabst-Weinschenk 1993a, 374-395).

Kritisch-konstruktive Didaktik

Nach dem II. Weltkrieg wird die Sprecherziehung von den Lehrenden an den Hochschulen wieder neu belebt. Im Vordergrund stehen dabei zunächst Sprech- und Stimmbildung und das nachgestaltende Sprechen von Texten. Durch den Missbrauch der Rhetorik im Nationalsozialismus stand sie unter Manipulationsverdacht und galt nicht als adäquater Lehrgegenstand für die Schule. Erst mit den Studentenunruhen Ende der 1960er und in den 1970er Jahren mit dem Aufkommen der kritischen Theorie gewinnt auch die Rhetorik wieder mehr Bedeutung. Sie wird zu einem wesentlichen Teil der rhetorischen Bildung gemäß dem Motto „Mündig ist der, der für sich selber spricht, weil er für sich selbst gedacht hat und nicht nur nachredet." (Adorno 1971, 10) Kooperative Rhetorik und rhetorische Kommunikation fördern das eigene Sprechdenken und leisten einen wichtigen Beitrag zur Demokratisierung. Mündigkeit ist auf Mündlichkeit angewiesen. Für die Schule und die Fachdidaktik Deutsch kennzeichnet das von Hellmut Geißner erarbeitete Heft „Rhetorische Kommunikation" in der Zeitschrift „Praxis Deutsch" (Heft 33, 1979) einen wichtigen Wendepunkt. Es geht um Gesprächsfähigkeit, nicht mehr um die Kunst der schönen Rede. So leistet Rhetorik ihren Beitrag zu den Zielen der Kritisch-kommunikativen und konstruktiven Didaktik (vgl. z. B, Klafki 1994 und Schäfer/Schaller), deren Hauptziele in der Selbstbestimmungs- und Solidaritätsfähigkeit liegen. Damit wird das Lehren und Lernen selbst als Interaktionsprozess reflektiert. Unterricht ist ein sozialer Prozess und soll sinnhaft verstehend und entdeckend sein. Einfaches Üben und Trainieren, der Drill von Fähigkeiten, ist dem nachgeordnet. Lehren muss diskursiv gerechtfertigt und geplant werden und zwar als möglichst offener, Schüler*in-orientierter Unterricht. Mit gegenseitiger Wertschätzung geht es darum, auch im Unterricht miteinander gemeinsame Sache zu machen.
Der Weg führt vom normativen hin zu einem interpretativen Paradigma: es geht nicht mehr um Richtigkeit und Störungsfreiheit, sondern um die Ange-

messenheit in verschiedenen Situationen und sozialen Rollen. In verschiedenen Handlungszusammenhängen ist jeweils die subjektive Einschätzung der Beteiligten maßgeblich, die gemeinsam Sinn konstituieren und diesen kann man nicht von außen beobachten, Sinn kann man nur verstehen. Durch die breite Vermittlung von Rhetorik verliert sie ihren Status als Herrschaftswissen, aber viele Rhetorikansätze nicht-sprechwissenschaftlicher Herkunft (vor allem im Management und in der betrieblichen Weiterbildung) werden zurecht als „sozialtechnologisch" (Dyck 1974) kritisiert: durch persuasive Techniken werden Befehlston und Konflikte sowie das Eintreten für berechtigte Interessen vermieden und ein reibungsloser Produktionsablauf sichergestellt. Durch die kognitiv-konstruktivistische Wende in der Deutschdidaktik lebt insgesamt reformpädagogisches Gedankengut und damit auch der traditionelle sprecherzieherische Rhetorik-Ansatz wieder auf. Sprecherziehung wird heute umfassend als Befähigung zur mündlichen Kommunikation verstanden (vgl. Geißner 1982, Pabst-Weinschenk 1994) und Rhetorik-Arbeitsgemeinschaften werden an einzelnen Schulen von engagierten Lehrpersonen eingerichtet (vgl. z. B. Ertmer 1998) und rhetorische Kommunikation findet Eingang in Sprachbücher (vgl. Pabst-Weinschenk/Pawlowski). Als Schlüsselqualifikation ist die Förderung der Kommunikationsfähigkeit heute ein wesentliches Ziel der Schule, und seit den Bildungsstandards der Kultusministerkonferenz (KMK, 2003, 2004, 2012) steht der Teilbereich „Sprechen und Zuhören" gleichberechtigt neben der schriftlichen Kommunikation, dem Umgang mit Texten und Medien und der Sprachreflexion. Wie von sprechwissenschaftlicher Seite die Standards in der mündlichen Kommunikation gesehen werden, wird explizit formuliert (vgl. Pabst-Weinschenk 2004) und diverse Vorschläge zur Evaluation von Mündlichkeit werden publiziert (vgl. Belgrad et al 2008).

Voraussetzung für die Vermittlung von Gesprächsfähigkeit – Eigenkompetenz der Lehrperson

Auch wenn mündliche Kommunikation in allen Fächern geübt werden soll, ist der Deutschunterricht die dafür ausgewiesene Domäne. Deshalb müssen die für den Unterricht dafür notwendigen Qualifikationen im Lehramtsstudium für das Fach Deutsch besondere Berücksichtigung finden. Dabei geht es im Einzelnen um Grundlagen wie sich artikuliert, verständlich, sach- und situationsangemessen äußern, verschiedene Formen mündlicher Darstellung (erzählen, berichten, informieren, beschreiben, appellieren, argumentieren, erörtern), die Wirkungen der Redeweise (Körpersprache, Stimmführung etc.) situations- sowie adressatengerecht anwenden, das verstehende Zuhören, das Reden und Präsentieren vor anderen, die Gesprächsführung, das Textsprechen und szenische Spielen.

Vergleicht man die KMK-Standards mit den Anforderungen, die in der Unterrichtspraxis auf jede Lehrperson zukommen, so muss man feststellen, dass Lehrpersonen sicher beherrschen sollten, was sie ihren Schüler*innen vermitteln sollen und wollen. Unbestritten ist: „… das Unterrichtsgespräch in einer Klasse kann nicht besser sein als die Gesprächskunst des Lehrers …" (schon Haase 1953, 169; vgl. auch Geißner/Geißner 1974, 167). Die Forderungen nach einer besseren Ausbildung der Gesprächsfähigkeit von Lehrpersonen sind nicht neu, aber leider immer noch aktuell. Denn in zahlreichen Fortbildungen mit Lehrkräften aller Schulformen musste ich immer wieder erfahren, dass viele sich sowohl mit den Grundlagen des Sprechens (vor allem Aussprache und Stimme, vgl. z. B. Lemke 2006) als auch mit der Gesprächsführung, dem freien Sprechen und Gedichtvortrag schwertun. Besonders ungeübt sind sie im Umgang mit Video-Feedback und der realistischen Einschätzung der eigenen Redeweise. Die Ausbildung im Lehramtsbereich müsste wesentlich intensiviert werden, wenn Lehrpersonen zukünftig souverän mündliche Kommunikation unterrichten können sollen (vgl. Pabst-Weinschenk 2005a, 57-66 und 2005b).

Kaspar Spinner fasste das, was eine wissenschaftliche Ausbildung von Deutschlehrer*innen leisten muss, schon 1998 im Wesentlichen in fünf Punkten zusammen, denen man nur beipflichten kann. Sinngemäß heißt es bei Spinner:

1. Lehrpersonen sollen mehr interpretative Fähigkeiten im Studium erwerben als Wissensinhalte.
2. Sie müssen zur Metakognition befähigt werden: Wer Lehr-/Lernprozesse reflektieren kann, ist eine gute Lehrperson.
3. Es geht um personale Bildung: Lehramtsstudierende sollen im Studium vor allem etwas für sich selbst tun, sich engagieren und verändern.
4. Im Vordergrund sollen produktive Fähigkeiten stehen: Zukünftige Lehrpersonen müssen selbst hören, reden, lesen, schreiben, gestalten lernen.
5. Es sollten interdisziplinäre Veranstaltungen besucht werden und die Studierenden sollten ihre Kenntnisse und Interessen vernetzen und Verbindungen zwischen ihren verschiedenen Fächern herstellen.

Folgt man den KMK-Standards für den Mittleren (!) Bildungsabschluss, also den Anforderungen, die sie ihren Schüler*innen in der Sekundarstufe I vermitteln sollen, dann müssen Lehrpersonen mindestens selbst auch die Methoden und Arbeitstechniken beherrschen, die die Schüler*innen können sollen:

- verschiedene Gesprächsformen praktizieren, z. B. Dialoge, Streitgespräche, Diskussionen, Rollendiskussionen, Debatten vorbereiten und durchführen
- Gesprächsformen moderieren, leiten, beobachten, reflektieren
- Redestrategien einsetzen: z. B. Fünfsatz, Anknüpfungen formulieren, rhetorische Mittel verwenden
- sich gezielt sachgerechte Stichwörter aufschreiben
- eine Mitschrift anfertigen
- Notizen selbständig strukturieren und Notizen zur Reproduktion des Gehörten nutzen, dabei sachlogische sprachliche Verknüpfungen herstellen
- Video-Feedback nutzen

- Portfolio (Sammlung und Vereinbarungen über Gesprächsregeln, Kriterienlisten, Stichwortkonzepte, Selbsteinschätzungen, Beobachtungsbögen von anderen, vereinbarte Lernziele etc.) nutzen.

Qualitätsverbesserung von Lehre und Studium

Der Wissenschaftsrat hat am 04.07.2008 „Empfehlungen zur Qualitätsverbesserung von Lehre und Studium" veröffentlicht. Dazu hat die Deutsche Gesellschaft für Sprechwissenschaft und Sprecherziehung (DGSS) Stellung bezogen. Aus dieser Stellungnahme werden hier einige Aspekte zusammengefasst, die wesentlich das Lehramtsstudium verbessern könnten:

[...] Die vom Wissenschaftsrat geforderte qualitätsorientierte Finanzierung ist dringend notwendig und sinnvoll, wenn die deutschen Hochschulen bedarfsgerecht und international konkurrenzfähig sein wollen. Eine angemessene Infrastruktur ist Voraussetzung für qualitativ hochstehende Lehrleistungen. Neben der Ausstattung mit den notwendigen Sachmitteln ist aber insbesondere die personelle Situation wesentlich zu verbessern. Denn mit der Einführung der gestuften Studienstrukturen ist der Bedarf an intensiver Beratung und Betreuung der Studierenden enorm gestiegen. [...]

Im Mittelpunkt aller Bemühungen um die Qualitätsverbesserung von Lehre und Studium stehen die Studierenden. Der Appell an die Eigeninitiative und Eigenverantwortlichkeit der Studierenden muss von Seiten der Lehrenden mit verstärkten Aktivitäten in der Lehr- und Lernforschung und einer Professionalisierung ihrer eigenen Lehrkompetenz begleitet werden. Denn nur so können die Voraussetzungen dafür geschaffen werden, dass zukünftig Berufungsverfahren konsequenter an den Nachweis von Lehrkompetenz angebunden werden.

Im Detail möchte die DGSS zwei Maßnahmen anregen, die genau zu den vom Wissenschaftsrat aufgestellten Empfehlungen zur Qualitätsverbesserung von Lehre und Studium beitragen:

1. Einrichtung von *Sprechberatungsstellen* an allen Hochschulen: In DGSS-Beratungsstellen können Studierende gezielt Feedback zu ihren mündlichen Leistungen erhalten. [...]
2. Lehrkompetenz steigern mit dem *DGSS-Rhetorik-Zertifikat für Hochschullehrerinnen und Hochschullehrer*. In einer mindestens fünftägigen Weiterbildungsmaßnahme erproben die Teilnehmerinnen und Teilnehmer in Kleingruppen (max. 12 Tn) ihre rhetorischen Fähigkeiten, die neben der Fachkompetenz eine wesentliche Grundlage einer lernerorientierten Lehrkompetenz darstellen. Seit der Antike sind Didaktik und Rhetorik eng miteinander verbunden. Und das Wissenschaftsverständnis der Sprechwissenschaft und Sprecherziehung beruht auf der *techné*-Tradition der antiken Rhetorik, also der Einheit von Können/Praxis – Wissen/Theorie und – Lehre/Didaktik. [...]

Als Pflichtmodul könnte dieses DGSS-Rhetorik-Zertifikat einen wesentlichen Beitrag zur Professionalisierung der Lehre beitragen. (DGSS, 2008)

Zum Stellenwert der Rhetorik und mündlichen Kommunikation im fachspezifischen Kompetenzprofil

Im Sinne des Beschlusses zur Lehrerbildung (vom 02.06.2005) hat die KMK auf ihrer Sitzung am 16.10.2008 gemeinsame „inhaltliche Anforderungen für die Fachwissenschaften und Fachdidaktiken" verabschiedet. Wie für andere Fächer besteht der Vorschlag für das Fach *Deutsch* auch aus zwei Teilen – aus einem „fachspezifischen Kompetenzprofil" und aus einer Zusammenstellung von „Studieninhalten" zur „Sprachwissenschaft, Literaturwissenschaft und Fachdidaktik Deutsch". Das fachspezifische Profil nennt grundlegende Kompetenzen, die während des Studiums aufgebaut, im Vorbereitungsdienst und durch Angebote der Fort- und Weiterbildung berufsorientiert vertieft werden. Das hat ein gemeinsamer bildungspolitischer Arbeitskreis *Germanistik und Deutschunterricht* vom Deutschen Germanistenverband und vom Verein Symposium Deutschdidaktik beraten. In den so genannten „Bamberger Empfehlungen" wurden exemplarisch einzelne Studienschwerpunkte genauer beleuchtet, so auch die Mündlichkeit. Dabei werden vor allem die Anknüpfungspunkte und die Vermittlungsperspektive kommentiert:

(7.2) Anknüpfungspunkte

Wenn Studienabsolventen „über erste reflektierte Erfahrungen in der kompetenzorientierten Planung, Realisierung und Auswertung von Deutschunterricht ..." verfügen sollen, dann müssen sie auch entsprechende Eigenkompetenzen haben, denn diese sind Voraussetzung für erfolgreiches didaktisches Handeln. Und dabei geht es nicht nur um die stimmlich-sprecherischen, sondern auch um rhetorisch-strukturelle Kompetenzen in Rede- und Gesprächsformen sowie ästhetische Kompetenzen beim Sprechen und Spielen.

Anknüpfungspunkte für den Bereich „Mündlichkeit" sind bei den Inhalten der „ländergemeinsamen Anforderungen" vor allem

- unter Sprachwissenschaft: „Phonologie" sowie „Theorien und Modellierungen von Mündlichkeit und Schriftlichkeit"
- unter Literaturwissenschaft: „Methoden der Textanalyse/Textinterpretation" sowie „Theorien zur Produktion und Rezeption literarischer und pragmatischer Texte"
- unter Fachdidaktik: „Theorie und Konzepte (des Deutschunterrichts und) seiner Lernbereiche, einschließlich der Erprobung im Unterricht".

Das Studium der mündlichen Kommunikation lässt sich nicht einem der traditionellen Wissenschaftsbereiche „Sprache" oder „Literatur" zuordnen; auch wenn in der Sprachwissenschaft, speziell der linguistischen Pragmatik und der Gesprächsforschung, viele Aspekte mündlicher Kommunikation behandelt werden, stehen alle Formen ästhetischer Kommunikation (Textsprechen als Interpretationsverfahren, Vorlesen, szenisches Spiel etc.) der Literaturwissenschaft und Literaturdidaktik näher. Eine Klammer um alle pragmatischen und ästhetischen Formen und Aspekte mündlicher Kommunikation legt die Sprechwissenschaft/ Sprecherziehung, die sich von ihrem Selbstverständnis her als didaktische Disziplin und quer zur traditionellen Einteilung in Sprach- und Literaturwissenschaft sieht.

(7.3) Vermittlungsperspektive
Wer „Sprechen und Zuhören" erfolgreich unterrichten will, muss zwischen Konzept und Medium unterscheiden. Konzeptionelle Mündlichkeit wird im Unterricht zwar reflektiert, ist aber nicht der Fokus bei der Vermittlung. Im Wesentlichen geht es in Schule und Studium um konzeptionell schriftliche Formen im Medium der Mündlichkeit. Es sollen die gültigen Sprach- und Sprechnormen, Rede- und Gesprächsformate sowie darin enthaltene Ansprüche an Hörerbezug, Argumentation etc. vermittelt werden, und diese zählen zur konzeptionellen Schriftlichkeit. Dennoch muss eine möglichst weitreichende mediale Mündlichkeit gefordert werden, d. h., auch entfaltete und vorbereitete Formen wie Präsentationen, Reden etc. sollten nicht schriftsprachlich ausformuliert, sondern anhand von Stichwörtern freigesprochen werden.

(7.4) Vernetzungsmöglichkeiten
Kenntnisse in der Linguistischen Pragmatik können mit Kompetenzen aus der Gesprächsforschung sowie Sprechwissenschaft/Sprecherziehung sinnvoll verknüpft werden, wenn z. B. Situationen, in denen mündliche Eigenkompetenzen im Mittelpunkt stehen, selbst zum Gegenstand gesprächsanalytischer Forschungen gemacht werden, sei es im Rahmen von Praxistrainings zu Schlüsselqualifikationen oder in schulpraktischen Studien. Ferner bieten sich Möglichkeiten der Vernetzung mit diversen psychologischen bzw. psycholinguistischen Themen wie Spracherwerb, Modellierung von Sprechdenk- und Hörverstehensprozessen sowie Stimm-, Sprach- und Sprechstörungen (bei Kindern) an. (Auszug aus den Bamberger Empfehlungen)

Der Abschnitt „Mündlichkeit" endet in den Bamberger Empfehlungen mit einem Kommentar, den man nur unterstützen kann: „Man wird besonders darauf achten müssen, dass die medial mündlichen Formen in der Ausbildung hinreichend Berücksichtigung finden. Denn nichts ist unglaubwürdiger als eine Lehrperson, die Mündlichkeit lehren will, selbst aber Inhalte nicht überzeugend mündlich präsentieren kann."

Literatur

Adorno, Th. W. (1971): *Kritik.* Frankfurt/M.
Belgrad, J./Eriksson, B./Pabst-Weinschenk, M./Vogt, R. (2008): *Die Evaluation von Mündlichkeit. Kompetenzen in den Bereichen Sprechen, Zuhören und Szenisch Spielen.* In: Böhnisch, M. (Hg.): *Didaktik Deutsch. Sonderheft. Beiträge zum 16. Symposion Deutschdidaktik „Kompetenzen im Deutschunterricht".* Baltmannsweiler, 20-45.
Deutsche Gesellschaft für Sprechwissenschaft und Sprecherziehung (2008): *Der Beitrag der DGSS zur Qualitätsverbesserung von Lehre und Studium. Stellungnahme zum Gutachten „Empfehlungen zur Qualitätsverbesserung von Lehre und Studium" des Wissenschaftsrats vom 04.07.2008.* DGSS@ktuell, Newsletter 4/2008. 8 Seiten.
Drach, E. (1922): *Sprecherziehung. Die Pflege des gesprochenen Wortes in der Schule.* Frankfurt/M.; diverse Neuauflagen bis zur 13. Aufl. 1969.
Drach, E. (1926): *Die redenden Künste.* Leipzig.
Drach, E. (1932): *Redner und Rede. Methodisches Hilfsbuch für Übungen in freier Rede, Verhandlungs- und Versammlungstechnik.* Berlin (ursprünglich in 15 Teillieferungen!).

Drach, E. (1937): *Grundgedanken der deutschen Satzlehre*. Frankfurt/M.; 4. Aufl. Darmstadt 1963.
Dyck, J. (1974): *Rhetorik in der Schule*. Kronberg/Ts.
Ertmer, C. (1998): *Früh übt sich - Rhetorik-AGs in der Jahrgangsstufe 12*. In: Pabst-Weinschenk, M./ Wagner, R./ Naumann, C.-L. (Hg.): *Sprecherziehung im Unterricht*. München, 28-37.
Flessau, K.-I. (1979): *Schule der Diktatur. Lehrpläne und Schulbücher des Nationalsozialismus*. Frankfurt/M.
Geißner, H. (1979): *Rhetorische Kommunikation*. Basisartikel. In: *Praxis Deutsch*, H. 33, 10-21.
Geißner, H. (1982): *Sprecherziehung. Didaktik und Methodik der mündlichen Kommunikation*. Königstein/Ts.
Geißner, H. (2000): *Kommunikationspädagogik. Transformationen der „Sprech"-Erziehung*. St. Ingbert.
Geißner, H. und U. (1974): *Sprecherziehung: Mündliche Kommunikation*. In: Hannig, Chr. (Hg.): *Zur Sprache des Kindes im Grundschulalter*. Kronberg/Ts., 163-183.
Gemeinsamer bildungspolitischer Arbeitskreis Germanistik und Deutschunterricht des Deutschen Germanistenverbands und des Symposium Deutschdidaktik (DGV/SDD) (2009): *„Bamberger Empfehlungen". Stellungnahme zu den „Ländergemeinsamen inhaltlichen Anforderungen für die Fachwissenschaften und Fachdidaktiken in der Lehrerinn- und Lehrerbildung der KMK"* In: *Didaktik Deutsch*, H. 27, 91-107.
Haase, O. (1953): *Über das Gespräch*. In: *Westermanns pädagogische Beiträge*, 169-171
Hildebrand, R. (1867): *Vom deutschen Sprachunterricht in der Schule und von deutscher Erziehung überhaupt*. Berlin/Leipzig.
Jungbluth, F. A. (1925, Hg.): *Deutschkundlicher Arbeitsunterricht*. Heft 4 vom *Handbuch für den Arbeitsunterricht für höhere Schulen*. Frankfurt/M.
Klafki, W. (1994): *Der Bildungsbegriff als Zentralkategorie einer kritischen Didaktik*. In: *Neue Studie zur Bildungstheorie und Didaktik*. Weinheim, 15-34.
Kultusministerkonferenz (2003): *Bildungsstandards im Fach Deutsch für den Mittleren Schulabschluss* (Beschluss der Kultusministerkonferenz vom 4.12.2003), https://www.kmk.org/ fileadmin/veroeffentlichungen_ beschluesse/2003/2003_12_04-BS-Deutsch-MS.pdf (Stand: 22.12.2018)
Kultusministerkonferenz (2004): *Bildungsstandards im Fach Deutsch für den Hauptschulabschluss* (Jahrgangsstufe 9) (Beschluss der Kultusministerkonferenz vom 15.10.2004), https://www.kmk.org/fileadmin/veroeffentlichungen_ beschluesse/2004/2004_10_15-Bildungsstandards-Deutsch-Haupt.pdf (Stand: 22.12.2018)
Kultusministerkonferenz (2012): *Bildungsstandards im Fach Deutsch für die Allgemeine Hochschulreife* (Beschluss der Kultusministerkonferenz vom 18.10.2012), https://www.kmk.org/fileadmin/ veroeffentlichungen_ beschluesse/2012/2012_10_18-Bildungsstandards-Deutsch-Abi.pdf (Stand: 22.12.2018)
Lebede, H. (1930, Hg.): Sprecherziehung, *Rede, Vortragskunst*. Buch mit 12 Schallplatten. Audio-Vox-Institut, Berlin.
Lebede, H. (1938): *Erziehung zum Sprechen. Im Anschluß an die neuen Lehrpläne*. Frankfurt/M.
Lemke, S. (2006): *Die Funktionskreise Respiration, Phonation, Artikulation – Auffälligkeiten bei Lehramtstudierenden*. In: *Sprache – Stimme – Gehör* 30, 24-28.

Mönckeberg, V. (1930): *Sprecherziehung*. In: *Monatsschrift für höhere Schulen*, Berlin, 29, 6/7, 418-424.
Pabst-Weinschenk, M. (1993a): *Die Konstitution der Sprechkunde und Sprecherziehung durch Erich Drach. Faktenfachgeschichte von 1900 bis 1935*. Magdeburg/Essen.
Pabst-Weinschenk, M. (1993b): *Erich Drachs Konzept der Sprechkunde und Sprecherziehung. Ein Beitrag zur Theorie und Geschichte der Sprechwissenschaft*. Phil. Diss. Duisburg. Magdeburg/Essen.
Pabst-Weinschenk, M. (1994): *Zum Verständnis der Sprecherziehung heute: Didaktik der mündlichen Kommunikation*. In: *Wirkendes Wort*. 44. Jg., H. 3, 498-512.
Pabst-Weinschenk, M. (2000): *Die Sprechwerkstatt. Sprech- und Stimmbildung in der Schule*. Braunschweig.
Pabst-Weinschenk, M. (2003): *Geschichte der Sprech- und Gesprächsdidaktik*. In: *Didaktik der deutschen Sprache - ein Handbuch*. 1. Teilband. Hg. v. U. Bredel et al. Paderborn, 93-106.
Pabst-Weinschenk, M. (2004): *Bildungsstandards Mündliche Kommunikation*. In: Gutenberg, N. (Hg.): *Sprechwissenschaft und Schule*. München, 172-180.
Pabst-Weinschenk, M. (2004/2011a): *Fachgeschichte: Von der Sprecherziehung zur Sprechkunde und Sprechwissenschaft*. In: Dies. (Hg.): *Grundlagen der Sprechwissenschaft und Sprecherziehung*. München, 254-263.
Pabst-Weinschenk, M. (2004/2011b): *Hörverstehen und Sprechdenken*. In: Dies. (Hg.): *Grundlagen der Sprechwissenschaft und Sprecherziehung*. München, 58-82.
Pabst-Weinschenk, M. (2005a): *Freies Sprechen in der Grundschule*. Berlin.
Pabst-Weinschenk, M. (2005b): *Sprechen und Zuhören - Standards für Lehrerinnen und Lehrer*. In: *SchulVerwaltung*, Zeitschrift für SchulLeitung, SchulAufsicht und SchulKultur. Ausgabe Bayern, 28. Jg., Nr. 9, Sept. 2005, 301-303; Ausgabe NRW, 16. Jg., Nr. 10, Okt. 2005, 276-278; Ausgabe Hessen und Rheinland-Pfalz, 11. Jg., Nr. 1, Jan. 2006, 7-9; Ausgabe Niedersachsen, 16. Jg., Nr. 12, Dez. 2006, 336-338.
Pabst-Weinschenk, M./Pawlowski, K. (1997): *Sprecherziehung im Sprachbuch*. In: Pabst-Weinschenk, M./ Wagner, R./Naumann, C.-L. (Hg.): *Sprecherziehung im Unterricht*. München, 70-79.
Richert, H. (1925, Hg.): *Richtlinien für einen Lehrplan der Deutschen Oberschule und der Aufbauschulen*. Berlin.
Schäfer, K.-H./Schaller, K. (1976): *Kritische Erziehungswissenschaft und kommunikative Didaktik*. Heidelberg.
Spinner, K. H. (1998): *Was eine wissenschaftliche Ausbildung von Deutschlehrer(inne)n leisten soll*. In: *Didaktik Deutsch*, Sonderheft, 39-52.
Wenz, G. (1927, Hg.): *Der deutsche Arbeitsunterricht*. Leipzig.
Wissenschaftsrat (2008): https://www.h-da.de/fileadmin/user_upload/_imported/ fileadmin/Kompetenzzentrum_Lehre_Plus/KPTZ_Lehrende/2008-07-04_WR_Empfehlung.pdf (Abruf 20.02.2019)

RAMONA BENKENSTEIN

Rhetorik als Domäne im Deutschunterricht oder als eigenes Unterrichtsfach?

Die Ausbildung der rhetorischen Kompetenz gehört ohne Zweifel in die Schule. Doch sollte sie dem Deutschunterricht neben den vielen anderen Kompetenzen zugerechnet werden oder besser in einem eigenen Unterrichtsfach Beachtung finden?

Kompetenzbereiche – die Bildungsstandards und die Rhetorik

Die Veröffentlichung der Bildungsstandards seit 2003 ist für die Entwicklung der rhetorischen Kompetenz im Deutschunterricht ein wichtiger Meilenstein. Denn damit ist eine Argumentationsgrundlage entstanden, die in die Diskussion um Inhalte, Methoden und Kompetenzen im Deutschunterricht genutzt werden kann. Für alle Abschlüsse (Hauptschulabschluss (2004), Mittlerer Schulabschluss (2003) und Allgemeine Hochschulreife (2012)) im Fach Deutsch gibt es den Kompetenzbereich *Sprechen und Zuhören* neben *Schreiben*, *Lesen* und *Sprachreflexion*. Mittlerweile sind die dort formulierten Ziele mit zahlreichen Erklärungen und Aufgabenbeispielen für die Lehrenden verständlicher gemacht worden. (Vgl. Behrens et al. 2014)

Schaut man sich den Kompetenzbereich *Sprechen und Zuhören* genauer an, fällt die Nähe zur rhetorischen Kompetenz ins Auge, wenn man unter Rhetorik die weite Definition nach Wagner (2006, 65) versteht: als „Wissenschaft, die verschiedene Aspekte der Kommunikation untersucht […] und sich vor allem mit ihrer Wirksamkeit beschäftigt. Sie untersucht dabei unterschiedliche Gesprächs- und Redeformen und gibt Anregungen zur Verbesserung." Gemeinsam ist den Bildungsstandards und der weiten Rhetorikdefinition, dass unterschiedliche Kommunikationssituationen, sowohl das Gespräch als auch der Vortrag bzw. die Rede, aber auch die Planung, Analyse und Reflexion der Prozesse thematisiert werden sollen.

Insgesamt lassen sich die Anforderungen der Bildungsstandards und die der Sprechwissenschaft auf drei Kompetenzbereiche zusammenfassen:

- Rede und Vortrag → vorrangig monologische Kommunikationssituationen und die Redekunst
- Gespräch → vorrangig dialogische Kommunikationssituationen
- Reflexion der Prozesse und der Wirksamkeit → Grundlagen der Kommunikation

In diesen drei Bereichen sollen die Schüler*innen Kompetenzen erwerben, die sie in ihrem Leben sowie zunächst in allen Fächern und später in ihrem Berufsleben anwenden sollen, um Situationen zu meistern und Probleme zu lösen.

Hohe Anforderungen – Die Notwendigkeit von Ausbildung und Material

Allein die Vielfalt der oben genannten Kompetenzbereiche macht die Anforderungen an die Lehrpersonen deutlich – alle Fächer betreffend. Es mag zwar die konkrete Forderung der Kultusministerkonferenz (KMK) geben, diese Kompetenzen im *Deutschunterricht* auszubilden, jedoch muss die Anwendung und Umsetzung selbstverständlich in allen Fächern erprobt, gefördert und gefestigt werden. Dazu fehlt leider oftmals die Ausbildung der Lehrer*innen in diesem Bereich. „Mündlichkeit […] spielt nicht nur in der Sprachwissenschaft eine untergeordnete Rolle, sie hat auch in der Schule einen schweren Stand." (Fiehler 2014, 26)

Bezogen auf das Fach Deutsch kann man folgende Beobachtung machen: Durch die fehlende Ausbildung sowie die Dominanz der geschriebenen Sprache entstehen Unsicherheiten bei den Lehrenden, die dazu führen, dass die anderen Kompetenzbereiche des Deutschunterrichts tiefer und nachhaltiger unterrichtet werden als das Mündliche.

Hinzu kommt die innewohnende Flüchtigkeit des Mündlichen, die das Bewerten und Reflektieren erschweren. Mit den aktuellen Medien mag man hier gute Möglichkeiten beispielsweise der Ton-/Videoaufnahme finden, jedoch sind der Datenschutz und die Medienkompetenz weitere Hürden. Es sei also an dieser Stelle wieder der Appell an die Verantwortlichen gerichtet nach einer breiteren und nachhaltigen Ausbildung der rhetorischen Kompetenz bei zukünftigen Lehrer*innen.

Darüber hinaus muss man den Lehrenden fundiertes, erprobtes und sprechwissenschaftlich korrektes Material zur Verfügung stellen. Schaut man sich auf dem Büchermarkt um, gibt es zahlreiche Veröffentlichungen zum Reden zu anderen und mit anderen. Jedoch fehlt es den Materialien auf der einen Seite zum Teil an wissenschaftlicher Grundlage. Auf der anderen Seite sind sie meist nicht für Kinder und Jugendliche geeignet, sondern zielen auf die Erwachsenen als Zielgruppe ab. Die Lehrbuchverlage für das Fach Deutsch integrieren das Mündliche in jeder Klassenstufe in das Schülerbuch und die Lehrerhandreichungen. Jedoch muss das geliehene Schülerbuch meist wieder abgegeben werden, sodass eine stete Weiterentwicklung und ein Rückbezug auf das letzte Jahr schwer sind.

Sprechen und Zuhören – das Anhängsel im Deutschunterricht

Da neben der Medienerziehung zum Schreib-, Grammatik- und Leseunterricht auch das Sprechen und Zuhören Teil des Deutschunterrichts sein soll, bleibt meist zu wenig Zeit – für alles. Die Lehrperson entscheiden je nach Lerngruppe und persönlichen Referenzen, wie viel Zeit zur Ausbildung der jeweiligen Kompetenzen zur Verfügung steht: mehr, weniger oder gar nicht. Vielleicht ist es auch der zum Teil fehlenden universitären Ausbildung der rhetorischen Kompetenz geschuldet oder den fehlenden fundierten Materialien oder auch der fehlenden Prüfungsrelevanz, dass das Mündliche oftmals zum Anhängsel des Deutschunterrichts verkümmert. Im Fremdsprachenunterricht gibt es einen Prüfungsteil im Verstehen des Gesagten oder mündliche Prüfungen, in denen Gespräche in der Fremdsprache geführt werden. Im Deutschunterricht gibt es das kaum, obwohl es ein gleichwertiger Kompetenzbereich wie das Lesen und Schreiben ist, obwohl auch das Standarddeutsche für viele unserer Schüler*innen eine fremde Sprache ist. Wenn allerdings das Lesen und Schreiben als auch die Reflexion über Sprache Teil der Abschlussprüfung sein wird, ist verständlich, warum die Lehrer*in diesen Bereichen den Schwerpunkt setzen. Rhetorische Kompetenzentwicklung als Teil des Deutschunterrichts geht dann unter.

Denkt man aber über die Prüfung hinaus, an das Leben nach der Schule, dann erkennen wir den wichtigen Bereich der Mündlichkeit. Dann erleben wir eine Masse an Ratgeberliteratur, die mit mehr oder weniger Qualität das ausgleichen will, was die Schule – nicht nur der Deutschunterricht – leider oftmals versäumt hat.

Rhetorik als eigenes Fach – eine Lösung des Problems?

Es gibt die Debatte gegen das Verfächern in der Schule, weshalb ein weiteres Fach scheinbar keine gute Idee wäre. Es gibt aber Schulen in freier Trägerschaft (z. B. docemus Privatschulen im Land Brandenburg, Merz-Schule in Stuttgart), die diese Idee mit engagierten Lehrenden umsetzen. Sie erzielten erstaunliche Effekte.

Im ersten Schritt muss es einen Plan bzw. Lehrplan geben, der die Anforderungen der Bildungsstandards umsetzt, also systematisch in die unterschiedlichen Klassenstufen verteilt (vgl. Benkenstein/Fischer 2010 und Benkenstein 2010). Sinnvoll sind in Bezug auf den Kompetenzbegriff (Weinert 2014, 27f.) in diesem Zusammenhang Spiralcurricula, die die Kompetenzen in jedem Jahr erneut aufgreifen, wiederholen und auf einem neuen Niveau weiterführen. Die Folge ist eine nachhaltige Verankerung und die Möglichkeit, das Gelernte in unterschiedlichen Situationen anzuwenden.

Als Beispiel sei der Kompetenzbereich *Rede und Vortrag* bzw. vorrangig monologische Kommunikationssituationen angeführt. Während anfangs vor allem die Vorbereitung, das Erstellen handhabbarer Konzeptpapiere und das wirkungsvolle Vortragen im Vordergrund stehen, wird in der gleichen Klassenstufe darauf in mehreren Fächern zurückgegriffen und somit gefestigt. In der nächsten Klassenstufe wiederholen die Schüler*innen das Erlernte und erweitern es mit einer Beamer-Präsentation. Im folgenden Jahr ergänzen Handouts den Vortrag und später können zu dem Vortrag ein Thesenpapier und die Moderation einer anschließenden Diskussion hinzu kommen.

Die Erfahrungen in der Praxis belegen, dass der erlernte Aufbau eines Vortrags auch beispielsweise in Biologie angewendet werden konnte, sodass dort neben der fachlichen auch die rhetorische Kompetenz gefördert wurde. Die Kolleginnen aus dem Fach Ethik freuten sich zum Beispiel, dass die Schüler*innen ihre Meinungen so fundiert begründen konnten. Der eingangs beschriebene Makel der Verfächerung wurde somit durch fächerübergreifendes Arbeiten wettgemacht.

Ein weiterer wichtiger Aspekt ist der des Selbstwertgefühls bei den Schüler*innen. Sie haben das Fach *Rhetorik* auf dem Zeugnis mit einer Zensur stehen, besitzen Bücher und Arbeitshefte und verstehen sich selbst als kompetent. Ein wichtiger Punkt der rhetorischen Kompetenz ist damit erfüllt: Die Lernenden wenden das Gelernte selbstverständlich an, weil sie sich ihrer Sache bewusst sind. Das ist schwer möglich, wenn die Ausbildung der rhetorischen Kompetenz ein Anhängsel des Deutschunterrichts ist.

Nicht zuletzt der Punkt, dass das Fach *Rhetorik* für die Wahl der Schule bei den Eltern relevant ist, spricht dafür, die mündliche Kompetenz nicht als Teil des Deutschunterrichts mitzumeinen, sondern mit einem eigenen Fach diesem Thema einen größeren Stellenwert zu geben.

Literatur

Behrens, U./ Böhme, K./ Bremerich-Vos, A./ Hunger, S./ Krelle, M. (2014): *Bildungsstandards Deutsch: konkret: Sekundarstufe I: Aufgabenbeispiele, Unterrichtsanregungen, Fortbildungsideen.* Berlin.

Benkenstein, R./Fischer, A. (2010): *Lehrplan Rhetorik SEK I.* Leipzig.

Benkenstein, R. (2010): *Lehrplan Rhetorik SEK II.* Leipzig.

Bildungsstandards im Fach Deutsch für die Allgemeine Hochschulreife (Beschluss der Kultusministerkonferenz vom 18.10.2012), https://www.kmk.org/fileadmin/ veroefentlichungen_beschluesse/2012/2012_10_18-Bildungsstandards-Deutsch-Abi.pdf (Stand: 22.12.2018)

Bildungsstandards im Fach Deutsch für den Hauptschulabschluss (Jahrgangsstufe 9) (Beschluss der Kultusministerkonferenz vom 15.10.2004), https://www.kmk.org/ fileadmin/veroeffentlichungen_ beschluesse/2004/ 2004_10_15-Bildungsstandards-Deutsch-Haupt.pdf (Stand: 22.12.2018)

Bildungsstandards im Fach Deutsch für den Mittleren Schulabschluss (Beschluss der Kultusministerkonferenz vom 4.12.2003), https://www.kmk.org/fileadmin/ veroefentlichungen_beschluesse/2003/2003_12_04-BS-Deutsch-MS.pdf (Stand: 22.12.2018)

Fiehler, R. (2014): *Von der Mündlichkeit zur Multimodalität ... und darüber hinaus.* In: Grundler, E./ Spiegel, C. (Hg.): *Konzeptionen des Mündlichen. Wissenschaftliche Perspektiven und didaktische Konsequenzen.* Bern, 13–31.

Wagner, R.W. (2006): *Mündliche Kommunikation in der Schule.* Paderborn.

FELICITAS SELBOR-SCHEUERMANN

20 Jahre Rhetorik an der Merz Schule

Weiterentwicklung einer über 60jährigen Tradition der Sprecherziehung

Die Merz Schule ist Teil eines weltanschaulich ungebundenen Bildungswerkes in Stuttgart, das 2018 sein 100jähriges Jubiläum feierte. Es besteht heute aus Kindergarten, Grundschule und Gymnasium mit rund 800 Schülerinnen und Schülern, Hort und Internat, sowie der Merz Akademie. Albrecht Leo Merz, ein Reformpädagoge, gründete 1918

> „[...] das „Werkhaus mit Werkschule" [...]. Darin enthalten waren eine vierklassige Grundschule sowie eine „Freie Akademie für Erkenntnis und Gestaltung" [...]. 1952 gründete M. als Abschluss seines Erziehungswerks eine Oberschule, die alle gymnasialen Zweige in sich vereinte [...].(Mühlbauer 1994, 195f)

Die Lehrpläne des mathematisch-naturwissenschaftlichen Zuges des Landes Baden-Württembergs wurden übernommen und mit der Merzschen Pädagogik verknüpft. Im Mittelpunkt der methodisch-didaktischen Pädagogik stand das Sonderfach „Erkennen und Gestalten". Des Weiteren wurden zu den traditionellen Unterrichtsfächern die Sonderfächer

> „[...] „Sprachgestaltung", „Lebenskunde", „Gesundheitslehre", „Rhetorik" und „Rhythmische Gymnastik" gelehrt. So sollte ein Grundanliegen der reformpädagogischen Bewegung eingelöst werden: Bildung des Menschen aus ganzheitlicher Sicht." (Mühlbauer ebd.)

Rezitation wurde 1953 eigenständiges Unterrichtsfach in Grundschule und Gymnasium und wird seither ausschließlich von Sprecherzieherinnen und Sprecherziehern mit akademischem Abschluss der „Staatlichen Hochschule für Musik (bis 1963) und darstellende Kunst" in Stuttgart unterrichtet. Rhetorik als eigenständiges Unterrichtsfach wird seit 1998 unterrichtet. Die Rhetorikstunden finden im größten Raum der Schule, der Aula statt, die ähnlich einem Hörsaal über zwei Stockwerke ansteigt; heute in den Klassenstufen 5 bis 10 wöchentlich einstündig, im Seminarkurs der 11. Klassenstufe als Unterrichtsblock. So ergibt sich eine zwölfjährige Ausbildung der Schülerinnen und Schüler in mündlicher Kommunikation. Das ist einzigartig in der deutschen Schullandschaft.

Bildungspläne Baden-Württemberg

Eine 1972 getroffene Vereinbarung der Kultusministerkonferenz, bundesweit Rhetorik als Unterrichtsfach einzuführen, wurde nie umgesetzt (vgl. Ueding 2009, 120). Erst im Schuljahr 1998/99 führte Baden-Württemberg den Seminarkurs in der gymnasialen Oberstufe ein. Hier sollten auch rhetorische Kompetenzen vermittelt werden,

„...doch in der Regel höchst dilettantisch aufbereitet, da den Lehrern sowohl die rhetorische Ausbildung fehlt als auch die Weiterbildung in den Händen wenig qualifizierter Lehrkräfte liegt." (Ueding ebd.)

Mit der Reform der Bildungspläne wurde 2004 in Realschulen, Gymnasien und an beruflichen Schulen die gleichwertige Feststellung von Schülerleistungen (GFS) eingeführt, die auch als Präsentation ausgeführt werden kann. In der Regel wird die rhetorische Bewertung mit 40% gewichtet und hat einen maßgeblichen Anteil an der Gesamtnote. Leitfächer sollen darauf vorbereiten, die Hauptaufgabe soll zusätzlich das Fach Deutsch übernehmen. So sehen die Bildungspläne für Deutsch nun ab Klasse 5 rhetorische Module vor. Denn:

„Redefähigkeit ist [...]von nicht geringerer Bedeutung als die Lesefähigkeit. Die Schülerinnen und Schüler erfahren im Unterricht, was wirksame und verständliche Rede ist; [...]."(Bildungspläne 2004, 15, 4.)

Weiter: „Zum Kernbereich des Deutschunterrichts gehört die kommunikative Kompetenz. Die Schülerinnen und Schüler [...] sind in der Lage, Sprache als wichtiges Mittel zur Verständigung verantwortungsbewusst zu gebrauchen. Dazu gehört der Ausbau der Gesprächs- und Argumentationskompetenz in unterschiedlichen Redesituationen. Sie sind in der Lage, Konfliktlösungsstrategien anzuwenden. Sie erlernen die Grundlagen einer praxisbezogenen Rhetorik sowie einer sachangemessenen und mediengerechten Präsentation." (ebd. 77, Kommunikative Kompetenz)

Rhetorik als Sonderfach der Merz Schule ist eine Weiterentwicklung der inzwischen über 60jährigen Sprecherziehungs-Tradition und trägt dem Bildungsplan des Kultusministeriums Baden-Württembergs Rechnung.

Entwicklung des Schulcurriculums *Rhetorik*

Sicher ist, „dass der Deutschunterricht ja außer Mündlichkeit auch vieles anderes zu lehren hat" (Naumann 2015, 38ff). Aufgrund des bereits vorhandenen Rezitationsunterrichts ging hier die Merz Schule einen anderen Weg, als ihn rach und Bayer idealiter beschreiben: Statt auf den St. Nimmerleinstag zu warten, an dem Sprecherziehung zum Lehrgrundsatz wird und um sowohl den Deutschunterricht zu entlasten, als auch Rhetorik vom Leistungsdruck zu entkoppeln (Naumann ebd.) wurde Rhetorik sukzessive in das Schul-Curriculum eingepflegt. Zu Beginn standen im Schuljahr 1998/99 in der Klassenstufe 5 Auszüge aus Klaus Pawlowskis „Praktische Rhetorik" und in der Klassenstufe 6 Auszüge aus Stephan Goras „Grundkurs Rhetorik".

2000/01 wurden in den Klassenstufen 9 und 10 Rhetorik in den Stundenplan integriert. Inhalte waren das Vorstellungsgespräch für das BoGy, ein verpflichtendes, berufsorientiertes 14tägiges Praktikum in Klasse 9. Dazu Grundlagen der Kommunikation nach Friedemann Schulz von Thun und Paul Watzlawick et al. sowie

Grundlagen der Rhetorik (Ueding; Ueding/ Steinbrink). Für die praktische Rhetorik waren auch Quellen wie Siegwart Bertholds „Redeübungen für das 5. bis 13. Schuljahr", Goras „Grundkurs der Rhetorik", Geißners „Rhetorik" und "Rhetorik und Kommunikation" von Allhoff/Allhoff handlungsleitend. Seit 2003 nimmt die Merz Schule an *Jugend debattiert* teil, Rhetorik wurde nun auch in den Klassenstufen 7 und 8 unterrichtet.

Im Schuljahr 20012/13 wurden alle Unterrichtsmaterialien von Klasse 5 bis in den Seminarkurs in zehn PowerPoint-Bausteinen angelegt. So kann das Curriculum immer wieder neu an das Schulkonzept und die Bildungspläne angepasst, jederzeit fortgeschrieben werden, und in einem dauerhaften Entwicklungsprozess bleiben. Die Unterrichtsinhalte orientieren sich an den Bildungsplänen:

Kl.-stufe	Rhetorik-Curriculum an der Merz Schule *(Schwerpunkte kursiv)*	Bildungsplan 2016/ Deutsch (bildungsplaene-bw.de 3.1.2.2. bis 3.3.2.2.)
5	• Beispielhaft: Vertreter der Rhetorik von Homer bis Walter Jens • Sender-Empfänger-Modell nach Shannon/ Weaver • Nachrichtenquadrat nach Schulz v. Thun (1981) • *Gesprächsregeln* • Rollen in der Gruppenarbeit • Axiome Watzlawick et al. (altersentsprechend) • Sachinhalt – Meinung – Argument • Meinungsbildung • Meinungsaustausch • Argumentationsmodelle • *Kooperative vs strategische Argumentation* • Verbal, paraverbal, extraverbal • Metakommunikation • *Konstruktive, lösungsorientierte Kritik geben und annehmen*	Kompetenzerwerb: „(1) gelingende und misslingende Kommunikation unterscheiden; Gespräche als Mittel der Problemlösung erkennen" „(2) unterschiedliche Sprechabsichten erkennen und erläutern (expressiv, argumentativ, persuasiv, appellativ)" „(3) Zusammenhänge zwischen verbalen und nonverbalen Ausdrucksmitteln erkennen und wesentliche Faktoren beschreiben, die die mündliche Kommunikation prägen (Gestik, Mimik, Stimme)" „(11) grundlegende Vortrags- und Präsentationstechniken adressatengerecht und zielführend einsetzen" „(12) nach Kriterien Feedback zu Präsentationen formulieren; Feedback zur Einschätzung eigener Präsentationen nutzen […]"
6	• *Stichwortkarten (Stwk) anfertigen* • *Präsentation mit Stwk* • Videobasierte Präsentationsanalyse • *Inventio, Recherche, Quellen* • *Hörerbezogenes sprechen* • Blickkontakt • *Präsentation mit Stwk, drei Quellen* • Videobasierte Präsentationsanalyse	

7	• Verständlichkeit • *Verständlichmacher nach Schulz v. Thun, (1981, 140-155)*. • Arbeitsschritte/Opera oratoris: inventio, dispositio, elocutio, memoria, actio • Redeteile/Partes orationis • *Einleitung/exordium, divisio* • *Ohröffner/captatio benevolentiae* • Wdh. Komm.modelle • Organon-Modell nach Bühler • *Medieneinsatz: OVH-Folien* • Zeitmanagement/Anfertigung und actio • *Präsentation mit Stwk, drei Quellen, Folien, Zeit* • Videobasierte Präsentationsanalyse	Kompetenzerwerb: „(7) unterschiedliche Sprechabsichten situationsangemessen und adressatenorientiert formulieren; dabei auch Körpersprache bewusst einsetzen" „(8) auch komplexere Zusammenhänge und Inhalte adressatenorientiert, sachgerecht und übersichtlich darstellen" „(12) unterschiedliche Vortrags- und Präsentationstechniken adressatengerecht, zielführend und begründet einsetzen" „(13) kriterienorientiert Feedback zu Präsentationen formulieren; Feedback aktiv einholen und nutzen" „(14) Sprache als Mittel der Identitätsbildung erkennen und beschreiben […]"
8	• Jugend debattiert • Debatten • *Medieneinsatz: PowerPoint/Funktion und Design* • *Präsentation mit Stwk, drei Quellen, Ppt, Zeit* • Videobasierte Präsentationsanalyse	
9	• *Jugend debattiert* • Argumentationsmodelle • *Debatten (gleichwertig Präsentation)* • Videobasierte Debattenanalyse • Wdh. Komm.modelle • BoGy: Vorstellungsgespräch • Konfliktmanagement/Definition, Riemann-Thomann-Typen nach Schulz von Thun 1998, 262 -272, Selbstreflexion, Johari-Window (siehe Antons 1973, 111f.), Assertivität, Resilienz, Inneres Team, Entstehung, Konfliktarten, -signale, -dynamik, Eskalation	Kompetenzerwerb: „(1) gelingende und misslingende Kommunikation kriterienorientiert und theoriegestützt analysieren; Bedingungen gelingender Kommunikation benennen und reflektieren" „(2) grundlegende Kommunikationsmodelle erläutern und zur Analyse von Kommunikation und Sprechakten nutzen (zum Beispiel Bühler, Watzlawick, Schulz von Thun)" „(3) Zusammenhänge zwischen verbalen und nonverbalen Ausdrucksmitteln analysieren und in ihrer kommunikativen Funktion reflektieren; Gesprächssituationen unterscheiden" „(9) komplexere Zusammenhänge und Inhalte adressatenorientiert, sachgerecht und übersichtlich darstellen"

10	• Jugend debattiert • Debatten • Wdh. Konfliktmanagement Kl. 9 • Konfliktmanagement/Deeskalation, TZI (Globe, Axiome, Prinzipien; Cohn) Konfliktlösung • *Präsentation in Seminarkurs-, bzw. Abiturprüfungslänge* • Videobasierte Präsentationsanalyse	„(11) Wortwahl, Sprachebenen, Sprechweisen, Tonfall und Umgangsformen planvoll und angemessen zur Gestaltung von Gesprächen einsetzen" „(15) Sprache in ihrer Wechselwirkung mit Identität erkennen und beschreiben, den eigenen Sprachgebrauch […] reflektieren"

Methoden und Benotung

Jedes Schuljahr wird mit einer Vorstellungsrunde begonnen: Anregungskärtchen für die jüngeren Schülerinnen und Schüler, später als Partnerinterview, mit Postkartenmotiven, „Lebensweisheiten", oder anhand der Apps auf dem eigenen Smartphone.

In den unteren Klassenstufen beginnt jede Unterrichtsstunde mit „Summen", einer gemeinschaftliche Stimm- und Hörübung, die gleichzeitig entspannend und fokussierend wirkt. Frontalunterricht, PowerPoint, Flip Chart, Moderationswand, Einzel-, Partner- und Gruppenarbeit wechseln ab. Präsentationen können mit der Kugellagermethode eingeübt werden. Weitere Methoden, die zum Unterricht gehören, sind unter anderen die Fünf-Schritt-Lese-Methode, Videoanalyse, Gruppenfeedback, Peer-to-Peer-Hilfe, Think-Pair-Share, Fish-Bowl-Szenerien und Rollenspiele.

Da Rhetorik nicht versetzungsrelevant ist, wird mit „sehr gut" (1) bis „muss verbessert werden" (4) benotet. Die Note setzt sich aus 15 Einzelkriterien zusammen, ab Klasse 8 sind das:

1. Vorbereitung, Inhalt,
2. Gliederung,
3. Verständlichkeit,
4. Du-Orientiertheit,
5. Medieneinsatz,
6. Blickkontakt,
7. Gestik,
8. Körperausdruck und Raumverhalten,
9. Tempo,
10. Lautstärke,

11. Artikulation und Betonung,
12. Grammatik,
13. Zeit, Einhalten der Zeitvorgabe,
14. Stichwortkarten, Folien, PowerPoint und
15. Wirkung.

Die Debatten werden anhand der von Jugend debattiert vorgegebenen Punkteskala (vgl. S. 168ff in diesem Band) benotet.

Nachhaltigkeit

Merzschülerinnen und Merzschüler erkennen bereits in der Grundschule Sprache nicht nur als Fähigkeit zu sprechen, sondern als Ausdruck ihrer Person. Im Gymnasium können sie, während eines sechsjährigen Lernprozesses, ihre rhetorischen Fähigkeiten erproben, reflektieren und verbessern. Sie verfügen über Wissen zur klassischen Rhetorik und erhalten Einblicke in die angrenzenden Wissenschaften der modernen Rhetorik. Sie sind in der Lage, die Qualität der Redebeiträge anderer zu bewerten, Haltung (Grießbach/ Lepschy 2015, 118f und den Beitrag von Grießbach in diesem Band, S. xxff) von kalkulierter Glaubwürdigkeit zu unterscheiden und die manipulativen Möglichkeiten der Rhetorik, seien es Propaganda oder alternative Fakten, zu erkennen. Ziele sind: ihre Gesprächsfähigkeit zu kultivieren, ihre Selbstwirksamkeitserwartung zu steigern, die Sprechfreudigen zu fördern und die Redeängstlichen zu stärken und damit die Schülerinnen und Schüler zu befähigen, ihre Redebeiträge im Alltag, im Beruf und im demokratischen Diskurs so sicher wie nötig und so frei wie möglich zu gestalten.

Literatur

Allhoff, D.-W./ Allhoff, W. (2006): *Rhetorik und Kommunikation*. München/Basel.

Antons, K. (1973): *Praxis der Gruppendynamik*. Göttingen.

Berthold, S. (1997): *Redeübungen für das 5. bis 13. Schuljahr*. In: Pabst-Weinschenk, M./ Wagner, R./Naumann, C.L. (Hg.): *Sprecherziehung im Unterricht*. München/Basel.

Bühler, K. (1934/1982): *Sprachtheorie: Die Darstellungsfunktion der Sprache*. Nachdruck, Stuttgart.

Cohn, R.C. (1975): *Von der Psychoanalyse zur themenzentrierten Interaktion. Von der Behandlung einzelner zu einer Pädagogik für alle*. Stuttgart.

Geißner, H. (1994): *rhetorik*. München.

Gora, S. (1987): *Grundkurs Rhetorik Eine Hinführung zum freien Sprechen*. Stuttgart.

Grießbach,T. Lepschy, A. (2015): *Rhetorik der Rede*. St. Ingbert.

Ministerium für Kultus, Jugend und Sport Baden-Württemberg (2016): *Bildungsplan Gymnasium Deutsch*. URL: http://www.bildungsplaene-bw.de/site/bildungsplan/get/documents/lsbw/Bildungsplaene/Bildungsplaene-2004/Bildungsstandards/ Gymnasium_Bildungsplan_Gesamt.pdf (Abruf 08.01.2019).

Mühlbauer, K.R. (1994): *Merz, Albrecht Leo*. In: Neue Deutsche Biographie 17, [Online-Version]; URL: https://www.deutsche-biographie.de/pnd118581260.html#ndbcontent (Abruf 08.01.2019)

Naumann, C.L. (2004): *Seit über 80 Jahren steht die Sprecherziehung draußen vor dem Schultor. Warum ist die Schwelle so hoch?* I.: Gutenberg, N. (Hg.): *Sprechwissenschaft und Schule*. München/Basel, 37-46.

Pawlowski, K. (1983): *Praktische Rhetorik, Ein Gesprächs- und Redelehrgang*. Hannover.

Schulz von Thun, F. (1981): *Miteinander reden, Bd. 1*. Reinbek.

Schulz von Thun, F. (1998): *Miteinander reden 3*. Reinbek.

Ueding, G. (2009): *Moderne Rhetorik*. München.

Ueding, G./Steinbrink, B. (2011): *Grundriß der Rhetorik*. Stuttgart.

Watzlawick, P./Beavin, J./Jackson, D. (1972): *Menschliche Kommunikation*. 3. Aufl., Bern.

KAREN SCHMITZ

Kooperatives Lernen – Methode und Praxis

Die Schulen in Deutschland stehen vor großen Herausforderungen: Sie haben zu wenig Lehrkräfte und damit verbunden erhöhten Unterrichtsausfall und Vertretungsstunden. Durch die neuen Inklusionsvorschriften und die Flüchtlingswelle gibt es große Leistungsdifferenzen im Unterricht und die Lehrpersonen müssen in zu großen Klassen unterrichten, sodass sich die Frage stellt,

> „ob weiterhin auf bewährte Instruktionsmethoden zurückgegriffen werden kann und wie diese gegebenenfalls modifiziert werden müssen, um heterogene Lernvoraussetzungen produktiv zu nutzen und das Ziel einer individuellen Förderung aller Schülerinnen und Schüler zu erreichen" (Büttner 2012, 14).

Eine Methode, die Erleichterung verschaffen will und die besonders für heterogene Schulgruppen geeignet sein soll, ist das Kooperative Lernen (KL).

Unter KL wird eine effiziente und evidenzbasierte Instruktionsmethode verstanden, bei der die Schüler*innen in heterogenen Kleingruppen durch die Lehrperson angeleitet mit- und voneinander lernen (vgl. ebd., 15). Das ursprünglich aus Kanada kommende Konzept wurde besonders durch Spencer Kagan, David und Roger Johnson, Barrie Bennet und Norm Green bekannt, die durch viele Veröffentlichungen und Workshops Lehrer*innen weltweit begeisterten (vgl. Hammourd/ Ratzki 2007, 5). Auch Yvonne Orths, Ableitungsleitung I der Sekundarschule Duisburg-Rheinhausen ließ sich von dem Konzept überzeugen und stellte 2018 ihre Erfahrungen auf der Tagung zur Kooperativen Rhetorik in Düsseldorf vor.

Die Sekundarschule Duisburg-Rheinhausen hat sich besonders von Norm und Kathy Green inspirieren lassen, die Kooperation nicht nur auf den Unterricht beschränken. Vielmehr ist die Zusammenarbeit aller gefragt, sodass auch Eltern, Kolleg*innen und Schüler*innen kooperieren. Ihr Ziel ist es, eine Atmosphäre zu schaffen, in denen die Schüler*innen und Lehrer*innen gerne gemeinsam lernen und sich auch trauen, Fehler zu machen. Seit dem Schuljahr 2015/16 verfolgt die Schule deswegen das übergreifende Konzept und steht im Austausch mit dem Green-Institut, das Fortbildungen und Unterrichtsmaterialen zu dem Thema anbietet und auch Moderator*innen für das kooperative Arbeiten ausbildet (vgl. Green-Institut-Rhein-Ruhr).

Auf die Frage, welche Prinzipien beim KL eine signifikante Rolle spielen, konstatiert Orths in einem persönlichen Interview:

> „ ... am allerwichtigsten ist die Haltung den Menschen gegenüber. Wenn ich davon ausgehe, dass jeder Mensch lernen kann und jeder Mensch in unserer Gesellschaft wichtig ist, jeder Mensch ernst zu nehmen ist, dann komme ich eigentlich automatisch dazu, dass ich nicht mehr Unterricht über die Köpfe hinweg mache, also frontal, sondern dass ich versuche, die Kinder am Lernprozess teilhaben zu lassen, so

dass sie ihn auch selber gestalten und das schaffen wir mit kooperativem Lernen." (Orths 2019). Studien zu den Methoden des KL zeigen positive Entwicklungen im prosozialen Verhalten der Kinder und positive Leistungseffekte besonders in den naturwissenschaftlichen Fächern (vgl. Völlinger 2018, 161f.). Das KL darf jedoch nicht mit einfachen Gruppenarbeiten gleichgesetzt werden. So postuliert auch Norm Green: „nur weil wir Schülerinnen und Schüler in Gruppen einteilen, heißt das noch nicht, dass sie als Team zusammen arbeiten" (Green 2004, 1). Ohne Disziplin, klare Regeln und Strukturierungen ist KL nicht möglich, denn damit eine Kleingruppe effizient arbeiten kann, müssen alle Gruppenmitglieder die Wichtigkeit von Zusammenarbeit und hilfreicher Interaktion verstehen (vgl. Green/Green 2007, 76). Die Basiselemente werden deswegen als Gewähr für einen produktiven Arbeitsprozess angesehen und dienen als Werkzeuge, die bei der Problemlösung in Gruppenarbeiten helfen.

Basiselement 1: Positive Interdependenz

Der Erfolg Einzelner hängt auch immer von dem Erfolg der Anderen ab. Indem man eine positive Abhängigkeit schafft, fühlen sich alle Gruppenmitglieder in der Erreichung eines Ziels miteinander verbunden (vgl. ebd., 76) Hauptziel der positiven Interdependenz ist es, dass den Schüler*innen Ressourcen bewusst werden, dass sie diese gemeinsam einsetzen und insgesamt gemeinschaftliche Erfolge würdigen und nicht Einzelbeträge. Interdependenz motiviert die Einzelnen zu größerer Anstrengung und schafft neue Einsichten und Entdeckungen durch unterstützende Interaktion und differenzierte Denkprozesse (vgl. Johnson/Johnson/Johnson Holubec 2005, 115).

Basiselement 2: Individuelle Verantwortung

Die Lernenden sollen sich ihrer doppelten Verantwortung bewusst werden, die darin besteht, dass sie selbst den Lernstoff verstehen, aber auch ihren Gruppenmitgliedern beim Verstehen helfen, so dass sie als selbstbewusste Lerner agieren. (vgl. ebd., 110f.). Durch das Erlernen von Eigenverantwortung und die Bewusstwerdung der eigenen Gruppenrolle konstatieren die Schüler*innen auch, dass sie nicht Andere für sich arbeiten lassen können. Hierbei kann es hilfreich sein, die Beiträge aller regelmäßig von den Gruppenmitgliedern und der Lehrperson bewerten zu lassen (vgl. Green/Green 2007, 76).

Basiselement 3: Unterstützende Interaktion

Die Mitglieder der Gruppe müssen sich miteinander verbunden fühlen, wenn sie ein gemeinsames Ziel erreichen wollen (vgl. Hammoud/Ratzki 2009, 7). Sich in der Gruppe verbunden fühlen, braucht Zeit. Die Gruppe muss eine schulische und eine persönliche Ebene entfalten können. Erfolgreiche gemeinsame Interaktion in der Gruppe führt zu mehr Engagement und Erfolgsorientierung und bewirkt einen kontinuierlichen Fortschritt (vgl. Johnson Johnson/Johnson Holubec 2005, 118). Um dies zu unterstützen, hat die Sekundarschule in Duisburg beispielsweise Tischgruppenpunkte eingeführt, die an der Tafel notiert werden, wenn eine Gruppe besonders gut zusammengearbeitet hat, sodass die Motivation und der Zusammenhalt gestärkt wird und sich eine Gruppenidentität ausbildet (vgl. Orths 2019).

Basiselement 4: Soziale Fertigkeiten

Wenn mit kooperativen Gruppen gearbeitet wird, müssen die Schüler*innen neben dem schulischen Stoff auch soziale Kompetenzen erwerben, weil sonst das gemeinsame Arbeiten in der Gruppe nicht funktioniert. Beim KL müssen die Lernenden also gleichzeitig Inhalte lernen und ihre sozialen Fertigkeiten trainieren, ohne die die Gruppe nicht funktioniert. Wenn sie positive Interaktionen wie Ermutigen, abwechselnd Reden und Zuhören praktizieren, wird das Kommunikationsklima besser, das Vertrauen gefestigt, die Ergebnisse besser und der Umgang mit Konflikten effektiver (vgl. Johnson/Johnson/Johnson Holubec 2007: 119).

Basiselement 5: Reflexion und Evaluation

Um effizient in einer Gruppe arbeiten zu können, müssen die einzelnen Gruppenmitglieder sich und die anderen Rollen ständig reflektieren. So stellen sie fest, wo noch Handlungs- und Optimierungsbedarf besteht und was schon gut funktioniert. Das kann sowohl über einen Bewertungsbogen erfolgen, auf dem jedes Mitglied einschätzt, wie gut oder schlecht die Gruppe insgesamt zusammengearbeitet hat, als auch über die Lehrkraft, der die Ergebnisse der Gruppe auswertet (vgl. ebd., 120f.). Eine gute Methode, um den Reflexionsprozess zu starten, ist es, die Schüler*innen überlegen zu lassen, wie viele Punkte von zwölf Gruppenpunkten sie sich persönlich geben würden (die restlichen Punkte stehen für die anderen Gruppenmitglieder zur Verfügung.

Grundmuster des Kooperativen Lernens

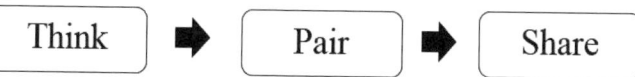

KL kann als sozialer aktiver und kommunikationsbasierter Prozess charakterisiert werden, dessen Lernprozess auf dem Dreierschritt *Think – Pair – Share*, also *Denken – Austauschen – Vorstellen*, basiert. Hier wird ein entscheidender Unterschied zur herkömmlichen Gruppenarbeit sichtbar, da auch eine Phase der Einzelarbeit im KL Teil der Gruppenarbeit ist (vgl. Hammoud/Ratzki 2009, 9).

In der *Think-Phase* erhält jedes Gruppenmitglied zunächst die Zeit, sich selbstständig mit dem Thema und der Fragestellung auseinanderzusetzen. Die Lernenden entwickeln einen individuellen Standpunkt, aktivieren ihr Vorwissen, erwerben neue Kenntnisse und implementieren diese in ihre kognitive Struktur (vgl. Radka 2013, 3).

Während der *Pair-Phase* werden zunächst Überlegungen und Fragen in der Gruppe ausgetauscht und verschiedene Ansichten zum Thema diskutiert. Anschließend bearbeiten die Mitglieder die genaue Aufgabenstellung gemeinsam und halten ihre Erkenntnisse schriftlich fest. Die Gruppenmitglieder können von den jeweiligen Fähigkeiten der Anderen profitieren und stärken neben ihrem Fachwissen auch ihre Beziehungsebene. Anders als im Frontalunterricht wird hier das Bedürfnis des kommunikativen Austauschs der Schüler*innen nicht als Störung wahrgenommen, sondern als bereichernder Prozess, der den Lernprozess positiv unterstützt (vgl. Hammoud/Ratzki 2009, 8).

Die erarbeiteten Ergebnisse werden während der *Share-Phase* der Klasse vorgestellt. Die Schüler*innen können sich dadurch mit den Ergebnissen der anderen Gruppen vergleichen und überprüfen, ob sie den Arbeitsauftrag richtig bearbeitet haben. Beim Erklären wird ihnen auch deutlich, ob der Stoff verstanden wurde und wo es eventuell noch Unklarheiten gibt. Für die Lehrperson bietet die Share-Phase die Möglichkeit, die Leistungen der Gruppe zu überprüfen. Hierbei kann es sinnvoll sein, die Vortragenden nach dem Zufallsprinzip auszuwählen. Nur wenn alle aus der Gruppe die Ergebnisse vernünftig präsentieren können, hat das Team erfolgreich zusammengearbeitet. Ist dies vorher mit allen Gruppenmitgliedern besprochen worden, steigt zudem die Wahrscheinlichkeit, dass sich alle in der Gruppe beteiligen, da die individuelle Verantwortung und die positive Interdependenz gefördert werden. Durch die Präsentationen erhält die Lehrperson auch ein direktes Feedback zur Aufgabenstellung und kann auf Missverständnisse oder Unklarheiten direkt reagieren.

Rollenverteilung in der Gruppe

Beim KL wird jedem Gruppenmitglied eine bestimmte Rolle zugeschrieben, die bestimmte Aufgaben und Verantwortungen mit sich bringt. Der *Lautstärkeregler* soll dafür sorgen, dass die Gruppe in den Stillarbeitsphasen nicht spricht und erinnert seine Gruppe in anderen Arbeitsphasen an das Flüstern und eine angemessene Lautstärke. Der *Zeitwächter und Schreiber* hat die Aufgabe, darauf zu achten, dass die von der Lehrperson vorgegebenen Zeiten eingehalten und die Ergebnisse und Ideen der Gruppe, aber auch Fragen an die Lehrperson schriftlich festgehalten werden. Für das besonders gute Zuhören bei Arbeitsaufträgen ist der *Checker* der Gruppe zuständig. Zudem achtet er darauf, dass sich alle in der Gruppe am Arbeitsauftrag beteiligen. Er fungiert als Vermittler zur Lehrperson, da er sich meldet, wenn Fragen aufkommen oder wenn die Gruppe mit dem Arbeitsauftrag fertig ist. Das vierte Mitglied der Gruppe ist der *Materialwächter*. Dieser achtet darauf, dass die Lernmaterialen wie Buch und Block von allen Gruppenmitgliedern auf dem Tisch liegen und ordentlich aufbewahrt werden. Falls in der Stunde bereitgestellte Arbeitsmaterialen benötigt werden, holt er diese bei der Lehrkraft ab.

Auch wenn je nach Schule die Bezeichnungen der Rollen variieren, der Schreiber beispielweise *Protokollant* oder der Checker *Gesprächsleiter* genannt wird, sind die Funktionen dieselben oder weichen nur minimal ab (vgl. Hammoud/ Ratzki 2009, 12). Am wichtigsten ist jedoch, dass die Schüler*innen jeweils ihre Rolle und Aufgabenbereiche kennen. Hilfreich können deswegen Plakate in den Klassenräumen sein, auf denen die genauen Rollenbezeichnungen nachgelesen werden können. Ist eine/r aus der Gruppe erkrankt, muss die Person, die am nächsten am Platz des Erkrankten sitzt, die Rolle mit übernehmen.

Rolle der Lehrerkraft

Durch die erhöhte Eigenverantwortlichkeit der Schüler*innen beim KL ändert sich auch die Rolle der Lehrkraft. Ihre Aufgaben sind nicht mehr nur auf die Wissensvermittlung begrenzt, sondern sie fungieren als Kooperationsmanager und -partner und als Lernbegleiter während der Prozesse. Sie organisieren den Lernprozess durch Gruppenbildung, Strukturierung der Aufgaben und zeitliche Vorgaben für die diversen Arbeitsphasen (vgl. ebd., 12). So bieten sie den Schüler*innen das Setting und den Rahmen, in dem immer wieder kooperative Orte geschaffen werden, in denen sie den Kindern neue Impulse und Erkenntniserweiterungen durch den Austausch mit anderen bieten (Orths 2019). Zentral ist dabei, dass der Erwerb von Sozialkompetenzen als genauso wichtig erachtet wird wie die Festigung von fachlichen Kompetenzen. Die Lehrperson fungiert beim KL nicht nur als bloßer Beobachter, sondern kann jederzeit einschreiten, wenn sie das Gefühl hat, dass eine Gruppe nicht vernünftig arbeitet oder allgemein Hilfestellungen benötigt werden.

Häufig wird Lehrpersonen vorgeworfen, nur als Einzelkämpfer für sich zu arbeiten. Das ist beim KL nicht möglich, denn Kooperation funktioniert nur, wenn alle Ebenen mitziehen. Die Reflexionsfähigkeit, die von den Schüler*innen erwartet wird, müssen auch die Lehrkräfte leisten. In Duisburg-Rheinhausen treffen sich deswegen die Klassenleitungsteams einmal die Woche, um mit jemandem aus dem Beraterteam, also einem Mitglied der Schulleitung oder einem/ einer Sozialpädagog*in oder kooperativen Moderator*in die Schul- und Unterrichtsentwicklung zu besprechen und weitere Ziele zu entwickeln. Da auch kollegiale Unterrichtshospitationen realisiert werden, bietet sich ebenfalls die Möglichkeit, in den Sitzungen gemeinsam Unterrichtsmaterial zu entwerfen und zu verbessern, sodass sich auch die Lehrpersonen untereinander Feedback geben können und voneinander lernen. Dies wird von Kolleg*innen sehr positiv angenommen, schließlich habe jede/r Bereiche, in denen er/sie noch dazu lernen oder in denen er/sie anderen etwas beibringen kann, so dass alle immer irgendwie im Fortbildungsmodus sind (vgl. Orths 2019). Lehrende müssen sich demnach auch als Lernende verstehen, fordern Norm und Kathy Green, „die ihr Repertoire an unterrichtlichen und sonstigen Kompetenzen kontinuierlich erweitern" (Green/Green 2007, 98).

Gruppenbildung

Einer der ersten Schritte beim KL ist die Gruppenkonstituierung. Dafür sind besonders drei Punkte entscheidend: Größe, Zusammenstellung und Zeit.

Je größer die Gruppe wird, desto mehr individuelle Fähigkeiten und Ressourcen treffen aufeinander und desto mehr Sozialkompetenz wird von den Gruppenmitgliedern erwartet. Die Gruppen sollten deswegen klein genug sein, um eine aktive und ausgeglichene Beteiligung zu ermöglichen, da in einer zu großen Gruppe nicht alle miteinander interagieren können. Bei kleineren Gruppen fallen Schwierigkeiten bei der Zusammenarbeit außerdem schneller auf (vgl. Johnson/ Johnson/ Johnson Holubec 2005, 38). Soll mit den typischen Rollen gearbeitet werden, sind Vierergruppen zu empfehlen.

Da beim KL eine heterogene Gruppe am wirkungsvollsten zusammenarbeitet, ist es nicht empfehlenswert, die Schüler*innen selbst Gruppen bilden zu lassen, da diese sich meistens in homogenen Gruppen zusammenfinden, sodass leistungsstarke Kinder zusammensitzen oder es nur Mädchen- oder Jungengruppen gibt. Da das KL aber vor allem von Vielfalt profitiert, sollten die Gruppen nach dem Zufallsprinzip gewählt werden, z. B. indem Karten von eins bis sieben gezogen werden. Bei Klassen, bei denen es große Leistungsdifferenzen gibt, kann es sinnvoll sein, wenn die Lehrkraft in das Zufallsprinzip eingreift. An der Sekundarschule in Duisburg gibt es viele Kinder mit Migrationshintergrund, die noch nicht lange in Deutschland leben und die deswegen noch Sprachschwierigkeiten haben und den normalen Lernstoff aufgrund der Sprachbarriere nicht sofort verstehen. Deswegen achten die Lehrpersonen darauf, dass in jeder Gruppe ein/e Schüler*in ist, der/die gut Deutsch spricht und den anderen den Stoff vermitteln kann. Dann werden nur die anderen drei Mitglieder per Zufall ausgewählt (vgl. Orths 2019).

Der Anfang bei einer Gruppenneugründung kann sozial sehr anstrengend für die Lernenden sein, da oftmals auch Schüler*innen zusammenkommen, die sich vorher noch nicht mochten, die vielleicht nicht so beliebt sind oder die noch keine Anknüpfungspunkte haben (vgl. Orths 2019). Eine Gruppenidentität muss sich erst entwickeln, deswegen muss den neugegründeten Gruppen zunächst Zeit für eine Kennenlernphase gegeben werden. An der Sekundarschule in Duisburg erstellen die Schüler*innen zu Beginn ein gemeinsames Plakat und denken sich einen Gruppennamen und ein Gruppenwappen aus. Nach drei Monaten, wenn die Sitzordnung und damit auch die Gruppen verändert werden, sind in den Gruppen meistens schon Bindungen entstanden und die Gruppenmitglieder fast schon traurig, dass die Gruppen aufgelöst und neu zusammengesetzt werden. Die Gruppenmethode bietet den Kindern insgesamt die Möglichkeit, eine viel persönlichere Ebene mit ihren Klassenkamerad*innen aufzubauen. Besonders für schüchterne oder nicht so beliebte Kinder ist dies eine Möglichkeit, Zugang zum Klassenverband zu bekommen, da durch das intensive Arbeiten meistens Sympathien für einander entwickelt werden und eine größere Akzeptanz aufgebaut wird.

Unterrichtsphasen am Beispiel der Sekundarschule Duisburg-Rheinhausen

Der Unterricht ist an der Sekundarschule in fünf Phasen gegliedert. Bei welcher Phase sich die Schüler*innen gerade befinden, wird vorne an der Tafel mit einem Pfeil signalisiert.

Begrüßung → Die Klasse begrüßt die Lehrperson gemeinsam. Zuvor muss der Materialwächter darauf achten, dass alle Gruppenmitglieder ihre für die Stunde benötigten Arbeitsmaterialen wie Buch und Mäppchen ordentlich auf den Tisch gelegt haben.

Warm-up → Gibt es diese Stunde ein Sozialziel für eine spezielle Gruppe oder für die ganze Klasse, wird dies von der Lehrkraft besprochen. Dann wird eine Frage gestellt, die die Schüler*innen zunächst für sich in Einzelarbeit beantworten sollen. Diese Frage kann mit dem späteren Unterrichtsthema zusammenhängen, sie kann aber auch durch die Schüler*innen ausgewählt werden. Eine mögliche Frage wäre beispielsweise „Wo ist dein Lieblingsort". Die Lehrperson versichert sich zunächst, dass alle die Frage verstanden haben und gibt dann für die Phase eine genaue Zeitangabe an, und signalisiert den Kindern mit einem Klangstab auch wieder, wann diese vorbei ist. Hat sich jedes Kind Gedanken gemacht, geht es in die Gruppenphase, in der sich die Schüler*innen die Frage gegenseitig beantworten und dies am besten schriftlich festhalten. Um der Lehrkraft zu signalisieren, dass die Tischgruppe fertig ist, meldet sich der Checker. Die Lehrperson wählt dann aus, wer aus der Gruppe die Antworten vorträgt. Dies kann entweder zufällig geschehen, indem beispielsweise an einer Scheibe gedreht wird, auf der die Rollen stehen, oder die Lehrkraft wählt gezielt jemanden aus, bei dem er oder sie zum Beispiel das Gefühl hatte, dass er/sie sich nicht gut in die Gruppe integriert hat. Auf die Antworten der Schüler*innen kann die Lehrperson direkt reagieren und das Gesagte kommentieren, hinterfragen oder loben, so dass die Gruppen ein direktes Feedback erhalten. Außerdem wird deutlich, welche Gruppe nicht gut zusammengearbeitet hat und in der nächsten Phase mehr Beachtung und Hilfestellung benötigt.

Erarbeitung → Die Lehrkraft bespricht zunächst frontal mit der Klasse das Thema der Stunde und fasst entweder selbst die gesammelten Erkenntnisse der letzten Stunde zusammen oder fragt die Schüler*innen danach. Mit der Dokumentenkamera wird dann das Arbeitsblatt für die Stunde gezeigt. Wieder erklärt die Lehrkraft die Aufgabenstellung und versichert sich, dass der Auftrag verstanden worden ist. Wie in der Warm-up Phase gibt er auch jetzt eine genaue Zeitangabe. In der Gruppe üben inzwischen alle ihre Aufgaben aus. Der Materialwächter holt das Arbeitsblatt vorne ab, der Schreiber legt die Stifte bereit, der Checker hört besonders gut bei den Anweisungen zu und der Lautstärkeregler achtet darauf, dass niemand in den Stillphasen redet. Durch die Klangschale wird angezeigt, wenn der nächste Auftrag erarbeitet werden soll. Während die Schüler*innen in den Gruppen arbeiten, kann die Lehrkraft die nächsten Arbeitsaufträge vorbereiten und einzelnen Gruppen Hilfestellungen geben.

Präsentation → Wenn alle Aufgaben bearbeitet sind, bekommt jede Gruppe noch einmal fünf Minuten Zeit, um sich in der Gruppe abzusprechen. Dann wird wieder zufällig jemand ausgewählt, der die Ergebnisse der Gruppe vorträgt. Hierbei kann die Lehrperson entscheiden, ob die gesamten Ergebnisse vorgestellt werden, nur ein Teil der Aufgabe oder nur Aspekte, die vorher noch nicht genannt wurden. Stellt die Lehrkraft fest, dass einige Gruppen den Arbeitsauftrag nicht verstanden haben, kann sie, bevor sie es selbst erklärt, zunächst eine Gruppe erklären lassen, die alles verstanden hat, so dass sich die Schüler*innen kollektiv helfen. Gibt es noch einen neuen Auftrag, wechselt man wieder in die Phase der Erarbeitung; wenn nicht, erfolgt abschließend die Reflexion und Feedback-Phase.

Reflexion → Die Reflexion ist besonders in Gruppenarbeiten wichtig. Deswegen werden am Ende der Stunde häufig Feedbackkarten verteilt, in die die Schüler*innen eintragen können, wie gut sie in der Stunde zusammengearbeitet haben. Ergänzend gibt es während der Klassenratsstunden immer wieder Tischgruppentraining über Teamarbeit, in denen evaluiert werden kann, wie die Rollen wahrgenommen werden, was gut klappt, was nicht und wo Verbesserungen nötig sind. Aus diesen Ergebnissen lassen sich dann auch Sozialziele für die Klasse und einzelne Tischgruppen entwickeln. Ist es beispielsweise während der Gruppenarbeitsphase zu laut, kann das Sozialziel „Wir reden alle in einer angemessenen Lautstärke" gesetzt werden, so dass die Lernenden in dieser Stunde besonders auf ihre Lautstärke achten und auch der Lautstärkeregler besonders in der Gruppe aufpasst (vgl. Orths 2019). Zudem kann es auch sinnvoll sein, Expertengruppen zu bilden, an denen sich zum Beispiel alle Checker miteinander austauschen können. So können sie kollektiv ihre Probleme und Tipps austauschen und kontrollieren, ob sie ihre spezifischen Aufgaben richtig verstanden haben und ausführen.

Fortbildungsmöglichkeiten

Lernende und generell Interessierte können sich auf der Homepage des Green-Institut-Rhein-Ruhr über Fortbildungen und Kooperationspartner informieren. Außerdem finden sie dort einige Unterrichtsmaterialien für kooperative Methoden, die einen ersten Einblick in die Durchführung gewähren. Die Sekundarschule Duisburg-Rheinhausen bietet zudem Hospitationen für Interessierte an und unter Absprache kann man auch als Externer an einer Fortbildung zum kooperativen Arbeiten teilnehmen.

Literatur

Büttner, G./Warwas, J./Adl-Amini, K. (2012): *Kooperatives Lernen und Peer Tutoring im inklusiven Unterricht*. Zeitschrift für Inklusion 1-2/2012, 14-27.
Green-Institut-Rhein-Rhur. In: http://wordpress.green-institut-rhein-ruhr.de/ (Stand 04.03.2019).
Green, N./Green, K. (2007): *Kooperatives Lernen im Klassenraum und im Kollegium. Das Trainingsbuch*. 3. Aufl., Seelze.
Green, N. (2004): *Der Unterschied zwischen Kooperativem Lernen und Gruppenarbeit besteht in den 5 grundlegenden Elementen*. learn:line -http://www.greens-web.learn-line.de/ - Übersetzung Carmen Druyen. Siehe: http://methodenpool.uni-koeln.de/koopunterricht/ger_the_difference.pdf (Stand 04.03.2019)
Hammoud, A./Ratzki, A. (2009): *Was ist Kooperatives Lernen?* In: Fremdsprache Deutsch Heft 41/2009, 5-13.
Radka, I. (2013): *Mehrwert durch Kooperatives Lehren und Lernen*. In: http://llpcomet.eu/wp/materialien/literatur/fachartikel/ (Stand 02.03.2019)
Johnson, D. W./Johnson, R. T./Johnson Holubec, E. (2005): *Kooperatives Lernen Kooperative Schule: Tipps, Praxishilfen und Konzepte*. Mülheim/R.
Orths, Y. (2019): *Persönliches Interview an der Sekundarschule Duisburg-Rheinhausen*. Geführt von Karen Schmitz am 18.02.2019.
Roth, R. (2009): *Rollen im Kooperativen Lernen – Ein Erfahrungsbericht*. In: Fremdsprache Deutsch Heft 41/2009, 30-34.
Völlinger, V. A./Supanc, M./Burnstein, J. C. (2017): *Kooperatives Lernen in der Sekundarstufe. Häufigkeit, Qualität und Bedingungen des Einsatzes aus der Perspektive der Lehrkraft*. Wiesbaden.
Wicke, R. E.(2009): *Alter Wein in neuen Schläuchen. Wie heißt das nun wirklich – Kooperatives Lernen oder Gruppenarbeit?* In: Fremdsprache Deutsch Heft 41/2009, 41-44.

BERTRAM THIEL & MARITA PABST-WEINCHENK

Kooperative Rhetorik als integraler Bestandteil im Seminarfach

Das Seminarfach gibt es als Unterrichtsfach in der Oberstufe an allgemeinbildenden und beruflichen Gymnasien in verschiedenen Bundesländern, auch wenn es zum Teil anders benannt wird. In Niedersachsen, Thüringen und im Saarland heißt es „Seminarfach", in Bayern wird es „Wissenschaftspropädeutisches Seminar" (oder kurz: „W-Seminar" oder „Propädeutikum") genannt, in Baden-Württemberg und Berlin ist es der „Seminarkurs", in Bremen heißt es „Methoden" und in Nordrhein-Westfalen „Projektkurs". In der Regel ist es verpflichtend und wird über vier Schulhalbjahre jeweils als zweistündiger Grundkurs unterrichtet.

1 Propädeutische Zielsetzung

Das Ziel dieses Faches ist in allen Bundesländern sehr ähnlich: Es geht um die Vermittlung allgemeiner wissenschaftlicher Methoden an ausgewählten interdisziplinären Fragestellungen sowie um die Förderung der Lernkompetenz der Schüler*innen. Das Seminarfach soll zur Erweiterung der Kompetenzen, speziell der so genannten Schlüsselqualifikationen, führen und auf das Studium vorbereiten. Diese Zielsetzung folgt der Vereinbarung der Kultusministerkonferenz zur „Gestaltung der gymnasialen Oberstufe in der Sekundarstufe II" (07.07.1972 i.d.F. vom 28.02.1997), nach der der Unterricht in der gymnasialen Oberstufe nicht nur fachbezogen, sondern auch fachübergreifend angelegt sein soll. Ziel des Unterrichts ist laut KMK neben dem Erwerb der allgemeinen Hochschulreife auch die allgemeine Studierfähigkeit, dies beinhaltet auch die Einführung in wissenschaftliche Denk- und Arbeitsweisen (Wissenschaftspropädeutik). Der Unterricht im Seminarfach fördert die Lernkompetenz der Schüler*innen, d. h. die souveräne und selbstgeregelte Befähigung, Lernmethoden und -techniken zu nutzen, um Informationen zu verstehen, zu ordnen und zu strukturieren, zu verarbeiten, kritisch zu reflektieren, themen- und adressatengerecht zu präsentieren sowie im Diskurs zu erörtern. Dabei wird der Arbeitsprozess von den Schüler*innen in einem vorgegebenen Zeitrahmen selbständig organisiert. Diese Zielsetzungen werden insbesondere gefördert durch:

- *das Lernen an und in komplexen Zusammenhängen: Die Auswahl der Arbeitsthemen berücksichtigt fächerübergreifende und fächerverbindende Themenstellungen, die insbesondere zu problembezogenem und vernetztem Denken (z. B. systemisches Denken, Denken in Modellen) anregen.*

Kooperative Rhetorik im Seminarfach 131

- *das Lernen in interdisziplinären Zusammenhängen: Das Erkennen inhaltlicher Zusammenhänge über Fach- und Schulgrenzen hinaus eröffnet neue perspektivische Zugänge. Die Zusammenarbeit mit schulischen Partnern und ggf. außerschulischen Experten fördern die Kommunikationsfähigkeit.*
- *das selbstbestimmte, selbstgesteuerte und eigenverantwortliche Lernen: Die Schülerinnen und Schüler nähern sich wichtigen Modellen des wissenschaftlichen Vorgehens an und erlernen dabei Methoden sowie Lern- und Arbeitstechniken, die ihnen zur Selbstständigkeit, Selbsttätigkeit und zu wissenschaftspropädeutischem Arbeiten verhelfen. Sie treffen wesentliche Entscheidungen über Inhalt, Form, Ziel und Darstellung ihrer Arbeit. Dazu benötigen sie auch metakognitive Fähigkeiten, um das eigene Lernverhalten zu kontrollieren und ggf. zu korrigieren (Lerntagebuch, Berichtheft, Portfolio).*
- *das problem- und handlungsorientierte Lernen: Die Schülerinnen und Schüler bearbeiten Aufgaben und inhaltliche Probleme, deren Lösung die Anwendung sach- und fachgerechter Methoden erfordert. Sie entwickeln qualifizierte Strategien, wenden sie zielgerichtet an und lösen ggf. handlungsorientiert die Aufgaben.*
- *die Schülerorientierung: Die Schülerinnen und Schüler arbeiten im Seminarfach aktiv und selbstverantwortlich mit. Beraten von der Lehrkraft, setzen sie eigene Schwerpunkte, überlegen und wählen adäquate Lern- und Arbeitsmethoden. Sie praktizieren Arbeits- und Sozialformen, die ihre Lernkompetenzen und ihren persönlichen Lernstil fördern.*
- *das Lernen der Teamfähigkeit: Die Schülerinnen und Schüler lernen neben der eigenständigen Arbeit auch partnerschaftlich mit anderen zusammenzuarbeiten. Das Seminarfach ermöglicht in besonderem Maße Arbeitssituationen zu erproben, die neben Selbstständigkeit auch Teamfähigkeit, Kommunikations- und Kooperationsbereitschaft verlangen, sowie individuelle und gemeinsame Arbeitsprozesse zu reflektieren.*

(Empfehlungen und Handreichungen für das Seminarfach in der Hauptphase der Gymnasialen Oberstufe Saar. 2010, 2f)

Dass im Seminarfach Rhetorik und Gesprächskompetenz eine besondere Rolle spielen, zeigen bereits diese Zielsetzungen. Rhetorik und Dialektik sind für die Propädeutik, um die es im Seminarfach geht, von grundlegender Bedeutung. So spielten sie historisch gesehen bereits als Teile der *septem artes liberales* (speziell im *trivium* von Grammatik, Rhetorik und Dialektik neben dem *quadrivium* von Arithmetik, Geometrie, Astronomie und Musik) eine zentrale Rolle im propädeutischen Fundament der mittelalterlichen Universität, der so genannten Artistenfakultät, die Lehrpersonen ausbildete und auf das Studium der "höheren Fakultäten" (Theologie, Jurisprudenz und Medizin) vorbereitete (vgl. div. Beiträge in Rüegg 1993 und 1996).

Eine detaillierte Auflistung von Methoden und Fähigkeiten, die propädeutisch im Seminarfach besonders geschult und trainiert werden sollen, liefert Renate Schenk:

Zusammenstellung von Lern- und Arbeitsmethoden

Exzerpieren	Analysieren	Argumentieren
Konspektieren	Differenzieren	Diskutieren
Intensives Lesen	Erkunden	Erläutern
Selektives Lesen	Experimentieren	Erörtern
Kursorisches Lesen	Problem erfassen	Referieren
Orientierendes Lesen	Zusammenfassen	Interviewen
Markieren	Gliedern	Moderieren
Beobachten	Kommentieren	Werten
Formulieren	Strukturen erkennen	Deuten
Nachschlagen	Strukturieren	Text bearbeiten
Reflektieren	Stichpunkte formulieren	Interpretieren
Skizzieren	Protokollieren	Ergebnisse präsentieren
Erkunden	Text verarbeiten	Beweisen
Beschreiben	Dokumentieren	Planspiel
Freies Sprechen	Vergleichen	Fallstudie
Notieren	Strategien entwickeln	
Zitieren	Informationen sammeln	
Quellen angeben	Informationen ordnen	
Erklären	Informationen auswerten	
	Brainstorming	
	Feedback	
	Begründen	
	Nachweisen	
	Umgehen mit Medien	
	Umgehen mit Hilfsmitteln	
	Schlussfolgern	
	Prüfen und Kontrollieren	
	Verallgemeinern	
	Abstrahieren	
	Konkretisieren	

Tab. von Renate Schenk (2005, 57; nach ThILLM-Reihe Materialien: H. 23, 1999, 25, bzgn. Klippert 1995)

2 Der Beitrag des Seminarfaches zu den allgemeinen Bildungszielen im Bereich Mündlichkeit

Betrachtet man die einzelnen Befähigungen, fällt auf, dass es neben den schriftlichen Qualifikationen auch um sehr viele aus dem Bereich der Mündlichkeit geht. Damit leistet das Seminarfach einen wichtigen Beitrag zu den allgemeinen Bildungszielen im Bereich „Sprechen und Zuhören", die die Kultusministerkonferenz in den Bildungsstandards als eine Domäne dem Fach Deutsch zuschreibt. Übersichtlich kann man die Teilkompetenzen der Gesprächskompetenz[1] und ihr Zusammenwirken wie folgt skizzieren:

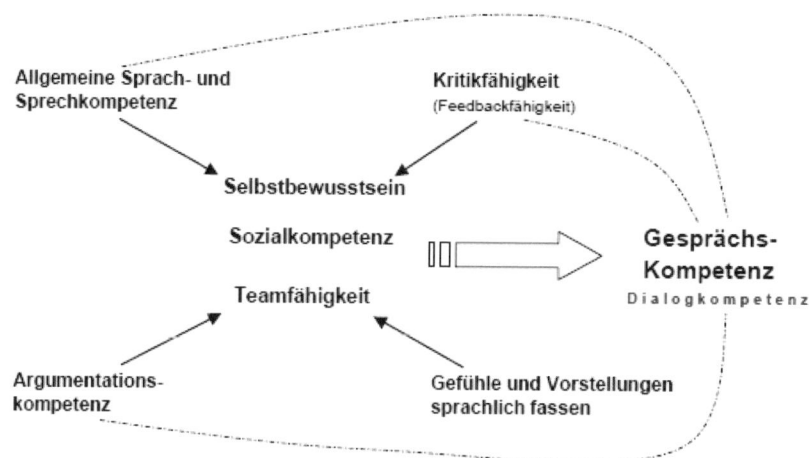

Abb. nach Bertram Thiel (http://www.seminarfach-gymnasium.de/saarland/ Downloads/KMK_Zentrale_Bildungsziele_Dialogkompetenz.pdf; Zugriff 03.05.2019)

Auch wenn bei den Arbeitsbesprechungen im Seminarfach Feedbackprozesse im Mittelpunkt stehen und dabei viel Wert auf wertungsfreie (und schüler*innenbasierte) Rückmeldungen gelegt wird (vgl. z. B. Thiel 2007a; 2008; 2015), sollen die Lernleistungen auch benotet werden. Zur Benotung gehört aber auf jeden Fall immer auch eine ausführliche, kriteriengeleitete Rückmeldung durch die Lehrperson, im jeweiligen Kontext auch unter Beteiligung der Mitschüler*innen. Als besondere Leistungen sind neben einer schriftlichen Jahres- bzw. Facharbeit im Umfang von etwa 15 bis 25 Seiten auch Präsentationen sowie mündliche Kolloquien vorgesehen. Die Leistungsnachweise sollen also neben der Mitarbeit den besonderen Charakter dieses Faches betonen. Bewertet werden können z. B.:

---

[1] Im Sinne der Sprecherziehung wird die Gesprächsfähigkeit als oberste Zielsetzung betrachtet, die alle Formen mündlicher und rhetorischer Kommunikation umfasst, siehe Geißners Definition: „Gesprächsfähig ist, wer im situativ gesteuerten, personengebundenen, sprachbezogenen, formbestimmten, leibhaft vollzogenen Miteinandersprechen – als Sprecher wie als Hörer – Sinn so zu konstituieren vermag, daß damit das Ziel verwirklicht wird, etwas zur gemeinsamen Sache zu machen, der zugleich imstand ist, sich im Miteinandersprechen und die im Miteinandersprechen gemeinsam gemachte Sache zu verantworten." (Geißner 1981, 129)

- *rhetorische Leistungen (z. B. freier Vortrag nach kurzer Vorbereitung, Impulsreferat zu einem Themenkomplex, Halten eines Plädoyers)*
- *Agieren und Reagieren in Diskussionen im Rahmen der Vorstellung einer Arbeit*
- *Mitarbeit in einem Team (Aufnahme von Ideen und Vorstellungen anderer Teammitglieder, das Geben eigener Impulse zum Erreichen einer Gemeinschaftsleistung)*
- *Eigenständigkeit und Kreativität bei der Recherche*
- *Präsentationen (medial unterstützt, individuell oder im Team)*
- *strukturierte visuelle Handouts (z. B. Mind-Maps)*
- *schriftliche Ausarbeitung eines Referates*
- *fachpraktische Arbeit*
- *künstlerische Leistung (szenisches Spiel, musikalische Darbietung, u. Ä.)*
- *Lerntagebuch/Portfolio*
- *Leistungen an außerschulischen Lernorten*

(Empfehlungen und Handreichungen für das Seminarfach in der Hauptphase der Gymnasialen Oberstufe Saar. 2010, 12)

3 Dialogisches Lernen im Seminarfach

Will man diesen Zielsetzungen und Anforderungen gerecht werden, muss man Unterricht als gemeinsamen, auf wechselseitigen Verständigungshandlungen basierenden Interaktionsprozess betrachten und das Lernen als dialogischen Prozess verstehen. Das kommunikative Handwerkszeug, das Lehrpersonen und Schüler*innen für die gemeinsame Arbeit im Seminarfach benötigen, findet man kompakt in einem Handbuch, das sich auch als Schulbuch für die Hand der Schüler*innen eignet (vgl. Pabst-Weinschenk/Thiel 2009, ²2012). Es fokussiert das dialogische Lernen, in dessen Mittelpunkt wie im offenen Unterricht der interaktive Lernprozess der Schüler*innen (untereinander und mit der Lehrperson) steht.

Nach Ruf und Gallin (vgl. z. B. 2015) ist der Dialog das strukturierende Element in diesem Unterrichtskonzept. Die Lehrperson bringt ein Angebot (orientiert an Fachlogik und Lehrplan) ein, das die Schüler*innen jeweils auf ihre individuelle Art nutzen und diese persönliche Nutzung authentisch (in Lerntagebüchern, Portfolios etc.) dokumentieren.

> *Hauptaufgabe der Lehrperson ist es, interessante und Erfolg versprechende Nutzungen des fachlichen Wissens und Könnens in den Schülerarbeiten sichtbar und für die Entwicklung der Lernenden nutzbar zu machen. Dieses wertschätzende Lernen am Erfolg ermöglicht es auch schwächeren Schülerinnen und Schülern, drei für den Aufbau der Motivation grundlegende Erfahrungen zu machen:*
> - *die Erfahrung der Autonomie (Ich stehe auf eigenen Füssen),*
> - *die Erfahrung der sozialen Eingebundenheit (Meine Lernpartner hören mir zu) und*
> - *die Erfahrung der Kompetenz (Ich mache Fortschritte).*
>
> https://www.lerndialoge.ch/herzlichwillkommen.html (Zugriff 03.05.2019)

Auch wenn man den Prämissen von Ruf und Gallin im Sinne der Dialoghaftigkeit und konstruktiven Auffassung von Didaktik zustimmt,
- *Wirksame Instruktion entspringt und mündet im Zuhören.*
- *Motivation entsteht und entwickelt sich mit der Erfahrung, etwas ausrichten zu können und Fortschritte zu machen.*
- *Lernen bedeutet Umbau und Erweiterung, nicht Neubau.*
- *Ohne Erfolg keine Anstrengung, ohne Anstrengung keinen Erfolg.*

(https://www.lerndialoge.ch/prämissen.html; Zugriff 03.05.2019)

geht uns ihre Auffassung der Aufgabe der Lehrperson als Angebotsbringer nicht weit genug. Es mag für den Primar- und Sekundarbereich I so praktikabel sein, aber im Seminarfach in der Sekundarstufe II sehen wir die Aufgabe der Lehrperson mehr als Moderator*in und Lerncoach. Es geht ja gerade auch für die Schüler*innen darum, selbst kreativ zu werden und Ideen/Themenangebote in den Unterricht einzubringen.

Wollen Lehrkräfte diese Art von dialogischem Lernen begleiten, sollten sie hinsichtlich ihrer eigenen Gesprächsfähigkeit und methodisch-didaktisch gut ausgebildet werden. Da dies bisher im vorwiegend fachwissenschaftlich-orientierten Studium vernachlässigt wird, sind spezielle Weiterbildungen sinnvoll und notwendig.

4 Weiterbildung zum dialogischen Lernen

Die Befähigung zur Initiierung und Begleitung dialogischer Lernprozesse im Seminarfach und allgemein zur Vermittlung der Lernstandards in Mündlicher Kommunikation wird von der Deutschen Gesellschaft für Sprechwissenschaft und Sprecherziehung (DGSS) e. V. gefördert. Seit einigen Jahren liegt ein entsprechendes, praxiserpobtes Konzept vor (vgl. Thiel 2004; 2005a; 2005b; 2007b; 2009a; 2009b; 2010; 2015). Das Gesamtkonzept umfasst neun Module und entspricht der Didaktik und Methodik dialogischen Unterrichts (vgl. auch Pabst-Weinschenk/Thiel 2009/^{2}2012, 276-278):

Modul 1: Aktives und verstehendes Zuhören
Modul 2: Wertungsfreies Feedback
Modul 3: Diskussions- und Gesprächsfähigkeit
Modul 4: Konzentrierte Dialogführung
Modul 5: Gezielte Argumentation
Modul 6: Präsentation und Rede-Rhetorik
Modul 7: Leistungsbewertung und Fehlerkultur
Modul 8: Umgang mit Konflikten
Modul 9: Lehrer- und Schüler-Persönlichkeit/Lern-Dialogbegleitung

Wer die Kommunikationsfähigkeit von Schüler*innen fördern will, muss selbst dialogfähig sein und authentisch kommunizieren. Die Persönlichkeit der Lehrkraft wirkt stets auch als vorbildhaft für die Schüler*innen. Im dialogischen Lernen kommt es zur wirklichen Begegnung mit den Lernenden. Die Lehrperson begleitet die Lernenden auf ihrem Lernweg. So wird Unterricht zu einer Bereicherung des Lebens für alle Beteiligten. Statt Stress und Ängste stehen Lernfreude und Motivation im Vordergrund. Es geht beim dialogischen Lernen also nicht nur um eine Methode, sondern immer auch um eine *kooperative Haltung*: Gemeinsames kommunikatives Handeln für eine gemeinsame gesellschaftliche Zukunft.

Literatur

Empfehlungen und Handreichungen für das Seminarfach in der Hauptphase der Gymnasialen Oberstufe Saar. 2., überarb. Aufl. 2010, S. 2f; https://www.saarland.de/ dokumente/thema_bildung/HandreichungenSeminarfach.pdf (Zugriff 03.05.2019)

Geißner, H. (1981): *Sprechwissenschaft. Theorie der mündlichen Kommunikation.* Kronberg/Ts.

http://www.seminarfach-gymnasium.de/saarland/Downloads/KMK_Zentrale_Bildungsziele_Dialogkompetenz.pdf (Zugriff 03.05.2019)

https://www.lerndialoge.ch/ (Zugriff 03.05.2019)

Klippert, H. (1995): *Methodentraining – Übungsbausteine für den Unterricht.* Weinheim/Basel.

Kultusministerkonferenz (2003): *Bildungsstandards im Fach Deutsch für den Mittleren Schulabschluss.* https://www.kmk.org/fileadmin/veroeffentlichungen_beschluesse/ 2003/2003_12_04-BS-Deutsch-MS.pdf (Stand: 22.12.2018)

Kultusministerkonferenz (2004): *Bildungsstandards im Fach Deutsch für den Hauptschulabschluss.* https://www.kmk.org/fileadmin/veroeffentlichungen_beschluesse/ 2004/2004_10_15-Bildungsstandards-Deutsch-Haupt.pdf (Stand: 22.12.2018)

Kultusministerkonferenz (2012): *Bildungsstandards im Fach Deutsch für die Allgemeine Hochschulreife.* https://www.kmk.org/fileadmin/ veroeffentlichungen_beschluesse/ 2012/2012_10_18-Bildungsstandards-Deutsch-Abi.pdf (Stand: 22.12.2018)

Pabst-Weinschenk, M./Thiel, B. (2009; ^{2}2012): *Lernen im Seminarfach. Handbuch für Kommunikation und wissenschaftliches Arbeiten. Wissenschaftspropädeutische Grundlagen für die gymnasiale Oberstufe und das Grundstudium.* Alpen.

Rüegg, W. (1993, 1996; Hg.): *Geschichte der Universität in Europa.* Bd. 1: *Mittelalter.* München; Bd. 2: *Von der Reformation bis zur Französischen Revolution 1500-1800.* München.

Ruf U./Gallin P. (2015): *Dialogischer Unterricht – Einladung zum autonomen und erfolgreichen Handeln.* In: Pädagogik, H. 5, 24–27.

Schenk, R. (2005): *Das Seminarfach in Thüringen. Die Entwicklung und der Anspruch des Seminarfachs in Thüringen im Kontext der Diskussion um die gymnasiale Oberstufe.* Erfurt *(Phil. Diss.)*; https://www.db-thuerigen.de /servlets/ CRFileNodeServlet/dbt_derivate_00010891/html/chapter3.html (Zugriff 03.05.2019)

Thiel, B. (2003): *Mündliche Kommunikation als Unterrichtsfach. Zur Vermittlung beruflicher Handlungskompetenzen an saarländischen Berufsschulen.* In: Wirtschaft und Erziehung (= Zeitschrift des Bundesverbandes der Lehrer an Wirtschaftsschulen e. V.), H. 3, 103-108.

Thiel, B. (2004): *Lernstandards für Mündliche Kommunikation im Unterricht. Darstellung einer Basiskonzeption für die Weiterbildung von Lehrkräften im Bereich Mündliche Kommunikation.* In: sprechen, 22. Jg., H. 41, 4-11.

Thiel, B. (2005a): *Basiskompetenzen für mündliche Kommunikation im Unterricht. Konzeption für die Weiterbildung von Lehrkräften im Bereich mündliche Kommunikation.* In: Forum Lehren und Lernen (= Zeitschrift des Landesverbandes Bremen der GEW), Heft 07/08, 19-21.

Thiel, B. (2005b): *Basiskompetenzen für mündliche Kommunikation im Unterricht.* In: Wirtschaft und Erziehung, H. 3, 88-90.

Thiel, B. (2006a): *Lernstandards für Mündliche Kommunikation im Unterricht: Kommunikationspädagogischer Ansatz nach B. Thiel. Bericht über Multiplikatorenweiterbildung der DGSS-Akademie.* In: DGSS-Mitteilungen, H. 2, 34-39.

Thiel, B. (2006b): *Offene Kommunikation im Unterricht sorgt für mehr Lernerfolg.* In: Saarbrücker Zeitung, 18.02.2006.

Thiel, B. (2006c): *Kompetenzen des Zuhörens und Sprechens in Gesprächsprozessen gezielt und aufbauend trainieren.* In: Wagner, R./Brunner, A./Voigt-Zimmermann, S. (Hg.): hören, lesen, sprechen. München, 163-169 (= Sprache und Sprechen, Bd. 43)

Thiel, B. (2007a): *Wertungsfreies Feedback als Teil der Schulkultur.* In: Deutsch. Unterrichtspraxis für die Klassen 5 - 10, H. 12: Referate vorbereiten, halten, besprechen.

Thiel, B. (2007b): *Schüler können mehr – Lehrer(innen) auch! Dialogisches Lernen bewirkt bedeutende Unterrichtserfolge.* In: VLW-Mitteilungen [= Verband der Lehrerinnen und Lehrer im Saarland e.V.], Ausgabe 4/2007 (17.12.07), 14-16.

Thiel, B. (2008): *Die wertungsfreie Rückmeldung – ein essenzieller Beitrag zur Feedback-Kultur im Unterricht.* In: Heilmann, Chr./Lepschy, A. (Hg.): Rhetorische Prozesse. Vom Konzept zur Handlung. München, 115-127 (= Sprache und Sprechen, Bd. 44)

Thiel, B. (2009a): *Dialogisches Lernen im Unterricht.* In: sprechen, H. 1, 55-65.

Thiel, B (2009b): *Besserer Unterricht durch ausgebildete Gesprächskompetenz. Gedanken zu Kompetenzorientierung, Kommunikation und Lernbegleitung.* In: DGSS-aktuell, H. 3, 9-11.

Thiel, B. (2010): *Lernen im Dialog. Eltern des Landes- und Bundeselternrats besuchten kompetenzorientierten Unterricht am KBBZ Neunkirchen.* In: VLW-Mitteilungen, Ausgabe 3/2010, 14-16.

Thiel, B. (2015): *Diskussions- und Diskurskompetenz im Unterricht entwickeln, rückmelden und bewerten.* In: Teuchert, B. (Hg.): *Mündliche Kommunikation lehren und lernen.* Baltmannsweiler, 182-193 (= Sprache und Sprechen, Bd. 47)

ThILLM-Reihe Materialien: Heft 23 *„Empfehlungen für den Unterricht im Seminarfach".* Bad Berka 1999.

D Praxisteil: Übungen zur Kooperativen Rhetorik zum Ausprobieren

MARITA PABST-WEINSCHENK

Hörer*innenbezug erleben

Kooperative Rhetorik ist dialogisch und hörerbezogen. Auch in allen Redeformen werden die Zuhörenden genauso ernst genommen wie im Gespräch. Man bezeichnet Reden deshalb auch als virtuell-dialogische Formen. Für Elmar Bartsch, den Begründer der Kooperativen Rhetorik, ist der *permanente Hörerbezug* Grundlage erfolgreichen kooperativen Sprechhandelns. Hörerbezug bedeutet für ihn

1. die Zuhörer immer mit ihrer Motivation, also ihren Erwartungen, Bedürfnissen, Fragen, Problemen, Kenntnissen und Erfahrungen, dort abholen, wo sie gedanklich stehen.
2. bei der Begriffsbildung von den Problemen aus der Sicht des anderen ausgehen, so dass dieser den Prozess immer mitdenken kann.
3. die Lösungsideen und Punkte, die der Zuhörer im Kopf hat, aufgreifen und ernsthaft in der Argumentation mit berücksichtigen.
4. dem Zuhörer Arbeit abnehmen und ihm neue Lösungsansätze anbieten.
5. andere nicht dominieren und manipulieren, sondern genügend Freiheitssignale setzen, so dass der andere sich nicht2012, 31; auch in unter Druck gesetzt fühlt und sich traut, seine eigene Entscheidung zu treffen. (Persönliches Interview anlässlich der 40-Jahre-Feier des Hernstein-Instituts am 15.09.2006, zitiert nach Pabst-Weinschenk 2008, 11; auch in 2012, 31)

All diese Punkte sind bei der Auswahl der Inhalte und der Strukturierung in der Gliederung zu berücksichtigen. Bei Redebesprechungen ist es deshalb oft notwendig, tiefer in die Thematik einzusteigen.

Im Gespräch dagegen erlebt man fehlenden Bezug auf den/die Partner*innen direkter im Gesprächsverhalten durch Gleichgültigkeit, Ablehnung, direkten Widerspruch, Unterbrechungen etc. Und selbst in hierarchischen Beziehungen, in denen viele sich nicht trauen, Ablehnung zu zeigen oder zu widersprechen, erkennt man diese zumeist deutlich im Körper- und Sprechausdruck. Anders in Redesituationen. Durch die größere Distanz zum Publikum wird der Bezug zu den Zuhörenden direkt nicht so deutlich erlebt. Deshalb ist es im Training wichtig, den Kontakt und die Qualität des Bezugs zu den Hörer*innen bei Redeübungen erlebbar und damit leichter reflektierbar zu machen. Dazu sind Übungen zum verständlichen Reden und Erklären komplizierter geometrischer Figuren besonders gut geeignet (vgl. Berthold 1978; Ders. 1979; Ders. 1983; Ders. 1983; Ders. 1990; Ders. 1993, 32-

41; Pabst-Weinschenk 1995/2009, 37f.; Dies. 2014, 100; Rehm 1976, 28-34; Wagner 1983; Weidenmann 1975, 100f.)

Zum Übungsarrangement

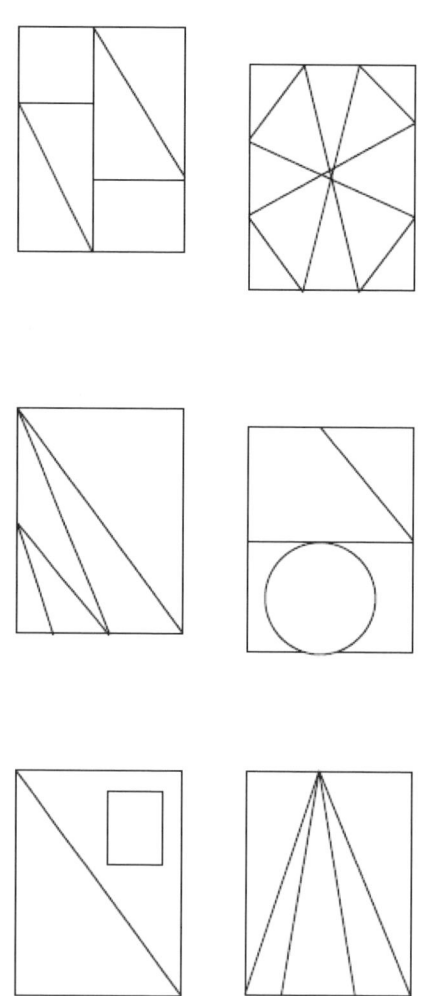

Einige Beispiele für Zeichnungen, weitere Beispiele bei Berthold 1993, 34-37.

Der/die Redner*in erhält eine Zeichnung mit der Aufgabe, sie der Gruppe so zu erklären, dass die Zuhörer*innen genau das gleiche Bild auf einem Blatt mitzeichnen. Dabei darf der/die Sprecher*in das Bild nicht zeigen und es auch nicht illustrativ mit der Gestik in die Luft malen. Hält der/die Sprecher*in beim Erklären Blickkontakt zu den Zuhörenden, sieht er/sie direkt, ob die Erklärung verständlich war und angekommen ist. Sprecher*innen machen so Pausen und wiederholen Punkte, weil sie sehen, dass die Zuhörenden etwas noch nicht verstanden haben. Die Verständlichkeit wird verbessert, wenn die Zeichnungen in Handlungsschritten erklärt werden (was muss der/die Zuhörer*in tun?) und wenn die abstrakte Zeichnung durch eine bildhafte Vorstellung veranschaulicht wird (*z. B. das sieht aus wie eine Windmühle ...*).

Schwieriger wird die Übung, wenn man geometrische Fachbegriffe wie Dreieck, Kreis etc. nicht verwenden darf. Solche Zeichnungserklärungen sind sinnvolle Vorübungen für Gebrauchsanleitungen, Wegbeschrei-bungen, Beschreibungen von Hobbytätigkeiten etc.

Literatur

Berthold, S. (1978): *Ein Redespiel zur Förderung des freien Sprechens*. In: Der Deutschunterricht, 30. Jg., H. 1, 110-114.
Berthold, S. (1979): *Methoden zur Anleitung zum verständlichen Reden*. In: Praxis Deutsch, H. 33, 45-47.
Berthold, S. (1983): *Hörverstehensübungen*. In: sprechen, 1. Jg., H. 2, 17-23.
Berthold, S. (1988): *Anleitung zum verständlichen mündlichen Informieren*. In: Behme, H. (Hg.): *Angewandte Sprechwissenschaft. Interdisziplinäre Beiträge zur mündlichen Kommunikation* (= Zeitschrift für Dialektologie und Linguistik, Beiheft 59). Stuttgart, 57-75
Berthold, S. (1990): *Übungen zur freien Rede im Deutschunterricht*. In: Ehrenwirth Lehrer-Journal/Hauptschulmagazin, 5. Jg., H. 11, 17-21.
Berthold, S. (1993): *Reden lernen. Übungen für die Sekundarstufe I und II*. Frankfurt/M.
Pabst-Weinschenk, M. (2008): *Basics im Methoden-Mix*. In: Heilmann, Chr./ Lepschy, A. (Hg.): *Rhetorische Prozesse*. München, 9-18.
Pabst-Weinschenk, M. (2012): *Rabulistik oder Kooperative Rhetorik?* In: Pabst-Weinschenk, M. (Hg.): *Mündlichkeit in aller Munde. Beiträge zur Düsseldorfer Mündlichkeit*. Alpen, 7-37.
Pabst-Weinschenk, M. (2014): *„Du hörst mir ja gar nicht zu!" Über das Zuhören & Sprechen, so dass man gerne zuhört*. Alpen.
Rehm, W. (1976): *Gesprächs- und Redepädagogik*. Kastellaun.
Wagner, R. (1983): *Zeichnen und Sprechen. In: sprechen, 1. Jg., H. 1, 32-39.*
Weidenmann, B. (1975): *Diskussionstraining*. Reinbek.

ULRIKE NESPITAL & IRMGARD JORDAN

Beliebte Fünfsatzstrukturen mit Beispielen

Mit diesen Arbeitsblättern wird in dem Blockseminar „Internationale Ernährungssicherung" an der Justus-Liebig-Universität Gießen zur Vorbereitung einer Debatte gearbeitet. Die Muster können aber auch auf alle anderen Themen bezogen werden. Die Darstellung der Muster wurde entnommen: Günther, U./Sperber, W. (2008): *Handbuch für Kommunikations- und Verhaltenstrainer. Psychologische und organisatorische Durchführung von Trainingsseminaren.* 4. Aufl., München/Basel.

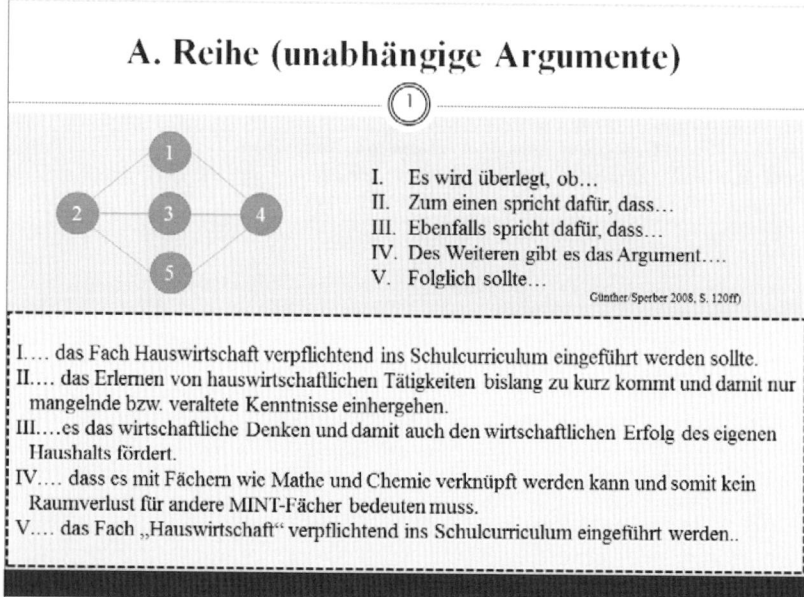

A. Reihe (unabhängige Argumente)

I. Es wird überlegt, ob…
II. Zum einen spricht dafür, dass…
III. Ebenfalls spricht dafür, dass…
IV. Des Weiteren gibt es das Argument….
V. Folglich sollte…

Günther/Sperber 2008, S. 120ff)

I.… das Fach Hauswirtschaft verpflichtend ins Schulcurriculum eingeführt werden sollte.
II.… das Erlernen von hauswirtschaftlichen Tätigkeiten bislang zu kurz kommt und damit nur mangelnde bzw. veraltete Kenntnisse einhergehen.
III.…es das wirtschaftliche Denken und damit auch den wirtschaftlichen Erfolg des eigenen Haushalts fördert.
IV.… dass es mit Fächern wie Mathe und Chemie verknüpft werden kann und somit kein Raumverlust für andere MINT-Fächer bedeuten muss.
V.… das Fach „Hauswirtschaft" verpflichtend ins Schulcurriculum eingeführt werden..

Beliebte Fünfsatzstrukturen mit Beispielen 143

B. Kette (abhängige Argumente)

I. Es wird diskutiert, dass.....
II. Und wir wissen, dass...
III. Folglich...
IV. Dadurch...
V. Deshalb bin ich gegen...

_{Günther/Sperber 2008, S. 120ff}

I. ... das Fach Hauswirtschaft verpflichtend ins Schulcurriculum eingeführt werden soll.
II. ... die Einführung des Faches Hauswirtschaft eine Kürzung bei anderen wichtigen Bildungsfächern wie z.B. Mathe, Chemie und Biologie bedeuten würde.
III. ...würde es zu Bildungsdefiziten bei den Schüler/inne/n in diesen Fächern führen.
IV. ...sind die Schüler/innen insgesamt für den Berufseinstieg schlechter qualifiziert.
V. ... die Einführung des Faches Hauswirtschaft ins Schulcurriculum.

C. Dialexe (Gegenüberstellung)

I. Es geht um folgenden Vorschlag, dass...
II. Einige sind dafür, weil ...
III. Andere sind dagegen,...
IV. Wäge ich beides miteinander ab,
V. Aus diesem Grund bin ich dafür...   _{Günther/Sperber 2008, S. 120ff}

I. ... das Fach Hauswirtschaft verpflichtend ins Schulcurriculum eingeführt werden soll.
II. ... es das wirtschaftliche Denken und damit auch den wirtschaftlichen Erfolg des eigenen Haushalts fördert.
III. ...weil die Einführung des Faches Hauswirtschaft eine Kürzung bei anderen wichtigen Bildungsfächern wie z.B. Mathe und Chemie bedeuten würde.
IV. ... finde ich die wirtschaftliche Entwicklung der privaten Haushalte wichtiger und würde eher eine Lösung bei der Fächeraufteilung suchen.
V. ... dass das Fach Hauswirtschaft ins Schulcurriculum eingeführt wird.

Weitere Literatur zum Fünfsatz und zur Übungspraxis

(Unter Verwendung der z. T. kommentierten Literaturlisten in Berthold 1981 und 1993 sowie Geißner 1996)

Berthold, S. (1979): *Methoden der Anleitung zum verständlichen Reden.* In: *Praxis Deutsch,* H. 33, 45-47 (Zum Fünfsatz S. 47).

Berthold, S. (1981): *Möglichkeiten und Grenzen der Fünfsatzmethode in der Gesprächs- und Redepädagogik.* In: Berthold, S. (Hg.): *Grundlagen der Sprecherziehung.* Düsseldorf, 81-102.

Berthold, S. (1988): *Anleitung zum verständlichen mündlichen Informieren.* In: Behme, H. (Hg.): *Angewandte Sprechwissenschaft.* Stuttgart, 57-75.

Bremerich-Vos (1991): *Populäre rhetorische Ratgeber. Historisch-systematishce Untersuchungen.* Tübingen, S. 93ff.

Drach, E. (1932): *Redner und Rede.* Berlin (zum Fünfsatz 116-122).

Ehrlich, B. (1979): Einführung in den Fünfsatz. In: Praxis Deutsch, H. 33, 39-40.

Geißner, H. (1968): *Der Fünfsatz. Ein Kapitel Redetheorie und Redepädagogik.* In: *Wirkendes Wort,* 258-278.

Geißner, H. (1972): *Zur Didaktik der rhetorischen Kommunikation. Modell eines Kurses "Formen des Gespräches".* In: *Außerschulische Bildung* 3, 1, B17-B32.

Geißner, H. (1973/1978): *Argumentierendes Sprechdenken im Fünfsatz.* In: Geißner, H. (Hg.): *rhetorik. bsv-studienmaterial.* 4. Aufl. München, 121-130 (= Geißner 1968, gekürzt, Titel und Zwischentitel neu, mit Aufgabenvorschlägen).

Geißner, H. (1974): *Der Fünfsatz. Ein Kapitel Redetheorie und Redepädagogik.* In: Schau, A. (Hg.): *Von der Aufsatzkritik zur Textproduktion.* Hohengehren, 164-191 (= Geißner 1968, mit Aufgabenvorschlägen aus Geißner 1973/1978).

Geißner, H. (1974): *Zum Fünfsatz.* In: Dyck, J. (Hg.): *Rhetorik in der Schule.* Kronberg/Ts., 32-48 (= Auszüge aus Geißner 1968).

Geißner, H. (1975): *Rhetorik und politische Bildung.* Kronberg/Ts., darin im Kursmodell "Formen des Gesprächs", 37-72 (= erweiterte Fassung von Geißner 1972) und im Kursmodell "Formen der Rede", 115-172.

Geißner, H. (1980): *Das Dialogische im Fünfsatz. Ein Beitrag zum Sprechdenken und Hörverstehen beim Argumentieren.* In: Kühlwein, K./ Raasch, A. (Hg.): *Sprache und Verstehen I.* Tübingen, 32-42.

Geißner, H. (1980): *Über das Dialogische im Fünfsatz. Ein Beitrag zum Sprechdenken und Hörverstehen beim Argumentieren.* In: Kühlwein, W./Raasch, A. (Hg.): *Sprache und Verstehen,* Bd. 1. Kongreßberichte der 10. Jahrestagung der GAL e.V. in Mainz 1979. Tübingen, 32-42.

Geißner, H. (1982): *Sprecherziehung. Didaktik und Methodik der mündlichen Kommunikation.* Königstein/Ts. (zum Fünfsatz 124-133).

Geißner, H. (1996): *Fünfsatz.* In Ueding, G. (Hg.): *Historisches Wörterbuch der Rhetorik,* Band. 3. Tübingen, Spalten 484-487.

Kohler, B./Lauritzen, G./Lauritzen, P./Otten, H./Treuheit, W.: *Modelle für den Bildungsurlaub. Lehren und Lernen in der Arbeiterbildung.* Opladen, Teil 1: Didaktische Konzeptionen. 1977; Teil 2: Empirische Probleme der Wirkungsanalyse. 1979 (zum Fünfsatz S. 63-65, 70, 91,117, 120, 140f.).

Kopperschmidt, J. (1971): *Rhetorik. Einführung in die persuasive Kommunikation.* Ulm (zum Fünfsatz 186-190).

Beliebte Fünfsatzstrukturen mit Beispielen 145

Lange, G. (1978): *Breviarium rhetricum.* 7., erw. Aufl. Bayreuth (S,. 47-49 Zitat aus Geißner 1968).

Langenmayr, M. (1979): *Sprachliche Kommunikation.* München (zum Fünfsatz 153-156).

Lay, R. (1974): *Dialektik für Manager.* München (5-Satz-Rede ohne Erwähnung von Drach und Geißner S. 226f.).

Mihm, A. (1980): *Mündliche Kommunikation im Deutschunterricht.* In: Sowinski, B. (Hg.): *Fachdidaktik Deutsch.* 2. überarb. und erw. Aufl. Köln und Wien (zum Fünfsatz 98-100).

Ockel, E. (1974): *Rhetorik im Deutschunterricht. Untersuchungen zur didaktischen und methodischen Entwicklung mündlicher Kommunikation.* Göppingen (zum Fünfsatz S. 196).

Pabst-Weinschenk, M. (1995/2009): *Reden im Studium.* Neuaufl., Alpen (Fünfschrittmodelle S. 158ff.).

Pabst-Weinschenk, M. (1998): *Gut argumentiert ist halb gewonnen: Diskutieren lernen.* In: Kruse, O. (Hg.): *Handbuch Studieren. Von der Einschreibung bis zum Examen.* Frankfurt/M., 224-237 (Fünfschrittmodelle S. 232-234).

Pabst-Weinschenk, M. (2010): Bewährte rhetorische Textmuster für die mündliche Sprachproduktion. In: Skiba, D. (Hg.): "Textmuster - schulisch, universitär, kontrastiv". Frankfurt/M., 229-254 (Fünfsätze S. 240).

Panzenböck, M. (1979): *Rede, Gespräch, Diskussion.* Berlin (zum Fünfsatz 64-79).

Plett, H. (1977): *Die Rhetorik der Figuren.* In: Plett, H. (Hg.): *Rhetorik. Kritische Positionen zum Stand der Forschung.* München, 125-165 (zum Fünfsatz S. 151 und 160, Anm. 33).

Rehm, W. (1976): *Gesprächs- und Redepädagogik. Ein sprecherzieherisches Element zur Mündigkeit.* Kastellaun (zum Fünfsatz 58-98).

Schweinsberg-Reichart, I. (1978): *Rednerschulung.* 5., überarb. und durchgeseh. Aufl., Heidelberg (zum Fünfsatz 62-77 und 97-101).

Seidenstücker, G. (1978): *Eine theoretische und experimentelle Untersuchung der Genese und Therapie von Sozialangst.* Diss. phil. Regensburg (zum Fünfsatz S. 133f. und im Anhang im Therapiemanual II).

Thiele, M. (1990): *Kann man Sprechdenken lehren? Wie denn der Fünfschritt "beyzubringen sey".* In: Thiele, M.: *Sprecherziehung und Rhetorik.* Regensburg, 27-50.

Völzing, P.-L. (1980): *Argumentation. Ein Forschungsbericht.* In: *Zeitschrift für Literaturwissenschaft und Linguistik,* 10, 38/39, 204-235 (zum Fünfsatz S. 230, Anm. 64).

Winkler, Chr. (1969): *Deutsche Sprechkunde und Sprecherziehung.* 2., umgearb. Aufl. Düsseldorf (zum Fünfsatz 554-556).

Zöchbauer, F./Hagen, H. (1974): *Gespräche und Rede. Eine moderne Methode für die Praxis in 10 Lektionen.* Wien (zum Fünfsatz Lektion 6 und die Übungskontrollen Frage 45-51).

MARITA PABST-WEINSCHENK & MARKUS WEINSCHENK

Kurs-Konzept: Rhetorik online

Der theoretische Input auf den Arbeitsblättern, die hier abgedruckt werden, ist auf ein Minimum reduziert. Wer genauer nachlesen möchte, findet die rederhetorischen Essentials in verschiedenen Publikationen zur Kooperativen Rhetorik (z. B. Jaskolski/ Pabst-Weinschenk 2012, vor allem 82ff.; Pabst-Weinschenk 2009; 2004/2011). Die Grundidee Kooperativer Rhetorik wird bei der Begrüßung auf der Lernplattform formuliert:

> *Man kann andere nur überzeugen, wenn man mit ihnen gemeinsame Sache macht und ihnen eine Position und/oder Forderungen mit Argumenten nachvollziehbar, verständlich und plausibel macht. Wer versucht, Andere zu überlisten und zu manipulieren, kann nur kurzzeitig mal Erfolge verbuchen. Langfristig verliert man so aber Glaubwürdigkeit. Denn: Wer einmal Andere hinters Licht führt oder belügt, dem vertrauen und glauben Zuhörer*innen nicht mehr, auch wenn man dann vielleicht die Wahrheit spricht.*

Aufgabe 1: Selbstvorstellung

Bevor Sie mit dem Kurs beginnen, aktualisieren Sie Ihr Profil auf der Lernplattform: Bitte fügen Sie ein Bild (von Ihnen) ein und skizzieren Sie stichwortartig Ihre bisherigen Erfahrungen mit Rhetorik. **Das sollten Sie bis spätestens xx.xx.xxxx erledigt haben.**

Anschließend präsentieren Sie sich bitte im Forum "Vorstellungsrunde": Legen Sie einen Thread unter Ihrem Namen an. Nehmen Sie mit der Webcam ein 1-2-minütiges Video auf, in dem Sie sich kurz vorstellen und Ihre Erfahrungen mit Rhetorik berichten. Laden Sie die Aufnahme im Forum in Ihrem Thread als Anhang hoch. **Dies sollte bis spätestens xx.xx.xxxx geschehen.** *Wenn Sie dabei Probleme haben, wenden Sie sich bitte per Mail an die Kursleiterin.*

Denken Sie bitte bei allen Video-Aufnahmen daran, dass Sie nur Dateien bis max. 100 MB als Anhang in den Foren hochladen können, also stellen Sie bitte die Aufnahmequalität auf niedrig ein, ggf. müssen Sie Ihre Proberreden in zwei oder mehreren Teilen hochladen. Direkt nach der Vorstellungspräsentation notieren Sie sich bitte Ihre Selbsteinschätzung und stellen Sie diese auch in Ihrem Vorstellungs-Thread ein.

Schauen Sie sich die von Ihren Kolleg*innen eingestellten Materialien an und geben Sie zu jeder Vorstellungspräsentation in einem Forenbeitrag eine konstruktive Kritik ab.

Ihre Selbsteinschätzung und Ihre persönlichen Rückmeldungen zu den Selbstvorstellungen der anderen schreiben Sie bitte **bis xx.xx.xxxx, xx Uhr!**

Kurs-Konzept: Rhetorik online

Aufgabe 2: Überzeugungsrede

Auf dem Arbeitsblatt (AB) 1 erfahren Sie, wie man eine Überzeugungsrede strukturieren kann. Überlegen Sie sich ein Thema, zu dem Sie eine Überzeugungsrede von ca. 5 Minuten halten. Erarbeiten Sie sich ein Stichwortkonzept auf AB 2. Wenn Sie sich vorher noch ein Muster ansehen möchten, schauen Sie sich das Modell einer falsch und richtig gebauten Überzeugungsrede (Jaskolski/ Pabst-Weinschenk 2012, 85-92) an.
Halten Sie dann Ihre Proberede und nehmen Sie sie auf. Überprüfen Sie, ob auch der Ton aufgenommen wird. Direkt nach der Rede halten Sie bitte Ihre Selbsteinschätzungen auf AB 3 fest.
*Richten Sie dann im Forum "Überzeugungsreden" ein Thema "Überzeugungsrede von ..." ein. Stellen Sie Ihr Stichwortkonzept, Ihre Selbsteinschätzung, ggf. mit Korrekturen nach dem ersten Anschauen Ihrer Aufnahme sowie die Video-Aufnahme selbst ein. **Diese Aufgabe erledigen Sie bitte bis zum xx.xx.xxxx!***
*Schauen Sie sich die von Ihren Kolleg*innen eingestellten Materialien an und gehen Sie zu jeder Überzeugungsrede in einem Forenbeitrag eine konstruktive Kritik ab. Dabei können Sie sich an den in der Rede-Pyramide zusammengefassten Kriterien orientieren (AB 4). **Ihre Selbsteinschätzung und Ihre Rückmeldungen zu den Überzeugungsreden der Anderen stellen Sie bitte bis xx.xx.xxxx ein.***

Aufgabe 3: Informationsrede

Effektiv und zeitgemäß Informieren mit der Harte-Nachrichten-Struktur. Lesen Sie die HARTE NACHRICHT über die HARTE NACHRICHT (AB 5). Entwickeln Sie ein neues Stichwortkonzept zu einem Teilaspekt Ihres Themas der Überzeugungsrede. Wenn das Ziel Ihrer Überzeugungsrede z. B. war, uns davon zu überzeugen, verstärkt fair gehandelte Produkte zu kaufen, um den Menschen in den armen Ländern zu helfen, durch eigene wirtschaftliche Umsätze unabhängiger von Entwicklungshilfe zu werden – könnten Teilthemen, über die man informieren kann, z. B. sein: Welche Länder erhalten wie viel an Entwicklungshilfe? Welche fair gehandelten Produkte gibt es wo? Wie werden die fair gehandelten Produkte distribuiert? Was versteht man genau unter fairem Warenhandel? Welche Länder profitieren schon vom fair trade? Welche Position bezieht die UN zum fair trade? etc.) – Ggf. müssen Sie für das Teilthema noch weitere Infos recherchieren, Medien vorbereiten etc.
*Halten Sie dann Ihre Proberede und nehmen Sie sie wieder auf. Direkt nach der Rede halten Sie bitte wieder Ihre Selbsteinschätzung auf AB 3 fest. Richten Sie im Forum "Informationsreden" ein Thema unter Ihrem Namen mit dem Zusatz "Informationsrede von ..." ein und laden Ihr Stichwortkonzept, Ihre Selbsteinschätzung, ggf. mit Korrekturen nach dem ersten Anschauen Ihrer Aufnahme sowie die Video-Aufnahme selbst ein. **Erledigen Sie dies bitte bis zum xx.xx.xxxx.***
*Schauen Sie sich die von Ihren Kolleg*innen eingestellten Materialien an und geben Sie zu jeder Informationsrede in einem Forenbeitrag eine konstruktive Kritik ab. **Zeitfenster für die Selbsteinschätzung und die Rückmeldungen zu den Inforeden der Anderen: Bis xx.xx.xxxx***

Am Ende jedes Aufgabenblocks wird eine Besprechung im virtuellen Seminarraum (Videokonferenz, Video-Chat) angesetzt, bei der in der Gruppe gemeinsam die persönlichen Lernziele mit den einzelnen Teilnehmer*innen besprochen und festgehalten werden (AB 6).

AB 1 Überzeugen mit Psycho-Logik

Thema und Ziel unterscheiden und von hinten planen

Dadurch, dass man als erstes sein Ziel festlegt, plant man eine Rede von hinten. Das Ergebnis muss feststehen, wenn man das weitere Vorgehen plant. Grundsätzlich gilt, dass jede Rede, die gut auf Zuhörer*innen (ein-)wirken soll, wie ein Trichter gebaut wird. Das Thema soll sich für die Zuhörer*innen zuspitzen auf den beabsichtigten Teilaspekt. Man muss also auswählen. Nicht alles aus dem Themenbereich ist für das Ziel wichtig. Der/die Redner*in soll bewusst auswählen, man braucht einen *Mut zur Lücke*.

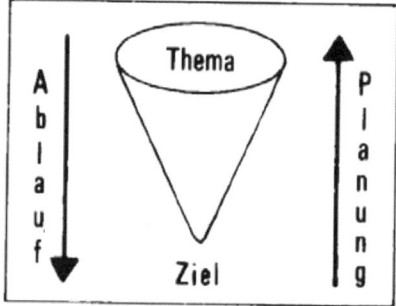

Psycho-logisches Überzeugungsschema

Eine Garantie für Überzeugungskraft gibt es nicht. Seit der Antike weiß man aber, dass nicht nur die Sache an sich bzw. die Anzahl der Argumente überzeugt, sondern immer auch die Art der Vermittlung. Für den gedanklichen Aufbau hat sich heute folgendes Prozessschema in der praktischen Rhetorik bewährt:
    1. Motivation
    2. Sachliche Problemstellung
    3. Versuch und Irrtum
    4. Lösung
    5. Verstärkung

Dieses lernpsychologische Vermittlungsschema entspricht allgemeinen Schemata für den Unterricht. Die Nähe zwischen Rhetorik und Didaktik ist nicht verwunderlich, denn jemanden von etwas überzeugen bedeutet: ihm/ihr etwas beibringen.

Zur Motivation: Emotionale Ansprache durch Situationsbezug, Mitgefühl und Verständnis, stellvertretendes Verbalisieren von emotionalen Spannungen oder Bedürfnissen (Grundbedürfnisse, Sicherheitsstreben, Gruppenzugehörigkeit, Anerkennung, Selbstverwirklichung); Gemeinsamkeit schaffen durch Gemeinplätze oder nicht widersprüchliche Aussagen (Ziel: innerer „Nickeffekt" der anderen).

Kurs-Konzept: Rhetorik online 149

Die Ansatzpunkte für das Entwickeln einer gemeinsamen Perspektive sind die Abholer. Wenn man zeigen kann, dass die Hörer*innen keine befriedigenden Lösungen für ihre Probleme, Bedürfnisse und Ziele im eigenen Handeln bisher gefunden haben, entsteht eine emotionale Unzufriedenheit (ein sogenannter Homöostase-Verlust), den der/die Redner*in aufgreifen und dazu ein Angebot machen kann.

Zur sachlichen Problemstellung: Das Problem auf den Punkt bringen, klare Begriffe, Fragen, Alternativen aufwerfen; häufig als rhetorische Fragen, damit das Mitgehen und Mitdenken der Zuhörer*innen gefördert wird; Gliederungspunkte für die Anderen benennen, damit das weitere Vorgehen transparent wird.

Zu Versuch und Irrtum: Mehrere Lösungsmodelle (besonders die, die Hörer*innen im Kopf haben!) ernsthaft aufgreifen, durchspielen: Pro und Contra abwägen; dafür Verständnis zeigen, aber sie auch klar als Irrtum herausstellen; argumentieren, Einwände vorwegnehmen. Wer von Anfang an zu der vertretenen Meinung neigt, wird von einer einseitigen Darbietung (ohne Versuch und Irrtum!) eher überzeugt. Wer aber in Opposition zur vertretenen Meinung steht, wird von einer Argumentation, die sich mit beiden bzw. mehreren Standpunkten auseinandersetzt, eher überzeugt.

Zur Lösung: Die Lösung als These klar und verständlich herausstellen, mit Argumenten schlüssig präsentieren.

Zur Verstärkung: Direkter Handlungsvollzug, wenn möglich, z.B. durch Demonstration, Proben ... Sammlung, Unterschriftenliste.

Menschen neigen dazu, ihr Handeln im Nachhinein immer vor sich selbst zu rechtfertigen, d. h., sie suchen selbst dafür weitere Argumente. Die kognitive Dissonanz zwischen bisheriger Meinung und realen Handlungen, die nicht mehr geändert werden können, begünstigt einen Einstellungswandel. Verbal kann aber immer auch ein emotionaler Ersatzvollzug der Lösung für die Zuhörenden angeboten werden. Dazu dienen viele bewährte Schlusspunkte wie Zitate, Appelle, Personalisierungen etc. Auch Appelle dienen der Verstärkung. Aber Vorsicht: Dick aufgetragene Appelle, die Furcht einflößen, sind wenig wirksam. Denn Furcht ruft immer eine starke Abwehr hervor. Überzeugende Darstellungen sollen anschaulich, kreativ und phantasievoll sein. Das wird auch im Neurolinguistischen Programmieren (NLP) betont. Bei dieser Richtung, die von dem Computer-Experten Bandler und dem Linguisten Grinder in den 70-er Jahren begründet worden ist, geht es um die Zusammenhänge zwischen äußerer Sprache (Wortwahl genauso wie Körperhaltung, Augenbewegungen und Stimmklang) und innerer Repräsentation. Aus der Verhaltensbeobachtung und der Innenschau wird die vorherrschende Verarbeitung eines Menschen erschlossen. Wie repräsentiert jemand Inhalte und Erfahrungen? Eher visuell, auditiv oder kinästhetisch? Das gibt Hinweise darauf, wie diese Person am leichtesten und erfolgreichsten lernen kann. Ziel des NLP ist die Verbesserung der Kommunikation mit sich und anderen, dazu werden verschiedene Techniken verwendet, die aber eigentlich nicht neu sind, sondern schon vorher von vielen erfolgreich eingesetzt worden sind. So gilt z. B. die klare Zielsetzung, auf die in der Rhetorik seit langem Wert gelegt wird, auch als ein Grundsatz im NLP. Der ursprüngliche Ansatzpunkt des NLP lag in der Therapie: *Warum sind Therapeut*innen wie Milton Erickson, Virginia Satir und Frederic Perls so erfolgreich?* war eine der zentralen Anfangsfragen. Heute findet das NLP zunehmend mehr Eingang in die allgemeine Weiterbildung von Firmen und Institutionen und wird oft mit allgemeinen rhetorischen Überlegungen verbunden. Die Erfolge des NLP sprechen auch für die hier vorgeschlagene Art des psycho-logischen und induktiven Vorgehens.

Aufgabe: Überlegen Sie sich ein Thema. Am besten Sie formulieren es als Entscheidungsfrage oder These, zu der man *ja* oder *nein* sagen kann. Formulieren Sie Ihr Redeziel in einem zusammenhängenden Satz: *Ich möchte meine Zuhörer*innen davon überzeugen, dass sie ...* und notieren Sie ihn ganz unten auf Ihrem Stichwortzettel.

Überlegen Sie sich dann motivierende Abholer, Problemstellung, Gegenpositionen mit Argumenten, ... Ihre Lösung und einen schönen Schluss. Notieren Sie jeweils nur wenige Stichworte auf Ihrem Blatt. Wenn Sie mögen, machen Sie eine Sprechprobe vor der Aufnahme, dann merken Sie am besten, wie gut Sie mit den Stichwörtern zurechtkommen.

AB 2 Stichwortkonzept Überzeugungsrede

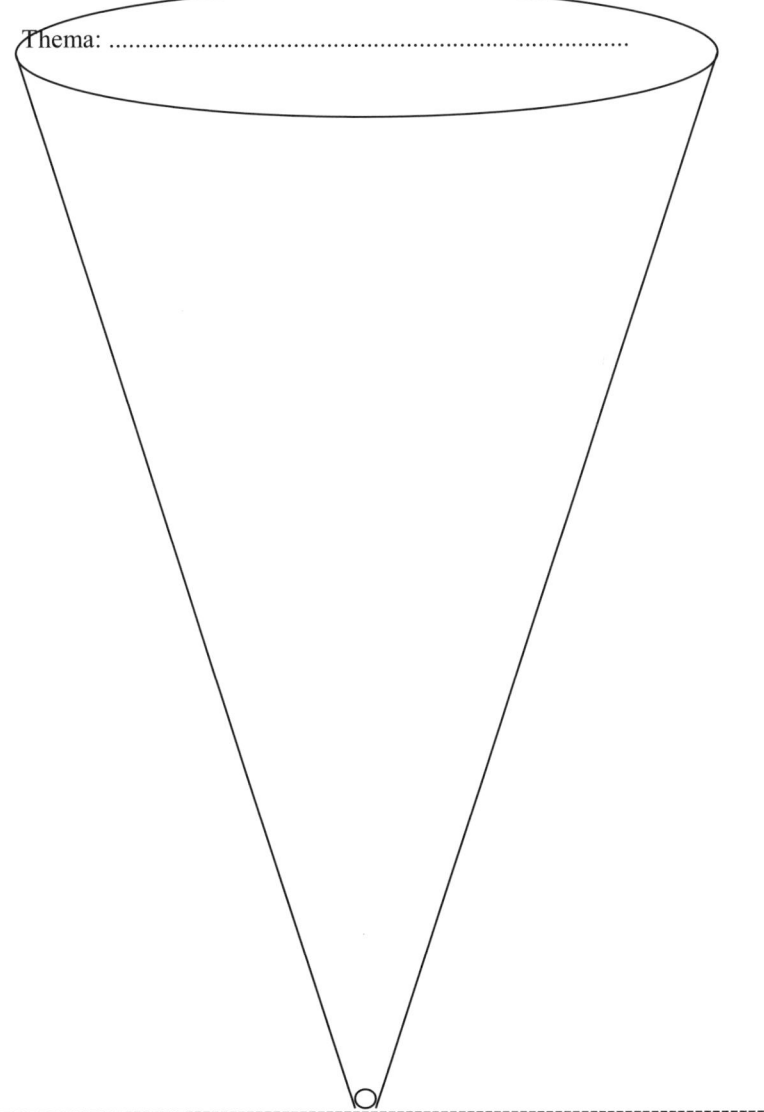

Thema: ....

(Beim Halten der Rede bitte hier umklappen, Zielsatz nie mit vortragen! Denn der Zielsatz ist kein Teil der Rede, sondern der Gesamteindruck, den die Rede auslösen soll!)
Zielsatz: ....
....

AB 3 Selbsteinschätzungen – Fremdeinschätzungen

Johari-Window (benannt nach den Autoren Joe Luft und Harry Ingham) (Vgl. Klaus Antons: Praxis der Gruppendynamik. Göttingen: Hogrefe, 3. Aufl. 1975, S. 111)

	mir selbst bekannt – meine Selbsteinschätzung direkt nach dem Vortrag	mir selbst bisher unbekannt, aber am Video offensichtlich
anderen bekannt	Öffentliche Person	Blinder Fleck ....
anderen unbekannt	Privatsphäre	Unbewusstes

Zur Erinnerung: Konstruktive Kritik
(Auszug aus: Pabst-Weinschenk: Reden im Studium. 2009)
In Rhetorikseminaren wird die Rede in ihrer gesamten Wirkung auf die Zuhörer*innen besprochen. Die Teilnehmenden geben sich gegenseitig Rückmeldungen. Konstruktiv und damit annehmbar wird Kritik, wenn man
- nicht pauschal bewertet, sondern möglichst genaue Beobachtungen mitteilt;
- nicht nur negative, sondern auch positive Punkte nennt, am besten erst das Positive, dann das Negative;
- die Beobachtungen und den persönlichen Wirkungseindruck beschreibt, am besten persönlich formuliert: *ich* statt *man* oder *das* (vgl. TZI nach Cohn, S.114);
- nicht appelliert und dem Anderen keine *guten Ratschläge* gibt.

Rückmeldungen sind immer persönliche Eindrücke, und nicht jede*r empfindet etwas genau wie die Anderen. Selbst die Beobachtungen sind subjektiv, jede*r nimmt auswählend wahr: Das, was für eine Person wichtig ist, fällt ihr auch bei Anderen eher auf. Deshalb können auch Redewirkungen sehr unterschiedlich sein: Der einen gefällt eine Rede mehr, dem Anderen weniger. Angesichts der Vielfalt der Rückmeldungen können nur die Sprecher*innen selbst entscheiden, ob und wie sie Ihr Verhalten verändern möchten. Diese Entscheidung liegt in ihrer Eigenverantwortung.

AB 4 Synoptische Darstellung der rhetorischen Kriterien in der Redepyramide

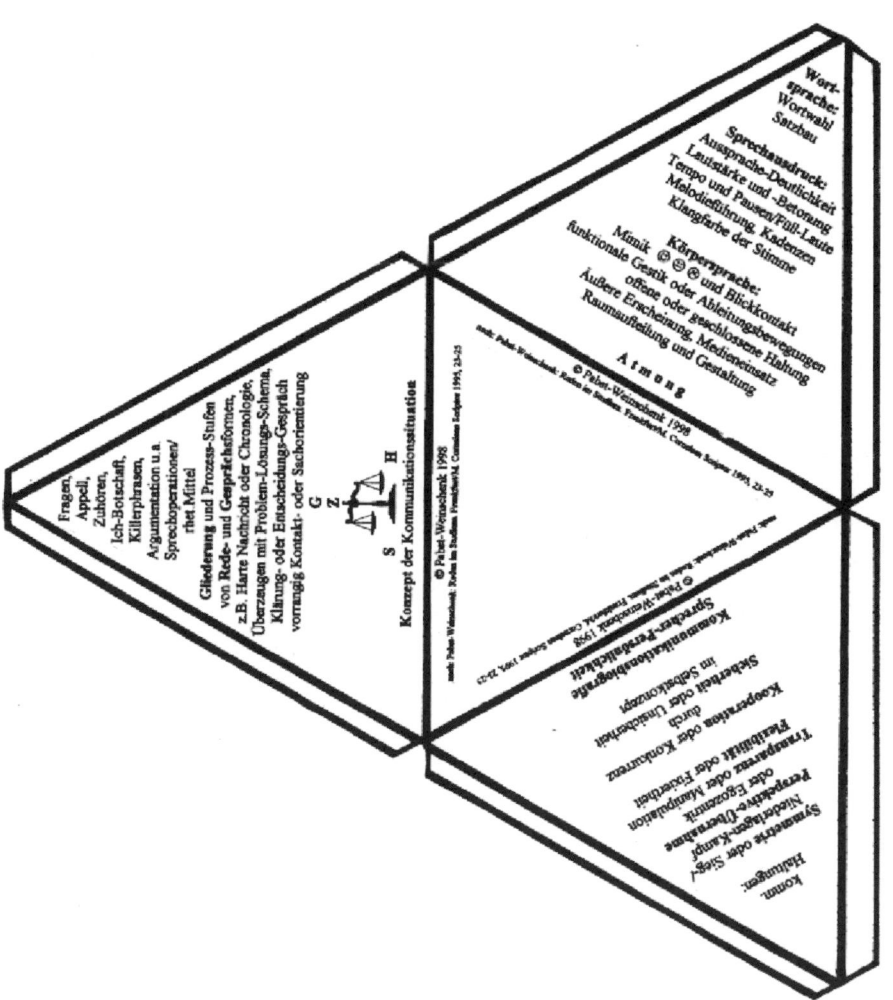

AB 5 Eine Harte Nachricht über die Harte Nachricht

(1) Die HARTE NACHRICHT kennt jeder aus seinen Erfahrungen als Zeitungsleser. Fast alle aktuellen Artikel sind so aufgebaut. Diese Gliederung ist eine Grundstruktur fürs Informieren. Im Journalismus und in der Medien-Rhetorik ist sie weit verbreitet ist.

(2) Es ist eine *Climax-First-Form* und enthält im einzelnen folgende Punkte:
1. **Hauptinformation** als *Totale* in der **Gegenwart**
2. Umstände als *Details* in der Gegenwart
3. *Hintergründe* als logische oder zeitliche **Vergangenheit**
4. **Folgen** als *Details* in der **Zukunft**
5. weitere **Aussichten** als *Totale* in der Zukunft

Bei der aktuellen Berichterstattung gibt Punkt 1 Aufschluss über die Fragen *WER? WAS? WANN? WO?*, Punkt 2 über das *WIE?*, Punkt 3 über das *WARUM?* oder *WIE IST ES DAZU GEKOMMEN?* und die Punkte 4 und 5 über *WOZU FÜHRT ES?*

(3) Bei der HARTEN NACHRICHT werden die Informationen also nicht chronologisch, sondern entsprechend ihrer Wichtigkeit angeordnet. Wichtiger als einzelne Umstände und die Hintergründe für das Entstehen eines Ereignisses ist zunächst das Ergebnis. Deshalb steht es bei der HARTEN NACHRICHT als Hauptinformation am Anfang.

Traditionell ist die Bauform der HARTEN NACHRICHT eine journalistische Stilform. Sie ist während des Amerikanischen Bürgerkrieges (1861 - 1865) entwickelt worden. Bis dahin war es üblich, in den Zeitungen chronologisch zu berichten. Auch die aktuelle Berichterstattung erschien in Fortsetzungsgeschichten. Wegen der damals noch großen Störanfälligkeit der Telegrafenverbindungen erreichte oft nur der Anfang eines Berichtes die Redaktionen. Berichtete der Journalist chronologisch über die Kämpfe und Gefechte, gelangte gerade das Wesentliche - nämlich der Abschluss bzw. das Ergebnis der Auseinandersetzungen - nicht an die Adressaten. Deshalb gingen die Reporter dazu über, ihre Informationen in Form der HARTEN NACHRICHT zu übermitteln. Brach die Leitung dann nach kurzer Zeit zusammen, so hatten sie zumindest das Wichtigste weitergegeben. Bestand die Leitung weiter, so konnten Details, Hintergründe, Folgen und weitere Aussichten als Zusatzinformationen, je nachdem, wie lange die Leitung hielt, angefügt werden. - Seit dieser Zeit wird die HARTE NACHRICHT im Journalismus eingesetzt.

(4) Der HARTE-NACHRICHTEN-Stil führt zu einer Optimierung der Prozesse der Informationsvermittlung. Sowohl die Produktion als auch die Rezeption von informativen Texten wird erleichtert und an den Bedürfnissen orientiert. Die HARTE NACHRICHT erleichtert dem Rezipienten eine ratio-

nelle Informationsentnahme. Liest er die Hauptinformationen (etwa Schlagzeilen und fettgedruckte erste Absätze), so hat er bereits einen Überblick über die Meldungen des Tages. Hat er wenig Zeit oder ist er nicht weiter interessiert an spezifischen Details etc., braucht er nicht weiter den gesamten Text zu lesen, da er das Wichtigste im Überblick bereits kennt. - Werden informative Texte direkt in der Struktur der HARTEN NACHRICHT produziert, können sie ohne zeitintensive Überarbeitung direkt in das Medium übernommen werden, und zwar in dem Umfang, wie es aufgrund der Fülle der aktuellen Meldungen geboten erscheint. Schreibt ein Journalist seinen Bericht als HARTE NACHRICHT, hat der Verantwortliche vom Dienst während des Umbruchs keine Schwierigkeiten, den Text schnell zu kürzen, wenn es sich herausstellt, dass nicht so viele Zeilen für den Bericht frei sind, wie der Journalist angenommen hat. Denn die HARTE NACHRICHT kann (fast) beliebig von hinten gekürzt werden, ohne dass der gegliederte Eindruck verloren geht. Diese Struktur für Informationsreden machen sich auch immer mehr Redner zunutze. Weiß ein Redner nicht genau, wie viel Zeit ihm zur Verfügung steht, ist eine HARTE-NACHRICHTEN-Vorbereitung ideal.

(5) Insgesamt wird in Zukunft die HARTE NACHRICHT immer weitere Verbreitung finden, und zwar nicht nur im schriftlichen Bereich, sondern auch in der mündlichen Kommunikation. Schreiber wie Sprecher werden die Fülle von Informationen sowie die Notwendigkeit des Informierens und Informiertseins rationell nur mit dem HARTE-NACHRICHTEN-Stil bewältigen können.

AB 6 Stichpunkte zur Konstruktiven Kritik

Lesen Sie sich bitte die Konstruktiven Kritiken durch, die die anderen zu Ihrem Beitrag geschrieben haben. Haben Sie Fragen dazu? Was ist Ihnen nicht verständlich? Was halten Sie davon fest?

☺ **Persönliche Stärken**

....
....
....
....
....

☹ **Persönliche Schwächen**

....
....
....
....

Die persönlichen Lernziele werden bei der Videokonferenz im virtuellen Klassenzimmer gemeinsam besprochen. Was halten Sie fest:

1. ....

2. ....

3. ....

Literatur

Jaskolski, E.W./ Pabst-Weinschenk, M. (2012): *Wirkungsvoll reden – überzeugend präsentieren*. Alpen.

Pabst-Weinschenk, M. (2009): *Reden im Studium. Ein Trainingsprogramm*. Alpen.

Pabst-Weinschenk (2004/2011, Hg.): *Grundlagen der Sprechwissenschaft und Sprecherziehung*. München.

NORVISI STANIC

Sprecheroperationen (SO) interaktiv vermitteln

Kooperative Gesprächsführung begreift das Miteinandersprechen in den verschiedensten Gesprächsformen auf der Mikroebene als sich gegenseitig beeinflussende Wechselhandlungen, die oft unbewusst und routiniert als Operationen ablaufen, aber zu Vermittlungszwecken rhetorisiert, also in ihrer Wirkung reflektiert und bewusst intentional vollzogen werden können. Diese Sprecheroperationen (SO) sind ein elementarer Bestandteil der Kooperativen Rhetorik (Bartsch 1985; 1991; Bartsch/Marquart 1999, 50; Bartsch/Pabst-Weinschenk 2004/2011, 128). Hier werden die ursprünglichen SO ergänzt um Argumentation und das Paraphrasieren/ aktive Zuhören. Ferner wird nicht auf die negativen Wirkungen beim gehäuften Gebrauch eingegangen.

1 SO-Memo-Kartenspiel

Ziel: die verschiedenen SO spielerisch kennenlernen und in ihren Funktionen bewusst als Mittel wahrnehmen, Gespräche aktiv und gleichgewichtig als (zu)hörende/r und als sprechende/r Kommunikationspartner*in zu gestalten. Dadurch wird die Handlungskompetenz der Teilnehmer*innen (TN) in Gesprächssituationen erweitert.

Vorbereitung: Produktion der Spielkarten-Paare: Karte 1 enthält die SO und Karte 2 jeweils die dazu gehörenden Funktionen. Ggf. können die Karten-Paare jeweils mit dem gleichen Symbol gekennzeichnet werden.

Spielaufgabe: Finden Sie in den verdeckten Karten die zusammenpassenden Paare. Ein Paar besteht aus der SO (= Begriffskarte) und der Erklärungskarte, die mit Pfeilen versehen ist.

Ablauf: Die Karten werden gemischt und verdeckt auf einem Tisch verteilt. Die TN decken nun reihum wie bei einem "Memory"-Spiel jeweils 2 Karten auf und lesen sie der Gruppe laut vor. Die aufgedeckten Karten werden von der Gruppe diskutiert (*z. B. Handelt es sich um eine Begriffs- oder Erklärungskarte? Wer kann sich unter dem Begriff/ der Erklärung etwas vorstellen? Was könnte gemeint sein? Wer kennt den Begriff? Wer kann ihn erläutern? Welche Karte – Begriff oder Erklärung – könnte zu der aufgedeckten passen? etc.*). Kommt die Gruppe nicht selbst ins Gespräch, kann der/die Seminarleiter*in (SL) mit den Fragen unterstützen.

Handelt es sich bei den aufgedeckten Karten um ein Paar, darf der/die TN das gefundene Paar behalten (bzw. sichtbar an eine Pinnwand hängen) und 2 weitere Karten aufdecken. Dies geschieht so lange, bis er/sie kein passendes Paar mehr findet. Sind die aufgedeckten Karten kein Paar, werden sie wieder hingelegt und der/die nächste TN ist an der Reihe. Usw.

Um die SO direkt mit den Erfahrungen der TN zu verknüpfen, ist es sinnvoll, wenn der/die SL die TN um Praxisbeispiele aus ihrem beruflichen oder privaten Alltag zu der jeweiligen SO bittet, sobald eine korrekte Zuordnung erfolgt ist.

Sind alle Karten-Paare gefunden, ist das Spiel beendet. Je nach Bedarf kann im Plenum noch eine zusammenfassende Reflexion erfolgen.

Begriffskarte (1)	Erklärungskarte (2)
Metakommunikation	⇨ Gesprächsorganisation ⇨ Kommunikationsstörungen benennen
Fragen	⇨ motiviert zur Antwort ⇨ erzeugt Informationsabgabe ⇨ dient Beziehungsaufbau, -gestaltung & -sicherung
Information	⇨ Neues ⇨ Gewinn an Wissen ⇨ Inhalte, Zahlen, Daten, Fakten
Stellungnahme	⇨ eigener Standpunkt ⇨ Bewertung ⇨ persönliche Meinung

Sprecheroperationen vermitteln 159

Argumentation	⇨ strittiger Sachverhalt ⇨ Behauptungen & Annahmen begründen ⇨ nachprüfbar, nachvollziehbar & akzeptabel überzeugen
Appell	⇨ fordert zum (Nicht-) Handeln auf ⇨ will Verhaltens- oder Einstellungs-Änderung bewirken
Ich-Botschaften	⇨ persönliche Meinung ⇨ Verantwortung übernehmen ⇨ keine direkten oder indirekten Vorwürfe
Paraphrasieren/ Aktives Zuhören	⇨ Wertschätzung zeigen ⇨ Missverständnisse vermeiden ⇨ sachliche Ebene beibehalten
Zuhörzeichen	⇨ zeigt Aufmerksamkeit ⇨ motiviert zum Weitersprechen
Minimal-Antwort	⇨ prägnante Information

2 SO anwenden, z. B. im Speeddating

Um die Wirkung auf den/die Gesprächspartner*innen zu erfahren, werden die SO in kleinen Rollenspielen aus dem Erfahrungsalltag der TN oder in strukturierten Kommunikationsübungen wie dem Speeddating ausprobiert.

Setting: Die TN sitzen sich in einer (oder mehreren) Tischreihe(n) gegenüber. Pro (gegenüberliegendem) Gesprächsplatz gibt es ein festgelegtes, möglichst einfaches Gesprächsthema (T1, T2, T 3 etc., z. B. Hobby, Urlaubsplanung, ein normaler Arbeitstag, ein besonderes Erlebnis etc.), das für beide TN sichtbar auf einer Karte auf dem Tisch steht. Bei den Sitzplätzen nebeneinander gibt es abwechselnd eine verdeckte Karte mit einer SO, dann einen Platz ohne SO-Karte, daneben wieder einen Platz mit weiteren verdeckten SO usw. Die TN wählen ihre Sitzplätze frei, so dass zufällige Gesprächspaarungen entstehen.

Ablauf: Auf das Startsignal des/der SL hin sprechen die sich gegenübersitzenden Gesprächspartner*innen frei über das vorgegebene Gesprächsthema. Dabei hat die Person mit der festgelegten SO die Aufgabe, diese so häufig wie möglich einzusetzen (ohne sie der/dem Gesprächspartner*in zu offenbaren). Der/die Andere kann frei und spontan ohne Vorgabe sprechen.

Nach 2-3 Minuten (über Gesprächsdauer entscheidet SL) gibt der/die SL ein weiteres Signal, um die Gespräche zu beenden. Die TN ohne SO versuchen zu erraten, welche SO der/die Gesprächspartner*in verwendet hat.

Nun wechseln alle TN ihren Sitzplatz entweder im oder gegen den Uhrzeigersinn um je einen Platz nach rechts bzw. links. So entstehen neue Gesprächspaarungen. Die Themen sowie die Sprecheroperationen bleiben an ihren ursprünglichen Plätzen. Nun werden wieder Gespräche von 2-3 Minuten geführt. Themen sind entsprechend der offenen Themenkarten vorgegeben, während die SO nur einem/r der beiden Gesprächspartner*innen bekannt ist.

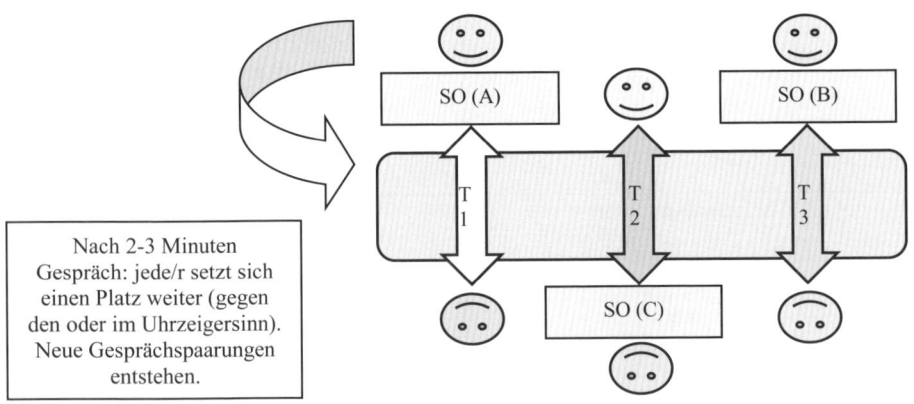

Abb. 1: Speeddating: Erklärungsposter zu den Basisregeln

Die Rotation kann je nach zur Verfügung stehenden Zeit oder auch Motivation der TN noch mehrmals fortgesetzt werden, so dass möglichst viele verschiedene Gespräche, in verschiedenen Konstellationen mit verschiedenen SOs geführt werden. Im Anschluss werden die Erfahrungen und Erlebnisse im Plenum besprochen und ausgewertet. Diskutiert wird auch, ob sich Konsequenzen (und wenn ja, welche) daraus für reale Kommunikationssituationen ergeben.

Literatur

Bartsch, E. (1985): *Elementare gesprächs-rhetorische Operationen im „small talk" und ihr Einfluß auf Gesprächsprozesse.* In: Schweinsberg-Reichart, I. (Hg.): *Performanz.* Frankfurt/M., 115–132. Auch in: Bartsch, E.: *Sprechkommunikation lehren. Gesammelte Aufsätze und Vorträge,* Bd. 2: 1984-1993. Hg. von M. Pabst-Weinschenk. Alpen 2009, 41-54.

Bartsch, E. (1991): *Managementaufgabe Kommunikation: Das Machtspiel im Gespräch.* Vortrag anläßlich des Personalforums der Süddeutschen Zeitung in Frankfurt, Stuttgart, München, Düsseldorf und Hamburg. Auch in: Bartsch, E.: *Sprechkommunikation lehren. Gesammelte Aufsätze und Vorträge,* Bd. 2: 1984-1993. Hg. von M. Pabst-Weinschenk. Alpen 2009, 164-196.

Bartsch, E./Marquart, T. (1999): *Grundwissen Kommunikation.* Stuttgart.

Bartsch, E./Pabst-Weinschenk, M. (2004/2011): *Gesprächsführung.* In: Pabst-Weinschenk (Hg.): *Grundlagen der Sprechwissenschaft und Sprecherziehung.* München, 123-132.

MARITA PABST-WEINSCHENK

Der kontrollierte bzw. konzentrierte Dialog

Diese strukturierte Gesprächsübung stammt aus der Gruppendynamik (Brocher 1967; Antons 1973) und wird seit den 1980er Jahren auch vielfach in sprechwissenschaftlich-sprecherzieherischen Seminaren eingesetzt, z. T. unter der ursprünglichen Bezeichnung (vgl. z. B. Allhoff/Allhoff 2006, 183f.; Günther/Sperber 1995, 40-43; Janning 1979; Pabst-Weinschenk 1995/2009, 129 und 166; 1998, 126ff; 2000; 2003; 2010; 2012, 2014, 53-57; 2016, 52-54; Plachta 1985; Wagner 2004, 199 und als demonstriertes Verstehen 212), z. T. auch als „konzentrierter Dialog" (Geißner 1982, 87-96 und 112-117; Pabst-Weinschenk/Thiel 2012, 52-54 und 123-126) oder als „partnerzentriertes Argumentieren" (Pawlowski 1980, Pawlowski/Lungershausen/Stöcker 1985, 56f) bzw. „Paraphrasieren" (Pawlowski 2005, 89-101; Pawlowski/Riebensahm 1998, 60, 89-101, 131, 156, 173-177, 254, 257, 274, 313, 316f, 321, 343, 347; Dies. 2000, 60-63, 181-184, 205).

Auch wenn diese Übung nicht neu ist, ist sie nach wie vor hervorragend geeignet, um verschiedene grundlegende Aspekte menschlicher Kommunikation in Seminaren erlebbar und damit besprechbar zu machen. Das grundlegende Prinzip dieser Gesprächsübung ist: Erst die letzte Äußerung der/des Partner*in zusammenfassen und wiederholen, dann entgegnen. Ob man diese Art der Gesprächsführung „kontrolliert" oder „konzentriert" nennt, ist nebensächlich. Entscheidend ist, dass man sowohl als Sprecher*in als auch als Zuhörer*in dabei merkt, welche Fehler die gemeinsame Verständigung stören können. Man merkt z. B. an falschen oder unvollständigen Paraphrasen sofort, dass die Zuhörer*innen nicht alles mitbekommen haben. Vielleicht hat er oder sie, während die/der andere noch sprach, schon den eigenen nächsten Beitrag innerlich vorbereitet; vielleicht hat aber der/die Sprecher*in die Gedanken schlecht organisiert und zu viele Punkte in eine Äußerung hineingepackt, so dass der/die Zuhörer*in gar nicht alles mitkriegen konnte. Wenn man die Äußerung von Gesprächspartner*innen kurz mit eigenen Worten wiederholt, bevor man sich selbst dazu äußert, erhält man einen guten Überblick über das Gespräch. Die Zusammenfassungen haben mehrere Vorteile:

1. Guter Kontakt zur Gesprächspartner*in: Man zeigt, dass man gut zuhört; dadurch fühlen sich die anderen akzeptiert und ernstgenommen.
2. Abbau von Missverständnissen: Wenn man das, was man verstanden hat, ausspricht, verbessert man das gegenseitige Verstehen.
3. Perspektive-Übernahme: Dadurch, dass die eigenen Gedanken jeweils durch die Wiederholung unterbrochen werden, berücksichtigt man stärker die Sichtweise der Partner*innen.

4. Zielgerichtete Argumentation: Wenn man bei den Gedanken der Partner*in ansetzt, findet man besser die Argumente, mit denen man diese Person überzeugen kann.
5. Geordneter Gesprächsaufbau: Man verliert den gemeinsamen roten Faden nicht so leicht.

Geübt werden kann der kontrollierte Dialog am besten parallel in Vierer-Gruppen: Zwei führen jeweils das Gespräch und zwei beobachten und kontrollieren, ob die Regel eingehalten wird. Nach etwa fünf bis sieben Minuten werden die Rollen gewechselt. So können alle die Übung in ca. 15 Minuten ausprobieren. Anschließend sollten die Beobachtungen und Erfahrungen im Plenum gesammelt und strukturiert werden. Auch wenn die Übung manchmal zunächst als umständlich empfunden wird, werden die Sprech- und Hör-Fehler schnell erkannt und man erlebt, dass die Auseinandersetzung wesentlich ruhiger, sachbezogener und zielführender wird. Gemeinsamkeiten und Teilkompromisse werden schneller gefunden.

Immer wenn Missverständnisse drohen oder sich die Fronten in einer Auseinandersetzung verhärten, sollte man das verstehende Zusammenfassen einsetzen. Voraussetzung dafür ist das Zuhören. Schreibt man sich in größeren Diskussionsrunden und Debatten die Beiträge der anderen stichwortartig mit, kann man sich besser darauf beziehen. Das gute Zuhören muss man trainieren, denn damit kann man andere am besten überzeugen. Entscheidend für das Überzeugen ist nicht die Quantität von Argumenten, sondern die Qualität für die Zuhörer*innen. Welches Argument passt am besten? Das kann man herausfinden, wenn man sich auf die Gedankengänge des anderen einlässt, sie noch einmal mit eigenen Worten zusammenfasst und dadurch besser versteht.

Literatur
Allhoff, D.-W./Allhoff, W. 2006): *Rhetorik und Kommunikation.* 14. Aufl., München/Basel.
Antons, K. (1973): *Praxis der Gruppendynamik.* Göttingen.
Brocher, T. (1967): *Gruppendynamik und Erwachsenenbildung.* Braunschweig.
Geißner, H. (1982): *Sprecherziehung.* Königstein/Ts.
Günther, U./ Sperber, W. (1995): *Handbuch für Kommunikations- und Verhaltenstrainer.* 2., verb. Aufl. Müchen/ Basel.
http://www2.hhu.de/muendlichkeit/Projekt-Netz/kd.htm (10.01.2019)
https://de.wikipedia.org/wiki/Kontrollierter_Dialog (10.01.2019)
Janning, J. (1979): *Zur Didaktik und Methodik des kontrollierten Dialogs.* In: Gewehr, W. (Hg.): *Sprachdidaktik. Neue Perspektiven und Unterrichtsvorschläge.* Düsseldorf 1979, 153-165.
Pabst-Weinschenk, M. (1995/2009): *Reden im Studium.* Frankfurt/M.; Neu-Aufl. Alpen.
Pabst-Weinschenk, M. (1998): *Mündlich argumentieren.* In: Dyck, J./Jens, W./Ueding, G. (Hg.): *Rhetorik. Ein Jahrbuch.* Bd. 17: Rhetorik in der Schule. Tübingen, 106-133.

Pabst-Weinschenk, M. (2000): *Gesprächsprozesse moderieren. Workshop zu einer germanistisch-fundierten Schlüsselqualifikation am Tag der Hochschullehre 1997*. In: M. Preuss, U. Welbers (Hg.): *Die reformierte Germanistik. Diskussionsgrundlagen zur Reform von Lehre und Studium*. Düsseldorf, 203-206.

Pabst-Weinschenk, M. (2003): *Gesprächsformen im 8. und 9. Schuljahr*. In: *Schulmagazin 5 bis 10. Impulse für kreativen Unterricht*. München: Oldenbourg/Prögel, 71. Jg., Heft 11, 53-56.

Pabst-Weinschenk, M. (2010): *„Du meinst also ..." Besser zuhören – besser verhandeln.* In: *Argumentieren*. Heft 22, *Deutsch. Unterrichtspraxis für die Klassen 5 bis 10*, 26-29.

Pabst-Weinschenk, M. (2012): *Sprechen und Zuhören in mehrsprachigen Klassen fördern*. In: Michalak, M./ Kuchenreuther, M. (Hg.): Grundlagen *der Sprachdidaktik Deutsch als Zweitsprache*. Baltmannsweiler, 85-117.

Pabst-Weinschenk, M. (2014): *„Du hörst mir ja gar nicht zu!" Über das Zuhören & Sprechen, so dass man gerne zuhört*. Alpen.

Pabst-Weinschenk, M. (2016): *Stimmlich stimmiger Unterricht. Professionelle Kommunikation und Rhetorik*. Göttingen.

Pabst-Weinschenk, M./Thiel, B. (2012): *Dialogisch lernen im Seminarfach. Handbuch für Kommunikation und wissenschaftliches Arbeiten. Wissenschaftspropädeutische Grundlagen für die gymnasiale Oberstufe und das Grundstudium*. Alpen.

Pawlowski, K. (2005): *Konstruktiv Gespräche führen*. 4., aktual. Aufl., München/ Basel.

Pawlowski, K. (2015): *Du hast gut reden*. München/ Basel.

Pawlowski, K./Lungershausen, H./Stöcker, F. (1985): *Jetzt rede ich. Ein Spiel- und Trainingsbuch zur praktischen Rhetorik*. Wolfsburg.

Pawlowski, K./Riebensahm, H. (1998): *Konstruktiv Gespräche führen*. Reinbek bei Hamburg.

Pawlowski, K./Riebensahm, H. (2000): *Suggestion*. Reinbek bei Hamburg.

Pawlowski, K.: *Partnerzentriertes Sprechen als Dialogstrategie. Zur Theorie und Didaktik der Rhetorik*. In: Dyck, J. (Hg.): *Rhetorik. Ein Jahrbuch*. Bd. 1. Stuttgart-Bad Cannstatt, 70-88.

Plachta, B. : *Der "Kontrollierte Dialog". Vermittlung von Grundlagen zur Gesprächsführung im Unterricht*. In: *Diskussion Deutsch 16*, 1985, 134-139.

Wagner, R. (2004): *Grundlagen mündlicher Kommunikation*. 9., erw. Aufl., Regensburg.

KERSTIN HAUKE & MARITA PABST-WEINSCHENK

Debattenformate und was man dabei lernt

Am häufigsten wird Argumentieren in *non-decision*-Debatten über kontroverse Themen geübt. Anders als im Parlament oder anderen Entscheidungsgremien treffen die Personen, die zu Übungszwecken über das Thema debattieren, keine Entscheidungen. Das Debattieren hat in den so genannten *debating clubs* an Schulen im anglo-amerikanischen Raum eine lange Tradition.

1 British, Open Parliamentary oder American Style?

Besonders beliebt in der Schule und Weiterbildung ist die Spielform der *Amerikanischen Debatte* (vgl. z. B. Geißner 1975/1986, 59-67; Ders. 1977; Ders. 1982, 134-138; Kelber 1977, 50-57; Kern 2008; Pabst-Weinschenk 1995/2009, 73; Dies. 1998, 129f.; Dies. 2000; Dies. 2004; Dies. 2016. 59-62; Pabst-Weinschenk/Thiel 2012, 50-52; Pawlowski/Stöcker/Lungershausen 1985, 50-54; Rode-Florin 2000; Thiele 2004; Wagner 2002, 5-10; Ders. 2015; Wermers 1987).
Der *British Parliamentary Style (BPS)* ist international das verbreitetste Debattenformat, das auch in Deutschland häufig verwendet wird. Dabei treten vier Zweier-Teams gegeneinander an. Bei der Bewertung zählt nur der Inhalt, nicht der gesamte rhetorische Auftritt. In studentischen Debattierclubs in Deutschland wird vielfach die *Offene Parlamentarische Debatte (OPD)* praktiziert (vgl. z. B. Hoppmann/Kemmann/Rex 2002; Berlin Debating Union e. V. 2004; Wecker/Hoppmann 2002).

1.1 Regeln der Amerikanischen Debatte

Es treten zwei gleich starke Parteien mit jeweils drei bis höchstens sechs Teilnehmer*innen gegeneinander an. Die Streitfragen sind jeweils Entscheidungsfragen, keine W-Fragen. In der Vorbereitungsphase wird die Streitfrage in den Pro- und Contra-Fraktionen bearbeitet. Die Zuteilung zu den Fraktionen erfolgt nach dem Zufallsprinzip, d. h., man muss ggf. auch eine Position vertreten, die nicht der eigenen Auffassung entspricht. In der Vorbereitungszeit sammeln die Gruppen jeweils gemeinsam Argumente für ihre Position, gewichten diese und verteilen sie auf die Redner*innen. Wenn genügend Zeit vorhanden ist, setzen sie sich auch bereits mit den Standpunkten der Gegenseite auseinander. Das trainiert die Perspektive-Übernahme und man kann sich bereits auf die Einwände vorbereiten und diese ggf. auch schon vorwegnehmen. Jede/r Redner*in bereitet zu seinem Argument eine Kurzrede (z. B. nach dem Fünfsatzschema, vgl. in diesem Band S. 142ff) vor, Redezeit max. 1-2 Minuten.

In der Durchführung sitzen sich die Redner*innen der Fraktionen in der festgelegten Rangfolge gegenüber. Die Debatte verläuft über drei Runden. In der ersten Runde (Statements) trägt jeder sein vorbereitetes Statement vor, ohne auf Vorredner*innen einzugehen. Es reden erst alle Redner*innen der Pro-, dann die der Contra-Fraktion hintereinander. In der zweiten Runde (Entgegnung) beginnt die Contra-Partei. Die Redner*innen knüpfen jeweils an dem Beitrag des Gegenübers an, versuchen die Argumentation der Gegenpartei zu entkräften und die eigene Argumentation zu stärken. Die dritte Runde folgt als freie Runde, die besondere Anforderungen an den/die Gesprächsleiter*in stellt; man muss unter Umständen eine Rednerliste führen und die Diskussionsergebnisse zum Schluss zusammenfassen. Die zeitliche Begrenzung beträgt 15-20 Minuten.

Die strenge Regelung des Rederechts verlangt Gesprächsdisziplin und garantiert den Debattenredner*innen einen festen Redeplatz, sie müssen das Rederecht nicht einfordern. Pro- und Contra-Argumente liegen auf dem Tisch, bevor in der dritten Runde eine freie Aussprache beginnt. Dadurch wird die Aussprache sachlich und man streitet fair um die besten Argumente. Die Verpflichtung in der zweiten Runde auf das direkte Gegenüber eingehen zu müssen, trainiert ferner das genaue Zuhören wie im Kontrollierten Dialog.

1.2 Die Offene Parlamentarische Debatte (OPD)

Dieses Format wird in den meisten Debattier-Clubs an Universitäten praktiziert. Eine Turnier-Debatte hat folgenden Ablauf:
Als Thema wird eine Entscheidungsfrage gestellt und die Fraktionen Pro und Contra werden bestimmt (oft ausgelost). Eine Fraktion hat drei oder vier Redner*innen. Jede Seite legt die Reihenfolge der Redebeiträge im Vorfeld fest. Jedes Team bereitet sich alleine 15 Minuten lang vor. In der Debatte folgen die Reden nach dem Reißverschluss-Prinzip aufeinander. Die Pro-Fraktion eröffnet, dann kommt Contra, dann Pro usw. Jeder Redner darf und muss 7 Minuten reden. Kurze Zwischenrufe sind erlaubt und die Redner*innen der Gegenseite können während einer Rede Zwischenfragen anmelden. Der/die Redner*in selber entscheidet, ob die Zwischenfragen zugelassen werden oder nicht. Vor den Schlussredner*innen können auch noch freie Redner*innen zu Wort kommen. Nach Abschluss der Debatte zieht sich die Jury zurück und bestimmt das beste Team; oft bestimmt auch das Publikum durch Lautstärke und Länge des Applaus das Siegerteam. Kriterien sind sowohl Inhalt als auch die Form der Präsentation. Durch die Wechsel von Pro- und Contra-Redner*innen und die Zwischenrufe und -fragen wird in diesem Format besonders die Schlagfertigkeit trainiert.

2 Das Format von „Jugend debattiert"

Das Projekt „Jugend debattiert" erreicht Lehrer*innen und Schüler*innen direkt in den Schulen, verbindet Training und Wettbewerb und hat seit 2002 eine richtige „Debattenbewegung" ausgelöst. Ziel von „Jugend debattiert" ist es, Rhetorik allgemein und die Debatte im Besonderen als lebendige Form der Auseinandersetzung in der Schule stärker zu verankern und damit eine neue Streitkultur zu etablieren. Dazu wird jedes Schuljahr ein bundesweiter Wettbewerb durchgeführt (vgl. http://www.jugend-debattiert.ghst.de; www.jugenddebattiert.de/ service/material/; Debye-Gockler 2004/2011; Hielscher/Kemmann/Wagner 2010; Luga 2015; Pabst-Weinschenk 2016, 62-64).

2.1 Zielsetzung

Die Schüler*innen lernen ganz konkret,
- eine vorgegebene Streitfrage zu bearbeiten,
- eine Position zu beziehen und sie mit Argumenten zu vertreten,
- Argumente zu gewichten und sie auf den Punkt zu bringen,
- Anderen zuzuhören und auf sie einzugehen,
- andere Meinungen auszuhalten und sich mit ihnen auseinander zu setzen,
- beim Thema zu bleiben,
- sich kurz zu fassen und flexibel zu agieren,
- die Debatte im Ganzen im Auge zu behalten,
- sich an die Regeln zu halten und den Meinungsstreit nach den vorgegebenen Kriterien zu führen.

Diese Ziele erreicht nicht, wer seine auswendig gelernten Argumente abspult ohne wahrzunehmen, was die anderen sagen. Es geht auch nicht darum, die eigene Meinung zu vertreten. Es geht vielmehr um anwaltliches Debattieren und darum, dass die Debatte Medium der Erkenntnis ist. Deshalb werden die Positionen, wer die Pro- bzw. die Contra-Seite vertritt, ausgelost.

2.2 Die Regeln des Debatten-Formats

Die Regeln bei *Jugend debattiert* sind so gesetzt, dass ein überschaubares, lebendiges und sinnvolles Streitgespräch zustande kommt.
- *Vierer-Debatte:* Debattiert wird zu jeweils vier Personen. Zwei sprechen sich für, zwei gegen das Gefragte aus. Eine/n Gesprächsleiter*in gibt es nicht.
- *Dreiteilige Debatte:* Die Debatte gliedert sich in drei Teile: Eröffnungsrunde, Freie Aussprache und Schlussrunde. In der Eröffnungsrunde hat jede/r Teilnehmer*in die Streitfrage aus seiner Sicht zu beantworten, dann wird die Aussprache in freiem Wechsel fortgesetzt. Nach Ende der Freien Aussprache hat jede/r Teilnehmer*in die Streitfrage im Lichte der geführten Debatte ein zweites Mal zu beantworten (Schlussrunde).

- *Eröffnungsrunde:* In der Eröffnungsrunde beginnt, wer die Änderung des bestehenden Zustands wünscht. Rede und Gegenrede wechseln einander ab. In der Eröffnungsrunde darf jede/r ohne Unterbrechung zwei Minuten sprechen.
- *Freie Aussprache:* Die Freie Aussprache dauert insgesamt zwölf Minuten. Die Sprecherwechsel erfolgen möglichst ohne Unterbrechungen der Mitdiskutierenden.
- *Schlussrunde:* In der Schlussrunde ist die Redezeit für jeden auf eine Minute begrenzt. Die Debattierenden sprechen in gleicher Reihenfolge wie in der Eröffnungsrunde. Dabei steht es allem auch frei, die Position gegenüber der Eröffnungsrunde zu verändern. In der Schlussrunde sollen nur Gründe vorgetragen werden, die bereits in der Eröffnungsrunde oder in der Freien Aussprache genannt worden sind.
- *Soll-Fragen:* Debattiert werden aktuelle politische Streitfragen. Jede Frage ist so zu stellen, dass sie nach einer konkreten Maßnahme fragt und nur mit ‚Ja' oder ‚Nein' beantwortet werden kann.
- *Freiheit der Meinungsänderung:* Wer durch die Debatte zu einer neuen Einsicht gekommen ist, darf seine Position entsprechend verändern.
- *Zeitwächter:* Über die Einhaltung der Redezeiten wacht ein Zeitwächter. Fünfzehn Sekunden vor Ablauf der Redezeit wird ihr nahes Ende durch einmaliges Klingelzeichen angezeigt. Das Überschreiten der Redezeit wird durch zweimaliges Klingelzeichen angezeigt und anschließend durch dauerndes Klingelzeichen unterbunden.
- *Dauer der Debatte:* 4 x 2 min in der Eröffnung, 12 min Aussprache und 4 x 1 min in der Schlussrunde machen zusammen 24 min.
- *Wertung:* Gewertet werden die Leistungen der Debattierenden nach vier Kriterien: Sachkenntnis, Ausdrucksvermögen, Gesprächsfähigkeit, Überzeugungskraft. Alle erhalten eine persönliche konstruktive Rückmeldung zu ihrer Leistung.

3 Bewertungskriterien

Im Wettbewerb werden die Debattenleistungen durch externe Juror*innen bewertet. Dazu gibt es einheitliche Kriterien zu den Bereichen Sachkenntnis, Ausdrucksvermögen, Gesprächsfähigkeit und Überzeugungskraft. Jede/r Juror*in beobachtet die Debattantierenden und macht sich während der Debatte Notizen. In der anschließenden Juror*innen-Runde werden die Beobachtungen ausgetauscht und man einigt sich auf eine Rangfolge: Wer war am besten? Wer zweite/r, dritte/r, vierte/r Sieger*in? Zum Abschluss gibt jede/r Juror*in vor Publikum einem bzw. einer Debattant*in eine persönliche konstruktive Rückmeldung. (Vgl. zu allen Informationen in diesem Kapitel die „Informationen für Juroren" von Jugend debattiert!)

3.1 Sachkenntnis

Es geht um die Bestimmung der in der Streitfrage gefragten Maßnahme oder um die Bestätigung oder Kritik der von der anderen Seite vorgetragenen Bestimmung. Dabei wird die Kenntnis des Sachverhalts, also der Tatsachen, genauso wie die Kenntnis von Wertungsgesichtspunkten moralischer, politischer und rechtlicher Art berücksichtigt. Es werden die Richtigkeit und Aktualität der eigenen Angaben und die Genauigkeit der Daten und Fakten in Definitionen und Zitaten bewertet.

Die Leistungen werden nach folgender Abstufung bewertet mit	Punkten
Ausgezeichnet vorbereitet, hat alles parat, Detailwissen und Kenntnis der Zusammenhänge	5
Ist genau informiert, kennt alle wichtigen Gesichtspunkte	4
Kennt sich gut aus, kennt die wichtigsten Fakten	3
Weiß einigermaßen Bescheid, manches teilweise richtig	2
Kennt sich kaum aus, vieles falsch	1
Kennt sich gar nicht aus, nur falsche Behauptungen	0

3.2 Ausdrucksvermögen

In diesem Bereich geht es vor allem um die Selbstpräsentation: Es wird die Lebendigkeit in Gestik, Mimik, Stimme genauso bewertet wie die Flüssigkeit im Vortrag, die deutliche Artikulation und die sprecherische Gestaltung (Spannungsführung, Tempo und Pausen). Ferner geht es um die Verständlichkeit der Formulierung (Satzbau, Gliederung), das angemessene Sprachniveau (Wortwahl, Wendungen) sowie die Anschaulichkeit und Einprägsamkeit der Formulierung.

Die Leistungen werden nach folgender Abstufung bewertet mit	Punkten
Jederzeit angemessen, einprägsam und originell	5
Klar, anschaulich und lebendig	4
Verständlich und flüssig	3
Einigermaßen verständlich	2
Gerade noch verständlich	1
Völlig unverständlich	0

3.3 Gesprächsfähigkeit

Bei der Gesprächsfähigkeit steht der Hörerbezug im Mittelpunkt. Wie gut wird zugehört? Zeigt man sich gegenseitig durch Blickkontakt, dass man aufmerksam zuhört? Lassen sich die Debattant*innen gegenseitig ausreden? Fassen sie sich kurz, damit auch die Anderen immer wieder zu Wort kommen können? Unterbleiben unpassende Unterbrechungen? Knüpfen sie jeweils an Vorredner ausdrücklich, präzise und korrekt an? Greifen sie einerseits gegnerische Schwachstellen durch Nachfragen und Widerlegungen an und zeigen anderseits aber auch die Bereitschaft bei besseren Argumenten einzulenken?

Die Leistungen werden nach folgender Abstufung bewertet mit	Punkten
Hört sehr aufmerksam zu, fragt nach, hat Übersicht, führt Gedanken Anderer weiter	5
Hört gut zu, schließt gut an die Anderen an	4
Hört zum Teil gut zu, berücksichtigt die Anderen meistens	3
Hört meistens zu, geht manchmal auf die Anderen ein	2
Hört wenig zu, redet kaum zu den Gesprächspartner*innen	1
Hört gar nicht zu, beteiligt sich gar nicht am Gespräch	0

3.4 Überzeugungskraft

Die Zuhörer dort abholen, wo sie stehen, trägt genauso zur Überzeugungskraft bei wie das passende Auftreten insgesamt. Wird ein Zielsatz entsprechend der Streitfrage verfolgt? Wird die eigene Position nicht nur behauptet, sondern auch begründet? Wird die eigene Position schlüssig und widerspruchsfrei dargestellt? Und wird auch die Änderung der eigenen Position (etwa in der Schlussrunde) begründet? Wirkt das Auftreten insgesamt ernsthaft, vernünftig und wohlwollend?

Die Leistungen werden nach folgender Abstufung bewertet mit	Punkten
In jeder Hinsicht überzeugend begründet, Blick für das Wesentliche im Fortschritt der Debatte	5
Alles gut begründet, Gründe gut gewichtet	4
Teils schwache, teils gute Gründe	3
Position teilweise begründet, viele Gründe eher schwach	2
Fast nur Behauptungen, Position kaum begründet	1
Position völlig unklar, keine Begründungen	0

3.5 Bewertung der Gesamtleistung

20-17 Punkte	Sehr stark, Ausführung ausgezeichnet
16-13	Stark, Ausführung überdurchschnittlich
12-9	Form getroffen, Ausführung ansprechend
8-5	Form/Regeln eingehalten, Ausführung mit Schwächen
4-1	Schwach, Form "Debatte" verfehlt
0	Sehr schwach, Form "Debatte" völlig verfehlt

Literatur

Berlin Debating Union e. V. (2004): *Debattieren: Die Grundregeln*. Auch im Netz unter www.debating.de/reden und www.debating.de/jurieren (10.02.2019)

Claus, M. N. (2008): *Jugend debattiert – Rückblick auf 5 Jahre Bundeswettbewerb*. In: *DGSS@aktuell*. Newsletter 1/2008, 6-8.

debate! Debattierclub an der Heinrich-Heine-Universität Düsseldorf. http://debate-hhu.de (Download von Regeln der OPD etc., 10.02.2019)

Debye-Gockler, G. (2004/2011): *Debattieren*. In: Pabst-Weinschenk, M. (Hg.): *Grundlagen der Sprechwissenschaft und Sprecherziehung*. München, 132–144.

Geißner, H. (1975/1986): *Rhetorik und politische Bildung*. 3. Aufl., Frankfurt/M.

Geißner, H. (1977): *Amerikanische Debatte. Ein Verfahren zur Gruppenbeurteilung eines Gruppenprozesses.* In: Nickel, G.(Hg.): *Speech Education.* Stuttgart, 75-89.

Geißner, H. (1982): *Sprecherziehung. Didaktik und Methodik der mündlichen Kommunikation.* Königstein/Ts.

Hielscher, F./Kemmann, A./Wagner, T. (2010): *Debattieren unterrichten.* Seelze.

Hoppmann, M./Kemmann, A./Rex, B. (2002): *Kurzregeln für die Offene Parlamentarische Debatte.* Faltblatt von Streitkultur e. V., Tübingen (www.streitkultur.net)

Jugend debattiert (o. J.): *Informationen für Juroren.* Faltblatt, 4 Seiten.

Kelber, M. (1977): *Gesprächsführung. Informieren, Diskutieren, Beschließen.* Opladen.

Kern, H. (2008): *Die Aufarbeitung von Vorurteilen in rhetorischen Gesprächsprozessen – Oder: Die "Anna" läuft immer noch!* In: Heilmann, Chr./Lepschy, A. (Hg.): *Rhetorische Prozesse.* München, 49-53.

Luga, J. (2015): *Debattieren lernen ist Demokratiebildung.* Beilage *Praxis Schule.* 4 Seiten.

Pabst-Weinschenk, M. (1995/2009): *Reden im Studium.* Neuaufl. Alpen.

Pabst-Weinschenk, M. (1998): *Mündlich argumentieren. Praktische Rhetorik in der Schule.* In: Dyck, J.v./Jens, W./Ueding, G. (Hg.): *Rhetorik. Ein internationales Jahrbuch.* Bd. 17, Tübingen, 106-133.

Pabst-Weinschenk, M. (2000): *Zur Gesprächsführung im Unterricht.* In: *sprechen* 19. Jg., H. II, 32-42.

Pabst-Weinschenk, M. (2004): *Debattieren im Unterricht. Die Königsdisziplin der Gesprächsformen (10. Klasse).* In: *Schulmagazin 5 bis 10.* 72. Jg., H. 1, 53-56.

Pabst-Weinschenk, M. (2012): *Sprechen und Zuhören in mehrsprachigen Klassen fördern.* In: Michalak, M./Kuchenreuther, M. (Hg.): *Grundlagen der Sprachdidaktik. Deutsch als Zweitsprache.* Baltmannsweiler, 85-117.

Pabst-Weinschenk, M. (2016): *Stimmlich stimmiger Unterricht. Professionelle Kommunikation und Rhetorik.* Göttingen.

Pabst-Weinschenk, M./Thiel, B. (2012): *Dialogisch Lernen im Seminarfach. Handbuch für Kommunikation und wissenschaftliches Arbeiten. Wissenschaftspropädeutische Grundlagen für die gymnasiale Oberstufe und das Grundstudium.* Alpen.

Pawlowski, K./Lungershausen, H./Stocker, F. (1985): *Jetzt rede ich. Ein Spiel- und Trainingsbuch zur praktischen Rhetorik.* Wolfsburg.

Rode-Florin, U. (2000): Kooperativ *streiten: Die Amerikanische Debatte.* In: *Praxis Deutsch,* H. 160 (Argumentieren), 50–53.

Streitkultur e. V. Vgl. www.streitkultur.net (Downloads zu diversen Regelwerken wie OPD, BPS, Tübinger Debatte etc.)

Thiele, M. (2004): *Die Amerikanische Debatte in der Schule.* In: *sprechen,* H. 41, 29-35.

Wagner, R. W. (2002): *Übungen zur mündlichen Kommunikation.* 2. Aufl., Regensburg.

Wagner, R. W. (2015): *„Die faire Debatte" (Übungsbeschreibung)* In: *sprechen,* H. 59, 75f.

Wecker, C./Hoppmann, M. und STREITKULTUR e. V. (2002): *Handbuch der OPD.* Tübingen (Download unter http://debate-hhu.de/wp-content/uploads/2012/04/opd_grw_version5.pdf (10.02.2019)

Wermers, M. M. (1987): *Die Amerikanische Debatte.* In: *sprechen,* H. II, 4-10.

FRANZISKA TRISCHLER

Das „DGSS-Zertifikat für Schüler*innen" und „Jugend debattiert" – zwei Initiativen im Vergleich

Beide Initiativen sensibilisieren Schüler*innen für mündliche Kommunikation und begeistern sie für Rhetorik: Situations- und adressatengerecht argumentieren, anschauliche Beispiele präsentieren, einen guten Kontakt zu den Zuhörenden herstellen und „sachbezogen und respektvoll Rückmeldung geben" (so Ansgar Kemmann 2011, Gründer und aktueller Projektleiter von *Jugend debattiert*, zitiert in der ZEIT, Jetzt rede ich!) – das sind nur einige Kompetenzen, die die Schüler*innen erwerben. Im Schuljahr 2017/18 nahmen in Deutschland etwa 200.000 Schüler*innen am *Jugend debattiert*-Unterricht teil (vgl. Schmoll 2018, 10), im gleichen Schuljahr erhielten mehrere hundert Schüler*innen in Deutschland ein *Zertifikat für Schüler*innen* von der DGSS e.V.

Beide Initiativen wurden vor 20 Jahren „aus der Wiege gehoben" und existieren in ihrer derzeitigen Form seit Anfang des neuen Jahrtausends. Der erste Wettbewerb im Format von *Jugend debattiert* wurde 1999 in Hamburg durchgeführt, bevor er vom damaligen Bundespräsidenten Johannes Rau 2002 als offizieller „Bundeswettbewerb *Jugend debattiert*" vorgestellt und unter seine Schirmherrschaft gestellt wurde. Im selben Jahr wurden in Lampertheim die ersten *DGSS-Rhetorik-Zertifikate für Schüler*innen* der 12. Klasse des Lessing-Gymnasiums überreicht. Der Sprecherzieher Ralf Langhammer war zu dieser Zeit als Studienrat in Lampertheim tätig und hatte das Konzept eines Rhetoriktrainings für Schüler*innen ins Leben gerufen (vgl. Pabst-Weinschenk 2015). Anfang der 2000er Jahre war Ralf Langhammer übrigens Projektleiter für *Jugend debattiert* bei der Gemeinnützigen Hertie-Stiftung geworden, wie man dem Artikel „Mund auf, bitte!" aus der Wochenzeitung die ZEIT vom 22.5.2003 entnehmen kann. Beide Angebote stehen sich nahe und verfolgen das Ziel, mehr Rhetorik in die Schule zu bringen.

1 Wer unterrichtet, wer lernt?

1.1 *DGSS-Zertifikate für Schüler*innen*

Damit an einer Schule ein DGSS-Rhetorik-Zertifikat angeboten werden kann, muss die unterrichtende Person einen DGSS-Abschluss oder einen als gleichwertig anerkannten Abschluss vorweisen können. In den allermeisten Fällen sind die Unterrichtenden also keine Lehrer*innen, sondern junge Absolvent*innen eines DGSS-Studiums, die ihre ersten Schritte als freie Trainer*innen gehen möchten. Das hat viele Vorteile: Die Lernenden erleben an ihrer Schule im DGSS-Kurs eine ganz andere Lernkultur. Die Unterrichtenden sind nicht viel älter als die Schüler*innen und sie kennen die Schüler*innen noch nicht. Sie haben keinen Bewertungs- und keinen Erziehungsauftrag und können daher oftmals viel freier und unbefangener mit den Schüler*innen umgehen als Lehrpersonen (vgl. Mönnich 1999, 274). Zusätzlich sind die DGSS-Trainer*innen als Berufseinsteiger*innen meist hochmotiviert und nehmen das Feedback von den Schüler*innen ernst und wichtig.

Auch auf Seite der Unterrichtenden bieten *DGSS-Zertifikatskurse für Schüler*innen* Vorteile. Gerade für den Übergang zwischen Studium und Berufsleben als Rhetorik-Trainer*in bieten sich die Rhetorik-Zertifikatskurse an: An den Studienorten bzw. Prüfstellen der DGSS werden diejenigen, die Interesse haben, schon vor der DGSS-Abschlussprüfung einen Schüler*innen-Zertifikatskurs zu leiten, intensiv betreut. Friederike Könitz hat beispielsweise zusammen mit Studierenden der Philipps-Universität Marburg ein Konzept für die DGSS-Schüler*innen-Zertifikate entwickelt, an dem sich die jungen Trainer*innen orientieren können. Dieses Konzept umfasst mehrere Stufen: Nach einer inhaltlichen Schulung erleben die Studierenden zunächst einen Zertifikats-Kurs als Hospitant*in. Darauf folgt die Mitgestaltung eines Kurses als Co-Trainer*in und erst dann übernimmt die*der Student*in die ganze Kursverantwortung als Trainer*in. Die Studierenden arbeiten bei den ersten beiden Durchläufen also nicht allein, sondern in Teams. Erfahrenere Studierende geben ihr Wissen weiter und durch viele Reflexionsphasen ist ein permanenter Austausch gewährleistet. Studierende können auf diese Weise in einem gut betreuten Umfeld und gleichzeitig mitten in der Praxis erfahren, wie es ist, die rhetorische Kompetenz anderer Menschen zu schulen.

Ein *DGSS-Schüler*innen-Zertifikat* bestätigt, dass Zertifizierte in einer kleinen Gruppe (max. 15 Schüler*innen) und über eine bestimmte Anzahl von Stunden (mindestens 40 Unterrichtseinheiten) freiwillig ein Rhetoriktraining außerhalb des regulären Schulunterrichts absolviert haben. Die DGSS-Kurse wurden in den letzten Jahren des Öfteren als ein mehrtägiges Angebot in einer Projektwoche, auf mehrere Wochenenden verteilt oder seltener als Arbeitsgemeinschaft (AG) einmal pro Woche am Nachmittag offeriert. Da das Angebot außerhalb des Unterrichts stattfindet, können alle interessierten Schüler*innen – sofern ihr Zeitbudget es zulässt – daran teilnehmen. Die Teilnahme an einem DGSS-Zertifikatskurs kostet 100 Euro pro Schüler*in. Um den Beitrag der Schüler*innen selbst möglichst niedrig zu halten und niemanden von der Teilnahme am Kurs auszuschließen, ist es wichtig, weitere Geldgebende, wie z. B. den Freundeskreis der Schule oder andere Sponsoren zu finden.

In den letzten Jahren zeigte sich ein Trend, dass einige Schüler*innen angesichts ihrer vielfältigen Engagements in der Freizeit oder dem weit in den Nachmittag reichenden Schulpensum, mitbedingt durch G8 und die wachsende Zahl an Ganztagsschulen, (vgl. etwa die dichten Wochenzeitpläne mehrerer Teenager in

Soremski, 19 ff.) immer weniger in der Lage sind, sich für einen freiwilligen DGSS-Rhetorikkurs im Zeitumfang von vierzig Unterrichtsstunden zu verpflichten. Um diesen veränderten Bedingungen zu begegnen, hat die Berufskommission der DGSS in ihrer Sitzung in Fulda im Januar 2019 beschlossen, verschiedene Varianten für *DGSS-Schüler*innen-Zertifikate* einzurichten. Seither gibt es das „Große Zertifikat", das wie bisher mindestens 40 Unterrichtseinheiten (UE) á 45 Minuten umfasst, und pro Schüler*in 100 Euro kostet. Das „Große Zertifikat" ist besonders für die Durchführung während einer Projektwoche geeignet. Die neuen „Kleinen Zertifikate" umfassen lediglich 16 UE á 45 Minuten, sind also auch an einem Wochenende durchführbar. Die Kosten reduzieren sich auf 50 Euro. Eine Kombination aus drei kleinen Zertifikaten ergibt wiederum ein „Großes Zertifikat". Schließlich wird es noch eine dritte Variante geben, die nach Absprache schon mancherorts praktiziert wurde, nun aber ganz offiziell angeboten wird: als fortlaufende AG im Schulkontext mit zwei UE pro Woche erwerben die teilnehmenden Schüler*innen ein bis zwei „Kleine Zertifikate" pro Halbjahr. Bei einer Teilnahme über zwei Jahre entspricht das einem „Großen Zertifikat" (vgl. https://www.dgss.de/service/weiterbildung/zertifikate-fuer-schueler-innen/). Das Zertifikat in Form einer AG anzubieten begegnet auch der wachsenden Zahl an Ganztagesschulen, denn in den meisten Schulen gibt es Freizeitphasen, in denen AGen angeboten werden. Je nach Schulart finden diese Freizeitphasen zu verschiedenen Tageszeiten statt und werden von außerschulischen Trägern oder der Schule selbst koordiniert (vgl. Soremski 2013, 9-12). Um einen Zertifikatskurs in Form einer AG anzubieten, ist man also weder aufs Wochenende noch auf den Nachmittag begrenzt.

Die *DGSS-Zertifikatskurse für Schüler*innen* werden grundsätzlich für Interessierte ab der 9. Klasse angeboten, bei einer Zertifikats-AG können auch schon Schüler*innen der 7. Jahrgangsstufe teilnehmen. Sehr häufig aber finden Zertifikatskurse bislang vor allem als freiwilliges zusätzliches Angebot für Schüler*innen der 11. und 12. Klasse statt.

1.2 Jugend debattiert

Beim *Jugend debattiert*-Unterricht lernen Schüler*innen das Format durch ihre Lehrer*innen kennen – z. B. im Deutsch- oder Politikunterricht (vgl. Schmoll 2018, 12). Die Lehrpersonen werden von Trainer*innen der Hertie-Stiftung geschult und sind erst dadurch befugt, einen solchen Unterricht anzubieten, ihre Schüler*innen rhetorisch vorzubereiten und sie in den Wettbewerb zu schicken. Im Gegensatz zu den *DGSS-Rhetorik-Zertifikatskursen* sind diejenigen, bei denen die Schüler*innen ihre ersten Debatten-Erfahrungen machen, die eigenen Lehrer*innen. Sobald Schüler*innen im Wettbewerb weiterkommen und die Regionalverbundsebene passiert haben, erhalten sie als Preis ein mehrtägiges Training, das sie auf den Landeswettbewerb vorbereitet. Bis vor wenigen Jahren wurden diese Regionalverbundsiegerseminare noch von freien Rhetorik-Trainer*innen durchgeführt. Nachdem die Länder die Finanzierung der Seminare übernommen haben, übernehmen diese Rolle nun verbeamtete Lehrer*innen, die ein spezielles Training absolviert haben (vgl. https://www.jugend-debattiert.de/idee/training/). Ab dieser Ebene sind es also nicht mehr die eigenen Lehrer*innen, die die Debattierenden unterrichten.

Nicht immer bauen *Jugend debattiert*-Lehrkräfte das Format in ihren Regelunterricht ein. Ähnlich wie bei den DGSS-zertifizierten Kursen zählt oft die Freiwilligkeit: So gibt es häufig Rhetorik-AGen an Schulen, an denen diejenigen teilnehmen, die an *Jugend debattiert* interessiert sind. Im Schuljahr 2017/18 fand z. B. 15,4 % des *Jugend debattiert*-Unterrichts in solchen freiwilligen AGen statt (vgl. Schmoll 2018, 12).

Da eine Schule mindestens zwei ausgebildete Lehrkräfte vorweisen muss, um eine *Jugend debattiert*-Schule zu werden, ist das *DGSS-Rhetorik-Zertifikat* eine gute Alternative für Schulen, die keine *Jugend debattiert*-Lehrer*innen im Kollegium haben.

Der *Jugend debattiert*-Unterricht kann schon in der 5. Klasse beginnen, 45 % der *Jugend debattiert*-Lehrer*innen bauen das Format bereits im Unterricht der 8. Klasse ein, die meisten Schüler*innen (73 %) kommen laut Umfrage aber in der 9. Klasse mit *Jugend debattiert* in Kontakt (vgl. Schmoll 2018, 13). Die Teilnahme am Wettbewerb ist grundsätzlich bereits ab der 8. Klasse möglich.

2 Die Unterrichtsinhalte

Jugend debattiert verfolgt explizit das Ziel, politische Bildung zu betreiben. Das schlägt sich nicht nur in den Debattenthemen nieder, sondern auch in der Absicht, das Verständnis dafür zu fördern, dass man sich erst im Streit der Meinungen die eigene Position bildet. Während sich *Jugend debattiert*-Unterricht auf die Debatte im Format von *Jugend debattiert* beschränkt und durch die Debatte Redeaufbau, Gesprächsfähigkeit und verständliches Sprechen trainiert, können *DGSS-Zertifikatskurse für Schüler*innen auch andere Themen abdecken. Weitere Kompetenzen, die in den Bereich Mediensprechen, ästhetische Kommunikation, Bewerbungsgespräch u. ä. fallen, können angeboten und zertifiziert werden. Das gibt Schulen, Schüler*innen und Unterrichtenden die Freiheit, sich an speziellen Bedürfnissen oder Vorlieben zu orientieren.

2.1 DGSS-Zertifikat

In den letzten Jahren wurden besonders viele *DGSS-Schüler*innen-Zertifikats-Kurse* von Absolvent*innen aus Marburg gehalten. Zusammen mit Studierenden hat Friederike Könitz, DGSS-Mitglied, früher wissenschaftliche Mitarbeiterin in der Sprechwissenschaft an der Universität Marburg und seit März 2019 u. a. Leiterin des Jugendbildungswerks der Universitätsstadt Marburg, vor einigen Jahren ein Konzept entwickelt, das bis jetzt unter leichten Modifikationen in den *DGSS-*

Zertifikatskursen für Schüler*innen rund um Marburg durchgeführt wird. Das fünftägige Programm beginnt mit einer Einführung in die Geschichte und Grundlagen der Rhetorik. Zu den Grundlagen rhetorischer Kommunikation werden auch *Actio*-Prozesse gezählt. In den ersten Tagen stehen demnach die Grundlagen der Sprech- und Stimmbildung im Mittelpunkt: die Körperwahrnehmung wird geschult und es wird über den Einsatz des Körpers beim Sprechen reflektiert. Generell geht es beim DGSS-Zertifikat für Schüler*innen darum, die Selbstwahrnehmung für die eigenen kommunikativen Fähigkeiten zu schulen und über gemeinsame Reflexionsprozesse und zahlreiche unterschiedliche Übungsansätze das individuelle Kommunikations- und Präsentationsverhalten zu trainieren. Daher spielen in DGSS-Zertifikatskursen Feedbackprozesse zur Förderung der Eigen- und Fremdwahrnehmung eine sehr große Rolle. Video-Feedback, Feedback durch die Mitschüler*innen und die Trainer*in sowie Übungen zum aktiven Zuhören, die das Verstehen bzw. Nichtverstehen bewusstmachen, nehmen einen zentralen Platz im Curriculum ein. Weiter gehören zum Curriculum: die Rolle der Atmung als grundlegende Kraft beim Sprechen, ein Aufwärmprogramm für die Stimme sowie Übungen, die helfen, den Sprechausdruck bewusster wahrzunehmen und einzusetzen. Erst am dritten Tag steht die Rederhetorik im Mittelpunkt: die Phasen der Vorbereitung einer Redeleistung von der Themenfindung bis zur Durchführung werden besprochen, Redestrukturen mittels des Fünfsatzes geübt und Spontanreden runden den Tag ab. Die letzten beiden Tage widmen sich je nach Lernwunsch z. B. der Rede mit Stichwortzettel, dem Argumentieren, manchmal auch im Format der Debatte, oder z. B. dem Vorstellungs- und Bewerbungsgespräch, dem Mediensprechen o. ä. Wichtig ist den DGSS-Trainer*innen, ihren Unterricht immer abwechslungsreich zu gestalten: Es gibt sowohl kleine Theorieteile zu den verschiedenen Inhalten als auch viel Raum für Fragen, Übungen und Feedback.

2.2 Jugend debattiert

Für den *Jugend debattiert*-Unterricht gibt es eine Handreichung, das Buch „Debattieren unterrichten", das Hintergründe und Sinn der Übungen sowie detaillierte Übungsbeschreibungen mit Beispielen vorstellt. Das Curriculum arbeitet mit Wiederholung und Vertiefung. Während in den ersten Stunden mit Ballspiel (aufeinander Bezug nehmen), Wegbeschreibung (ein Ziel verfolgen) oder Fragenstaffette (alle wichtigen Aspekte eines Themas bedenken) gearbeitet wird, kann später auf diesen ersten Übungen und Erkenntnissen aufbauend eine freie Aussprache durchgeführt, eine Eröffnungsrede verfasst oder ein Vorschlag entwickelt werden (Hielscher/Kemmann/Wagner, 89 ff.). So wird gewährleistet, dass alle Bereiche, die für eine gelingende Debatte wichtig sind, frühzeitig behandelt werden und die Übungen und Ansprüche an die Debatte im Laufe der Zeit in ihrem Niveau den bereits gewonnenen Fähigkeiten und dem höheren Kenntnisstand der Schüler*innen angepasst werden können. Nicht zuletzt spielen die Rückmeldung der Schüler*innen untereinander eine große Rolle. Bei *Jugend debattiert* gibt es festgelegte Kriterien, die für alle gelten und die für die Bewertung einer Debatte auf allen Ebenen – von einer Trainingsdebatte vor jurierenden Mitschüler*innen bis zur Wettbewerbsdebatte vor prominenten Juror*innen im Bundesfinale – angewendet werden.

3 Unterschiede zwischen den zwei Angeboten in einer Übersicht

	DGSS-Schüler*innen-Zertifikat	*Jugend debattiert*
Trainer*innen	Ein*e freie*r Trainer*in der DGSS, häufig zusammen mit Co-Trainer*in	Ein*e Lehrer*in der Unterrichtsfächer Deutsch, Geschichte, Politik o. ä. mit spezieller *Jugend debattiert*-Ausbildung
Inhalte	Grundlagen der Sprech- und Stimmbildung sowie der mündlichen Kommunikation mit Schwerpunktsetzungen nach Wunsch, z. B. Mediensprechen, ästhetische Kommunikation, rhetorische Kommunikation (Bewerbungsgespräch, Argumentieren, Diskutieren, Debattieren) etc.	Über das Format von *Jugend debattiert* die Debatte als Erkenntnisinstrument für Debattant*innen und Zuhörer*innen kennenlernen, ein dialektisches Grundverständnis von politischen Sachverhalten gewinnen, strukturierte Rede und kooperative Gesprächsführung kennenlernen.
Struktur	Curriculum wird von Interessen der Schüler*innen mitbestimmt; mehrere Feedbackschleifen oder/und Video-Feedback, um eine realistische Selbsteinschätzung zu fördern.	Festes Curriculum, das in zirkulärer Vertiefung aufeinander aufbaut; z. T. im Klassenverbund; Lehrpersonen der Schule aus Unterrichtsfächern wie Deutsch, Geschichte oder Politik

Urkunde/Zertifikat	Für alle, die die erforderliche Anzahl an UE absolviert haben.	Für alle, die am Wettbewerb teilgenommen haben bzw. sich dort als Helfer*in eingebracht haben.
Dauer	5 Tage bzw. 40 UE für ein „Großes Zertifikat", 2 Tage bzw. 16 UE für ein „Kleines Zertifikat"	Sehr divers, von ein paar wenigen Unterrichtsstunden bis hin zu fortlaufender AG über mehrere Jahre, besonders häufig aber zwischen 6 und 20 UE (vgl. Schmoll 2018, 49)
Kosten	100 Euro pro Schüler*in für „Großes Zertifikat", 50 Euro für „Kleines Zertifikat", ca. 30 Euro pro 2 UE als AG im Halbjahr	Die Ausbildung der Lehrer*innen wird vom Land finanziert, für einzelne Schüler*innen fallen keine Kosten an.

4 Ausblick

Während *Jugend debattiert* seinen Höhepunkt im Wettbewerb findet, in dem erst Schul-, dann Schulverbands-, Regional- und schließlich Landessieger*innen aufeinandertreffen, ist beim *DGSS-Rhetorik-Zertifikat* für Schüler*innen bereits nach dem letzten Seminartag Schluss. Das hat auch Vorteile, denn nicht alle Schüler*innen wollen an einem Wettbewerb teilnehmen und interessieren sich für politische Themen – ein Faktor, der im Wettbewerb besonders auf höheren Ebenen ausschlaggebend ist. Dennoch ist die Beschäftigung mit Rhetorik als Lerngegenstand mit Ende des Kurses nicht abgeschlossen.

Die Nützlichkeit eines *DGSS- Zertifikats* als Ergänzung für Bewerbungsunterlagen steht außer Frage. Die Erfahrung zeigt außerdem, dass die schulischen Ansprüche bezüglich der Präsentationsleistungen im Unterricht enorm gestiegen sind. Referate, kurze Statements, Abschlusspräsentationen und Prüfungsgespräche gehören verstärkt zum Unterrichtsalltag der Schüler*innen. Auch die Formen der Beteiligung von Kindern und Jugendlichen in der Schule haben sich verändert. Klassenräte, Jahrgangskonferenzen und Arbeit in der Schüler*invertretung stellen kommunikative Anforderungen. Das Heranführen und professionelle Üben der dabei notwendigen Kompetenzen findet jedoch nicht immer den notwendigen Platz im Regelunterricht. Was in einem *DGSS-Zertifikats*-Kurs oder in einer *Jugend debattiert*-AG gelernt wird, hat also auch Relevanz für gelingende Kommunikation im Schulalltag. Nicht selten melden das auch Lehrer*innen zurück: die Atmosphäre und die Kommunikation in der Klasse hätten sich aufgrund des Rhetorikunterrichts zum Positiven geändert (so der Bericht des DGSS-Sprecherziehers und *Jugend debattiert*-Lehrers Rainer Veeck im Gespräch mit der Autorin am 31.5.19). Doch für eine langfristige Veränderung, so Veeck, reichen ein paar Unterrichtseinheiten nicht aus, da müsse man „schon länger dranbleiben" (ebd.).

In diesem Sinne wäre es wichtig, auf Seite der DGSS darüber nachzudenken, wie eine systematische Fortsetzung der *DGSS-Schüler*innen-Zertifikate* aussehen könnte, so dass zertifizierte Schüler*innen ihr Wissen und Können vertiefen und ausbauen können. Ein zirkulär sich vertiefendes Curriculum wie bei *Jugend debattiert*, dessen Basis in den Schüler*innen-Kursen liegt, wäre auch für DGSS-Kurse denkbar.

Außerdem wäre noch viel mehr und weiter auszubauen und zu nutzen, dass in *DGSS-Schüler*innen-Zertifikats*-Kursen Schwerpunkte gesetzt werden können, die über den Debattenunterricht nur ansatzweise vermittelt werden. Gerade weil Sprechwissenschaftler*innen und Sprecherzieher*innen (DGSS) breit aufgestellt sind, können sie in ihren Kursen für Schüler*innen auf verschiedenste Bedürfnisse eingehen und heterogenes Klientel ansprechen. Welche Prinzipien gelten für die Erstellung informativer Youtube-Videos? Wie unterscheidet sich das Sprechen in ein Mikro von dem unverstärkten auf einer Bühne? Oder was ließe sich aus der Feedback-Kultur lernen für respektvolle Rückmeldungen in der Online-Welt? Kooperationen zwischen Schulen und Medienhäusern wären denkbar, Schüler*innen könnten zu Moderator*innen für Stadtfeste ausgebildet werden oder die Stadtschüler*innen-Vertretung und der Jugendgemeinderat könnten sich gemeinsam ein Rhetorik-Training gönnen. Ein DGSS-Zertifikat gibt Schulen, Schüler*innen und Unterrichtenden die Freiheit, sich an speziellen Bedürfnissen und Lernwünschen zu orientieren. Das kann einen Beitrag zur Schärfung des Schulprofils leisten, Schüler*innen-Gruppen nichtgymnasialer Schulformen ansprechen und dafür sorgen, dass die Schüler*innen dranbleiben am Thema Rhetorik – weit über die Schule hinaus.

Literatur

Deutsche Gesellschaft für Sprechwissenschaft und Sprecherziehung: *DGSS-Rhetorikzertifikat für Schüler/-innen*. URL: https://www.dgss.de/service/ weiterbildung/zertifikate-fuer-schuelerinnen/ (Zugriff 14.5.2019)

Hielscher, F./Kemmann, A./Wagner, T. (2014): *Debattieren unterrichten*. 4. Aufl., Seelze.

Jetzt rede ich! In: Die Zeit Nr. 25, vom 16.06.2011, URL: https://www.zeit.de/2011/25/C-Debattier-Wettbewerb/komplettansicht (Zugriff 20.5.2019)

Jugend debattiert: *Training für Lehrer*. URL: https://www.jugend-debattiert.de/idee/training/ (Zugriff 16.5.2019)

Langhammer, R. (1999): *Rhetorik als Unterrichtsfach in der Schule. Bericht über ein „Pilotprojekt" im Wahlpflichtunterricht der Klassen 9 und 10.* In: Mönnich, A. (Hg.): *Rhetorik zwischen Tradition und Innovation.* München, 261-269.

Mönnich, A. (1999): *Rhetorik für die Schule: Bericht über ein bildungspolitisches Forum.* In: dies. (Hg.): *Rhetorik zwischen Tradition und Innovation.* München, 270-284.

Mund auf, bitte! In: Die Zeit Nr. 22, vom 22.05.2003, URL: https://www.zeit.de/2003/22/C-JugendDebattiert (Zugriff 16.5.2019)

Pabst-Weinschenk, M. (2015): *15 Jahre DGSS-Zertifikate –eine Orientierungshilfe im Dschungel der Weiterbildungsangebote zur Mündlichen Kommunikation.* In: *sprechen*, Nr. 59, 70-74.

Schmoll, W. (2018): *Jugend debattiert – Evaluation. Datenerhebung, Auswahl und Graphiken.* URL: https://www.jugend-debattiert.de/fileadmin/user_upload/ Studie-2018-16.pdf (16.5.19)

Soremksi, R. (2013): *Keine Zeit für Freizeit? Ganztagsschule im Alltag Jugendlicher.* Hg. von der Justus-Liebig-Universität Gießen. URL: https://www.bmbf.de/files/keine_zeit_fuer_freie_zeit_bf_2.pdf (Zugriff 16.5.19)

PETER SCHREUDER

Lekgotla - Effizienz im Meeting durch afrikanische Besprechungskultur

Wie kann man mit einem einfachen Instrument effektivere Meetings gestalten und dabei Zeit und Energie gewinnen, mehr Umsetzungserfolge generieren und die Motivation aller Beteiligten erhöhen? Das ist eine zentrale Frage im Besprechungsmanagement. Wenn sich Teilnehmer*innen zum wiederholten Male in Detailfragen verbeißen, andere genervt abschalten und die Zeit ohne Ergebnisse verrinnt, dann verlaufen Meetings ineffektiv. Unzufrieden mit dem Gefühl, Zeit vertan zu haben, geht man aus der Besprechung zur nächsten Aufgabe oder zum nächsten Termin. Zur Vermeidung solcher "Palaver" entwickelte sich in Süd-Afrika für Dorfversammlungen, Gerichtsverhandlungen und Treffen von Dorfvorstehern als Alternative die Kommunikationsform „Lekgotla".
Ursprünglich war eine Lekgotla [lɛˈxɒtlə] oder Kgotla [ˈkoʊt.lə] also eine öffentliche Versammlung, ein Gemeinderat oder ein traditionelles Gericht in einem Dorf in Botswana. Sie wird in der Regel vom Dorfvorsteher geleitet, und Entscheidungen der Gemeinschaft werden immer im Konsens getroffen. Jeder hat Mitspracherecht und niemand darf unterbrechen, während jemand das Wort hat. Äußeres Kennzeichen ist der Rednerstab, der jeweils weiter gereicht wird. Die Gewohnheit, jedem das volle Mitspracherecht zu gewähren, wird in Besprechungen aller Art übertragen, von der Erörterung einer Rechnung bis hin zu einer Mitarbeiterbesprechung. Der Ort solcher Treffen ist nebensächlich; es können einfach ein paar Stühle unter einem schattenspendenden Baldachin sein, es kann aber auch ein fester eingerichteter Ort mit überdachten Sitzgelegenheiten sein.
Es gibt eine afrikanische Redensart, die besagt, dass Dialog die höchste Form des Krieges ist (*ntwa kgolo ke ya molomo*). Aufgrund der Lekgotla-Tradition reklamiert Botswana für sich, eine der ältesten Demokratien der Welt zu sein. Der Name *Lekgotla* wurde für eine Konferenz oder ein Geschäftstreffen übernommen und beschreibt gleichzeitig die Art und Weise, wie dabei kommuniziert wird.

Lekgotla ...
- fördert und fordert Einzelne, um in Gruppen angehört zu werden
- hilft Gruppen, eine gemeinsame Perspektive zu finden
- unterstützt Teams, gemeinsame Ziele zu verfolgen
- entwickelt eine lösungsorientierte und effiziente Zusammenarbeit
- zelebriert und nutzt Vielfältigkeit (Diversity)
- reduziert Emotionen

Lekgotla ist unserem Kulturkreis als Methode gar nicht so fremd. Unsere Ahnen, die Kelten und Germanen, nutzten bei wichtigen Entscheidungen eine fast identische Methode im Thing der Freien und im Mittelalter wurden in ähnlicher Manier die Streitigkeiten unter der Gerichtslinde geklärt. Formalisiert, allerdings ohne das „aktiven Zuhörens" finden wir es in Form der Redeliste mit Zuweisung der Redezeit durch den/die Parlamentspräsident*in in Bundestagsdebatten.

Organisieren Sie die nächste Besprechung als *Lekgotla*. Aus der Mitte der Teilnehmer*innen wird ein/ Versammlungsleiter*in gewählt. In jedem Meeting wird ein/e andere/r gewählt, so dass jede/r, unabhängig von Person oder Stellung in der Hierarchie, irgendwann an der Reihe ist. Der/die Versammlungsleiter*in ist als Moderator*in verantwortlich für die Einhaltung der Gesprächsregeln und für die abschließende Zusammenfassung. Ihre/ seine Rolle ist es, dabei neutral und allparteilich zu bleiben. Durch die Moderation wird die Reihenfolge der Redner*innen gesteuert, damit alle Beteiligten die Meinung äußern bzw. Statements abgeben können. Wer den Sprecherstab zugewiesen bekommen hat, ist an der Reihe und darf sprechen, alle anderen müssen warten. Wichtige Regel ist wie beim *Kontrollierten Dialog*, dass man immer zuerst mit eigenen Worten wiedergibt, was der/ die Vorredner*in gesagt hat bzw. was man verstanden hat. Erst dann erfolgt die eigene Stellungnahme. Alle sind aufgefordert, mit all ihren Sinnen aktiv zuzuhören. Da niemand weiß, ob er/ sie als Nächste/r an der Reihe sein wird, steigert dies die Konzentration. Die Wiederholung des vorher Gesagten mit eigenen Worten – ohne Bewertung – verhindert emotional zu stark gefärbte Antworten und fruchtlose Dialoge um belanglose Details.

Der/ die Moderator*in fasst als letzte/r Redner*in die Beiträge komprimiert zusammen und lässt sich die Zusammenfassung von allen bestätigen. Dabei zeigt sich, dass durch das aktive Zuhören die Gemeinsamkeiten deutlich in den Vordergrund getreten sind. Die Teilnehmer*innen fühlen sich wahrgenommen und stimmen in der Regel der Zusammenfassung zu, wodurch Beschlüsse schneller möglich werden. Diese ritualisierte Form der Besprechung erzielt erstaunlich schnell Konsens, Ergebnisse und gemeinsame Lösungen. Zusammenfassend kann man feststellen, dass eine Lekgotla ein sehr wirksames Instrument im Sinne der Kooperativen Rhetorik darstellt. Er demokratisiert Besprechungen und fördert eine konstruktive und lösungsorientierte Kommunikation. Auch wenn es anfänglich etwas Mut kostet, den Ablauf wichtiger Besprechungen in die Hand der Mitarbeiter*innen zu geben, zeigt die Erfahrung, dass es sich lohnt: alle fühlen sich einbezogen, es werden tragfähige gemeinsame Lösungen erarbeitet.

Literatur

de Liefde, W.H.J. (2005). *Lekgotla: The Art of Leadership through Dialogue.* Johannesburg.

Schreuder, P. (2011): *Lekgotla - ein kooperatives Gesprächsmodell.* In: Pabst-Weinschenk, M. (Hg.): *Anwendungsfelder kooperativer Rhetorik. Beiträge der Sprechkontakte. In memoriam Elmar Bartsch.* Alpen, 43-44.

VERZEICHNIS DER AUTOR*INNEN

Dr. phil. Ramona Benkenstein
Lehrerin und Sprechwissenschaftlerin; Mitglied in der Wissenschaftskommission der DGSS; mail@ramona.benkenstein.net

Ann Carolin Eisenblätter, MA Germanistik
Werbetexterin; carolin.eisenblaetter@gmx.net

Frank Enders, M.A. Germanistik, B. Sc. Psychologie
Sprecherzieher, NLP-Master & Systemischer Coach; enders@gmx.net

P. Prof. Dr. theol. Thomas Grießbach
Sprecherzieher (DGSS), Wirtschaftsmediator, Dozent an der Hochschule für Musik und Darstellende Kunst in Stuttgart und an der Universität der Künste, Berlin; dominikaner-berlin@web.de

Melanie Hanselmann
Consultant bei der TWT GmbH in Stuttgart; Lehrbeauftragte an der Hochschule für Musik und Darstellende Kunst Stuttgart (Bereich Rhetorik und Schauspiel), freie Rhetoriktrainerin und Sprecherzieherin; stimme@melaniehanselmann.de

Kerstin Hauke
Lehrerin, Landesbeauftragte *Jugend debattiert* NRW; hauke@jugend-debattiert-nrw.de

Irmgard Jordan
Oecotrophologin, Leiterin der Arbeitsgruppe Internationale Ernährung, Institut für Ernährungswissenschaften an der Justus-Liebig-Universität Gießen
Irmgard.Jordan@ernaehrung.uni-giessen.de

Claudius Kroker
Journalist, Redenschreiber, Dozent
Freier Mitarbeiter bei Zeitungen, Hörfunk und Nachrichtenagenturen, anschl. Redaktionsleiter einer PR-Agentur. Lehrbeauftragter und Dozent für mehrere Hochschulen und Seminar-Anbieter. Seit 2002 Büro für Pressearbeit und Redenschreiben in Bonn. Sechs Jahre Sprecher des Verbands der Redenschreiber deutscher Sprache (VRdS); info@claudius-kroker.de

Thomas Laxa, MA Germanistik
Referent in der Trainerausbildung des Fußballverbandes Niederrhein,
Pressesprecher Stadt Erkrath; thlaxa@googlemail.com

Dr. phil. Annette Lepschy
Linguistin und Sprecherzieherin (DGSS), Stellvertretende Leiterin des Centrums für Rhetorik der Universität Münster; lepschy@uni-muenster.de

Nancy Lukin, MA Germanistik
Projektmanagerin im Personalwesen und LRS-Dozentin im Bereich Sonderpädagogik; nancylukin@yahoo.de

Lukas Mokros, M.A. Germanistik
Lehrer, ehem. Mitarbeiter im Betreuungsdienst und Ethikkoordinator, Doktorand an der HHU; Lilukasmokros@gmx.net

Dr. phil. Ulrike Nespital
Diplomsprechwissenschaftlerin und Mediatorin; Lehrkraft für besondere Aufgaben im Bereich Außerfachliche Kompetenzen/Study-Skills an der Universität Gießen im Zentrum für fremdsprachliche und berufsfeldorientierte Kompetenzen Ulrike.Nespital@zfbk.uni-giessen.de

Dr. phil. Marita Pabst-Weinschenk
Mitarbeiterin im Bereich Mündlichkeit in der Germanistischen Sprachwissenschaft an der HHU, Lehrerin, Sprecherzieherin (DGSS), Leiterin der DGSS-Prüfstelle, Organisatorin der Sprechkontakte an der HHU; pabst@phil.hhu.de

Karen Schmitz
Cand. MA Germanistik an der HHU; Karen.schmitz@hhu.de

Peter Schreuder
Coach, Berater und Mediator; Mitorganisator der Sprechkontakte an der HHU; peter.schreuder@xperso.de

Felicitas Selbor-Scheuermann
Lehrerin und Sprecherzieherin; Ansprechpartnerin für Rhetorik, Streitschlichter, Gewaltprävention an der Merz Schule; shm@merz-schule.de

Norvisi Stanić
Sprecherzieherin (DGSS) und Kommunikationstrainerin, Vertriebsmitarbeiterin, Fremdsprachenkorrespondentin IHK; info@balance-in-kommunikation.de

Dr. phil. Brigitte Teuchert
Programmverantwortliche für den berufsbegleitenden Weiterbildungsstudiengang *Master of Speech Communication and Rhetoric* an der Universität Regensburg; brigitte.teuchert@zsk.uni-regensburg.de

Bertram Thiel
Oberstudienrat, Sprecherzieher, Mitglied in der Berufskommission der DGSS und des erweiterten Vorstands im Berufsverband Sprechen (BVS), Lehrbeauftragter an der Hochschule Kaiserslautern; davor: langjährige Unterrichtserfahrungen an einem Kaufm. Berufsbildungszentrum mit Oberstufengymnasium, Lehraufträge für Unterrichtskommunikation und Arbeitsmethodik an mehreren Lehrerfortbildungsinstituten, wissenschaftl. Mitarbeiter am Zentrum für Lehrerbildung an der Universität des Saarlandes; b.thiel@dialogisches-lernen.de

Franziska Trischler
Sprechwissenschaftlerin, akademische Mitarbeiterin im Lehrbereich *Sprech-erziehung* an der PH Freiburg; seit 2017 stellvertretende Vorsitzende der DGSS und als solche zuständig für Schüler*innen-Zertifikate der DGSS; von 2011 bis 2016 freie Trainerin für *Jugend debattiert* und *Jugend debattiert international*. franziska_trischler@hotmail.com

Prof. Dr. phil. Francesca Vidal
Wissenschaftliche Leiterin des Kompetenzzentrums *Studium und Beruf* und Wissenschaftliche Leiterin des Schwerpunkts *Rhetorik* der Universität Koblenz-Landau; vidal@uni-koblenz-landau.de